桥梁抗水丛书

桥 梁 抗 水

——桥梁冲刷水毁分析

熊 文 著

科 学 出 版 社
北 京

内 容 简 介

桥梁冲刷水毁分析是指通过构建理论模型、数学模型以及数值模型等方法，将水文冲刷分析与结构行为分析相结合，实现桥梁水毁失效的准确推演，为桥梁抗水设计与安全评估提供理论依据、技术支撑与应用示范，助力解决复杂水文条件下待建桥梁抗水设计与在役桥梁水毁防控的技术难题，推进交通基础设施防灾减灾中桥梁抗水的科技进步。本书从计算理论、实施流程、软件平台、实桥案例应用等多方面阐述桥梁冲刷水毁分析技术。

本书适合高等院校土木工程类、交通运输类相关专业的本科生与研究生教学使用，以及从事桥梁设计、建造、运维相关科研、工程技术与管理人员参考使用。

图书在版编目（CIP）数据

桥梁抗水. 桥梁冲刷水毁分析 / 熊文著. -- 北京：科学出版社, 2025. 6.

ISBN 978-7-03-080653-6

Ⅰ. U445.7

中国国家版本馆 CIP 数据核字第 2024W416N2 号

责任编辑：王 钰 李程程 / 责任校对：马英菊

责任印制：吕春珉 / 封面设计：东方人华平面设计部

科学出版社出版

北京东黄城根北街 16 号

邮政编码：100717

http://www.sciencep.com

北京中科印刷有限公司印刷

科学出版社发行 各地新华书店经销

*

2025 年 6 月第 一 版 开本：B5（720×1000）

2025 年 6 月第一次印刷 印张：12 3/4

字数：258 000

定价：138.00 元

（如有印装质量问题，我社负责调换）

销售部电话 010-62136230 编辑部电话 010-62151061

前　言

近年来桥梁水毁事故频发，造成巨大的社会经济损失与人员伤亡。桥梁水毁突发性与破坏性显著，特别是在汛期，桥梁水毁前一般并无异常征兆，导致该类灾害具有极强隐蔽性，难以提前预警。桥梁抗水能力不足已成为影响交通基础设施安全、稳定以及制约其持续发展的关键因素。在我国各类公共安全、防灾减灾科技创新专项中，均将水文自然灾害作为重要研究方向。为降低洪水冲刷所致桥梁灾害事故的发生概率，需及时对水毁（水损）安全隐患进行排查、评定与处治。虽然我国《公路桥梁技术状况评定标准》（JTG/T H21—2011）、《公路工程水文勘测设计规范》（JTG C30—2015）、《公路桥涵设计通用规范》（JTG D60—2015）以及美国联邦公路管理局（Federal Highway Administration，FHWA）《桥梁检测人员参考手册》均已对桥梁冲刷设计检测评定给出具体要求，但随着全球气候不断变化，桥梁冲刷所致水毁事故却愈加频发，对路网安全影响极大。

本书针对桥梁水毁，从案例分析出发，系统阐述了历史数据统计、原因分析、失效模式以及推演分析研究进展等，可支撑桥梁抗水相关规范的技术更新。首次将水文灾害推演分析技术应用于桥梁水毁推演，作为防灾减灾领域交叉学科应用，弥补了传统桥梁技术体系中对桥梁抗水设计与安全评估的缺失。目前桥梁冲刷水毁分析尚缺乏有效技术手段，本书首次提出基于流-固-土多场数据交互的桥梁水毁推演多平台计算方法，并首次提出基于光滑粒子流体动力学（smoothed particle hydrodynamics，SPH）-离散元法（discrete element method，DEM）流固耦合的桥梁水毁模型构建与仿真推演方法。

本书内容可操作性强，对桥梁冲刷水毁案例分析、计算理论、推演方法、软件平台分别进行了详细阐述，并给出大量工程应用案例，可系统指导相关从业人士在实桥中的应用与技术推广。具体来说，全书共分为 8 章。其中，第 1 章介绍了桥梁冲刷失效案例、数值仿真研究现状等；第 2 章介绍了桥梁冲刷水毁失效分析，主要从冲刷和洪水两类主要水文因素分析结构失效原因；第 3 章介绍了基于动态网格更新的桥梁冲刷仿真技术，二次开发实现了泥沙模型数值计算；第 4 章介绍了基于体积分数法的流场演变数值模型构建方法，通过各网格单元内流相体积分数模拟自由表面，直观反映流场计算中冲刷发展；第 5 章介绍了基于显式积分法的桥梁失效过程仿真技术；第 6 章介绍了基于计算交互的桥梁水毁多平台推演技术，将桥梁倒塌结构域计算纳入流-固-土耦合场内进行分析；第 7 章介绍了基于 SPH-DEM 流固耦合的桥梁水毁推演技术，将无网格 SPH-DEM 耦合方法应用于桥梁冲刷水毁分析；第 8 章对桥梁冲刷水毁分析技术进行了总结与展望。

本书由熊文撰写完成。博士研究生张嵘钊参与了本书部分内容的研究，并为本书的出版做了大量辅助性工作，在此表示感谢！

由于作者水平有限，书中难免有不妥之处，恳请读者批评指正。

目　录

第1章　绪　　论

1.1　引　　言

据相关统计研究，桥梁倒塌年频率可达 1/5000，其中水文因素占比最高。1989～2000 年，美国共有 503 座桥梁倒塌，其中 55%由水文灾害造成。仅 2007～2015 年，国内就有 102 座桥梁倒塌，其中因水文灾害导致完全倒塌的桥梁占比高达 43.1%。在全球气候变迁的大背景下，美国国家海洋与大气管理局（National Oceanic and Atmospheric Administration，NOAA）在 2015 年发布的《气候状况》中指出，相比于 20 世纪 60 年代，2015 年美国所记录的洪水灾害已增加 612%，未来这一比例会继续提高，极端天气/气候将频繁出现。由应急管理部-教育部减灾与应急管理研究院、北京师范大学国家安全与应急管理学院、应急管理部-国家减灾中心、红十字会与红新月会国际联合会、灾害风险综合研究国际计划等单位编制的《2023 年全球自然灾害评估报告》指出，2023 年洪水灾害最为频繁，共发生 152 次，比历史平均（1993～2022 年均值）偏多 3.5%，受灾人口最多，达 3239.28 万人。可以预见，桥梁水毁发生频率将会持续提升。另外，我国“十四五”公共安全与防灾减灾科技创新专项规划、国家重点研发计划“重大自然灾害监测预警与防范”以及“重大自然灾害防控与公共安全”重点专项，均已将洪水自然灾害作为其重要研究方向之一。

本书紧扣行业痛点，围绕行业需求，系统阐述了桥梁水毁推演分析数学模型的构建方法，为桥梁水毁失效溯源提供了可靠技术手段。本书可为相关人员进行桥梁抗水设计与安全评估提供理论依据、技术支撑和应用示范，助力解决复杂水文条件下待建桥梁抗水设计与在役桥梁水毁防控的技术难题，推进桥梁防灾减灾的科技进步。

1.2　桥梁冲刷失效案例分析

2019 年 6 月 14 日，广东省河源市东江大桥在遭遇上游枫树坝水库连日泄洪的洪水冲击后，发生中间 2 孔桥梁垮塌事故，事故造成 3 辆行驶车辆落水（图 1-1）。该桥于 1972 年竣工，为 6 孔 50m 跨径悬砌空腹式拱桥，净宽 9m，全长 420.06m，主拱矢度 1/6。经分析，水毁原因如下：首先因为冲刷淘空基底引发 2 号墩基础向第三跨拱圈侧偏位，所产生的水平挤压力导致第三跨 2 号墩侧拱脚薄弱部位破坏，同时该处拱脚与 2 号墩顶界面接触失效；随后第三跨拱圈整体倒塌，由于非制动 3 号墩无法承受来自第四跨拱圈的巨大不平衡水平推力，向第三跨侧偏位，从而使得第四跨拱圈支撑体系失效，进一步引发第四跨拱圈的连续倒塌。未能继续引起其他跨的连续倒塌主要是因为 2 号墩与 4 号墩单向推力墩的设置。

图 1-1　河源市东江大桥垮塌

2020 年 7 月 6 日，安徽省旌德县三溪镇乐成桥在汛期被洪水冲毁（图 1-2）。该桥始建于明朝，为 11 孔半圆形石砌拱桥，长 156m，宽 6.5m，高 9.4m。中孔跨度 11.5m，其余孔两侧对称，分别为 8.6m、9.3m、10.2m、10.2m、10.9m。经分析，水毁原因如下：桥墩扩大基础被迅速冲刷并局部淘空，北岸 3～12 号墩扩大基础发生倾斜偏位，拱圈失去设计预期的支承条件，在洪水冲击作用下导致除北岸两跨拱圈外其余结构全部冲毁。

图 1-2　乐成桥垮塌

2021 年 6 月 18 日，内蒙古自治区呼伦贝尔市得耳布尔铁路桥在汛期被洪水冲毁（图 1-3）。该桥建于 1970 年，桥型为三跨简支箱梁结构，重力式桥墩，两端为桥台基础。经分析，水毁原因如下：连降暴雨造成桥址区域流量暴涨，洪水冲刷使得中墩基础偏位倾斜，跨河部分两跨梁体落梁倒塌。

图 1-3　得耳布尔铁路桥垮塌

2023 年 7 月 31 日，受北京强降雨和永定河分洪的影响，北京丰台区卢沟桥西侧的小清河桥发生了局部垮塌（图 1-4）。经分析，桥梁垮塌是由于桥墩破坏失效所导致，桥墩出现严重破坏是由于基础底部受到洪水冲刷导致基底出现严重的淘空。

图 1-4　小清河桥垮塌

综上所述，洪水会对梁体造成冲击，同时亦会引发基础冲刷效应，降低结构稳定性，危害桥梁运营安全。近年来由于全球气温变化等因素造成洪水频发，桥梁结构发生水毁事件时有发生，直接危害出行者的生命安全，同时给国家造成不可估量的经济损失，造成恶劣的社会影响。因此开展水毁数值仿真研究对于深入分析桥梁水毁破坏成因、预防桥梁水毁事件发生等具有重要意义。

1.3　桥梁冲刷仿真研究现状

桥梁基础冲刷是一个复杂的工程问题，涉及复杂水流和桥墩基础之间的相互作用以及泥沙运动。湍流会带动泥沙运动，而高浓度的悬浮泥沙也会影响水流，因此造成桥梁基础的冲刷现象。这一问题受多个因素影响，包括桥墩的形状、数量和分布，水流的速度、深度和湍流特性，以及床沙的粒径、级配和粗糙度等。为了研究桥梁基础冲刷问题，通常采用不同的方法，包括实桥现场观测、水槽模型试验和计算流体力学（computational fluid dynamics，CFD）仿真。这些方法可以帮助工程师更好地理解和预测桥梁基础冲刷情况，从而采取相应的保护和修复措施。

实桥现场观测：该方法通过长期监测或定期测量实际桥梁墩台附近的局部冲刷情况，可以获得最真实的桥梁冲刷数据。然而，实桥现场观测存在诸如现场试验困难、试验费用高、干扰因素多等问题。

水槽模型试验：该方法被认为是研究冲刷最直接和有效的途径。在水槽模型试验中，将缩尺模型置于带有沙的水槽中，研究各种因素对局部冲刷的影响，包括冲刷坑深度和发展规律、冲刷流动现象和机理。然而，水槽模型试验需要满足相似条件，模型尺寸较小，难以精确模拟所有相似条件，而且在试验区布置测量设备可能会对流动产生干扰，影响试验结果准确性。

计算流体力学仿真：该方法通过计算机来模拟冲刷。它不需要复杂的试验条件，可以方便地调整试验参数。CFD 仿真过程包括模拟水中基础周围的绕流场，得到速度场和压力场，从而确定床面切应力。然后，与床面泥沙的临界起动切应力比较，以确定泥沙的输移率和悬移率，从而得出河床底面冲刷量和高程变化。湍流模型和泥沙输运模型的准确性直接影响 CFD 仿真的准确性。

在进行桥梁冲刷仿真研究时，需要对水流在桥梁基础周围的流场进行模拟。虽然流体力学的纳维-斯托克斯（Navier-Stokes，N-S）方程可以用来描述这一流场，但湍流运动通常包含多个不同尺度的漩涡结构，其中最小尺度的漩涡小于毫米级别。采用直接数值模拟（direct numerical simulation，DNS）来精确解决这些湍流细节会导致巨大的计算量，在当前计算资源受限条件下，只能处理一些简单的流动问题。因此，在实际仿真研究中，通常采用湍流模型来近似描述湍流流场，以降低计算成本。这些湍流模型包括基于雷诺平均 N-S 方程（Reynolds-averaged Navier-Stokes equation，RANS 方程）的涡黏模型、分离涡模拟（detached eddy simulation，DES）模型以及大涡模拟（large eddy simulation，LES）模型等，它们可以更有效地模拟不同尺度的湍流结构，根据研究需要和可用的计算资源选择适当的模型。

许多研究采用计算流体力学仿真技术，进行有关桥梁基础局部冲刷的数值模拟。早期研究中，使用了 k-ω 湍流模型来解决 RANS 方程，以模拟圆柱桥墩的局部冲刷。结果显示，最大冲刷坑深度小于试验值约 15%。此外，研究表明，马蹄涡的大小和床面切应力受到雷诺数（Re）、边界层厚度以及桩径比的影响。随后的研究采用了标准 k-ε 湍流模型（通过求解湍动能 k 和耗散率 ε 的方程来描述湍流运动）求解 RANS 方程，利用 OpenFOAM（open field operation and manipulation）开源软件进行了桥墩的局部冲刷模拟。模拟结果显示，随着冲刷坑的扩大，六面体结构网格出现严重变形，降低了近壁面切应力的估算精度。这些研究发现，冲刷过程受马蹄涡和漩涡脱落的共同影响，其估算的最大冲刷深度相对于试验值小了 10%～20%。最近的研究在探讨桥台局部冲刷方面采用了不同方法。一些研究使用有限体积法对 RANS 方程进行数值模拟，结合了 k-ε 湍流模型和不同的经验公式来模拟桥台的局部冲刷现象。这些研究成功确定了适用于桥台冲刷的经验公式，并发现通过减小斜床面上的剪应力，可以显著改善数值模拟结果，不过需要同时考虑流向和横向坡度等因素。此外，近期的研究采用了大涡模拟技术，并结合拉格朗日（Lagrangian）描述法来处理泥沙颗粒的运动。这些研究使用 LES 来模拟流体流动，同时考虑泥沙输运模型和地形动力学模型，以模拟单个圆柱桥墩周围的局部冲刷情况。通过假设泥沙颗粒呈球形，并使用拉格朗日方法来模拟泥沙的起动、输运和沉积，研究结果与试验结果趋向一致。这些方法为更准确地理解和预测桥梁基础冲刷提供了重要保障。

在进行 CFD 冲刷模拟时，除了选择合适的湍流模型外，跟踪河床冲刷坑的发展也是至关重要的。目前，通常采用动态网格技术来追踪河床高程的变化。这种方法允许依据局部冲刷的进展，通过更新河床的形状，重新划分计算域网格。尽管动态网格技术可以反映河床边界的变化，但由于冲刷坑的形状通常非常不规则，网格划分变得复杂，难以维持网格质量。当采用 σ 结构化网格时，如果河床坡度较大，σ 网格的斜度会增加，从而降低网格质量，进而影响 CFD 计算的收敛速度和精度。如果使用非结构化网格重新划分更新后的计算域，每个时间步都需要重新划分网格，这会显著增加计算成本，并且由于非结构化网格难以手动干预，也会降低网格质量，从而不可避免地对计算的收敛性和精度产生负面影响。浸没边界法在 CFD 模拟中具有潜在应用前景，特别适用于处理复杂的泥沙边界。然而，目前也存在一些挑战，如对网格细化的敏感性较高，难以确定最佳网格尺寸以捕获湍流特性等问题。另一种方法是利用体积分数法来追踪河床的变化。这种方法将水和泥沙的体积分数纳入数值模拟，以模拟河床变化的影响。虽然这种方法能够更好地处理复杂的泥沙边界，但也需要仔细调整参数以确保准确的模拟结果。总之，选择合适的河床变化跟踪方法取决于具体的研究问题和计算资源，需要综合考虑不同方法的优劣势，以获得准确的 CFD 模拟结果。张曙光等[1]基于流体动力学模拟软件——Flow-3D 软件进行了圆柱形桥墩局部冲刷大涡模拟，将其结果与模型试验以及祝志文等[2]的 CFD 研究结果进行了比较。尽管最大冲刷坑的位置与试验结果仍存在一定差距，但相对于祝志文等[2]的 CFD 模拟结果而言，改善效果已较明显。

目前，CFD 研究主要集中在模拟非黏性、均匀粒径的泥沙冲刷上，而实际上，黏性沙冲刷也是泥沙输运中的一个重要方面，但它们的冲刷机制明显不同。在黏性沙床中，冲刷的起动条件通常取决于河床切应力、黏性沙床材料的抗拉强度以及沙床材料的浸没重度三者之间的关系；而在非黏性沙床中，冲刷的起始条件主要由床沙的浸没密度和重力所决定。对于黏性沙床来说，桥墩周围的冲刷坑形态和床面粗糙度与非黏性沙床明显不同，因此会导致不同的流动结构，进而对最终的冲刷形态产生影响。试验研究表明，黏性沙的冲刷发展速度和最大冲刷坑深度明显小于非黏性沙床；但在 CFD 冲刷研究中，目前涉及黏性沙和级配沙的相关研究相对偏少。

1.4 桥梁水毁推演研究现状

桥梁的水毁失效通常涉及结构、流场和泥沙之间的复杂相互作用，因此需要综合考虑这些因素，进行多场耦合的分析。然而，目前的研究大多集中在这些方面的独立研究上，很少见到综合考虑结构、流场和泥沙的多场耦合桥梁水毁分析。在早期的研究中，一些研究采用了桩-土弹簧模型，将其用于模拟流场冲刷对结构的影响，并将其作为结构的辅助加载条件，结合梁单元来建立结构模型，以模拟类似河源东江大桥的水毁失效情况。尽管梁单元在有效降低计算成本方面表现出色，但由于计算域中的结构尺寸与实际情况不符，因此无法准确模拟流场中的结构边界。结构域和流域之间的分析尺度通常存在明显差异，因此简单地使用梁单元来模拟结构无法同时考虑结构域中的桥梁倒塌和河床冲刷情况。为了更准确地理解和模拟桥梁的水毁失效，需要采用更高精度的方法，如多场耦合数值模拟，以同时考虑结构、流场和泥沙之间的相互作用，从而更好地评估桥梁在这些复杂条件下的稳定性和安全性。

桥梁倒塌计算属于高度非线性过程，许多学者通常使用显式有限元方法进行模拟。为了提高计算效率，近年来一些研究者致力于开发高效的计算单元。陆新征等[3]开发的分层壳单元模型与传统实体单元相比，在计算精度方面相差不超过 5%，但却具有更少的节点和单元数量。此外，万福磊等[4]利用贝利奇科-施韦尔梁（Belytschko-Schwer beam）和共旋技术开发了一种显式梁单元模型，可以处理大变形和大转动，同时保持了原始模型的几何和材料的双重非线性计算能力。在连续倒塌分析中，通常采用以梁单元为主要组成部分的隐式有限元方法。这种方法的优势在于其具有良好的稳定性，并且能够有效地降低计算成本。此种方法中，梁单元可以采用不同类型，包括塑性铰杆单元、三维实体杆单元、纤维梁单元等。然而，在非线性迭代过程中，可能会出现刚度矩阵奇异性的问题，这可能导致计算收敛变得困难。根据当前的研究情况，隐式算法在模拟倒塌、接触和碰撞等方面的精度还有待改进。这意味着需要进一步改进算法，以提高其适用于复杂非线性情况，特别是在模拟桥梁倒塌情况时。此外，相对于实体单元，梁单元在与流场的耦合方面存在较大的误差。这可能会导致在模拟桥梁水毁失效时，无法准确考虑结构和流场之间的相互作用。为了提高精度，可能需要更先进的单元类型和算法，以更准确地捕捉复杂流场和结构之间的相互作用。

近年来，离散元法崭露头角，它基于非连续介质力学原理，将结构离散为若干刚性粒子的组合，通过迭代求解每个粒子的运动方程，从而获取整个非连续体的运动状态。这种方法成功地克服了传统有限元算法中由于单元生死技术引起的质量守恒问题以及复杂的接触算法等难题。此外，非连续性的特点使得它在模拟倒塌、碰撞、破裂等力学行为方面较传统方法更具优势。然而，离散元法采用的材料本构模型不同于有限元算法中的应力-应变理论，破坏机理与力学本质不符，因此不适用于研究由水文因素引发的结构失效。为弥补这个缺陷，一些研究者提出了质点元新算法，综合了离散元法的非连续体建模能力及有限元的成熟单元和材料模型。这一新方法能够准确模拟倒塌分析中从连续介质向非连续介质的动态过渡，然而在三维模型计算中，它仍然存在效率低、计算量大等问题。总的来说，这些新方法为模拟结构的复杂力学行为提供了更多选择，但需要进一步的研究和改进，以提高计算效率和精度。

总体而言，目前在桥梁冲刷失效研究中存在一些关键问题和挑战。以下是一些主要问题和改进方向。

多场耦合研究不足：现阶段的研究主要集中在结构域和流场分析的独立研究上，缺乏基于结构、流场和泥沙之间的多场耦合的综合研究。这导致了缺乏全面理解和模拟冲刷失效的能力。

冲刷数值模型仿真尺度不足：目前，冲刷效应难以按照实际基础尺寸进行同步和直接的精确模拟。通常，桥墩的冲刷效应仅通过预设模拟，如通过桩-土弹簧单元的增减来模拟，但这不能保证计算的准确性。

结构分析问题：倒塌数值模型仍主要基于显式有限元算法，虽然有一些高效的非线性计算单元，但在结构分析方面需要进一步开发实体高效非线性计算单元。

流场计算问题：在流场分析方面，虽然已有关于非黏性土最终冲刷深度的预测公式，但需要进一步完善关于冲刷深度随时间发展的预测公式，以及提高黏性土的预测准确性。此外，现有的预测公式受到维度限制，难以预测冲刷坑形态的空间分布。

冲刷仿真问题：在冲刷仿真方面，数值模型与试验结果之间仍存在一定的差距，需要开发更兼顾计算效率和准确性的泥沙模型。此外，现有的泥沙模型主要基于非黏性均匀颗粒，需要考虑床沙级配对冲刷的影响，还需要进行大比例尺、高雷诺数情况的相关冲刷试验以提供更多数据。

作者基于现有研究成果，为结构-流场-泥沙耦合分析提供了新思路。具体来说，首先基于 Flow-3D、Ansys Fluent 等计算流体分析软件进行流场分析，得到桥梁冲刷形态演变与波流力时程数据；然后，基于显式有限元分析软件（如 LS-DYNA）构建桥梁水毁全过程连续倒塌数值模型；最后，开发小尺度网格流-固-土耦合场与大尺度网格结构域之间的跨场数据交互接口，将流场河床边界与波流力实时传递至结构域桥梁模型，从而实现桥梁水毁全过程分析。这种方法实现了冲刷仿真、波流力计算与结构倒塌分析的同步实施，可为从水文源头探究桥梁水毁失效机理与倒塌模式提供精准高效的分析工具，为桥梁抗水设计、评估以及未来规范修订提供理论基础与技术手段。

1.5 本书主要内容

第 1 章绪论部分主要介绍桥梁冲刷水毁失效案例分析，桥梁冲刷仿真和水毁推演研究现状；第 2 章主要介绍桥梁水毁失效分析；第 3 章主要介绍基于动态网格更新的桥梁冲刷仿真技术；第 4 章主要介绍基于体积分数法的流场演变数值模型构建方法；第 5 章主要介绍基于显式积分法的桥梁失效过程仿真技术；第 6 章主要介绍基于计算交互的桥梁水毁多平台推演技术；第 7 章主要介绍基于光滑粒子流体动力学（smoothed particle hydrodynamics，SPH）-离散元法（discrete element method，DEM）流固耦合的桥梁水毁推演技术；第 8 章为总结与展望部分。

参考文献

[1] 张曙光，尹进步，张根广．基于 Flow-3D 的圆柱形桥墩局部冲刷大涡模拟[J]．泥沙研究，2020，45（1）：67-73.

[2] 祝志文，刘震卿．圆柱形桥墩周围局部冲刷的三维数值模拟[J]．中国公路学报，2011，24（2）：42-48.

[3] 陆新征，许镇，黄盛楠．基于计算机辅助的桥梁倒塌事故分析[M]．北京：清华大学出版社，2015.

[4] 万福磊，张艳如，李云贵．建筑结构连续倒塌的数值模拟方法对比研究[J]．土木建筑工程信息技术，2013，5（3）：20-24.

第 2 章　桥梁冲刷水毁失效分析

水毁已成为桥梁倒塌失效的首要因素，具有显著的突发性、巨大的破坏性以及较高的隐蔽性。常规的定期桥检内容与技术手段难以及时发现桥梁水毁前兆，亦无法准确提供定性、定量的评估与预警。

桥梁水毁的水文因素主要分为两类：冲刷和洪水[1]。冲刷是水流侵蚀河床、堤岸以及桥梁基础等构筑物周围泥沙及其他物质的过程，并受到水深、流向、流速等水文条件与桥墩或基础形式、泥沙特性、气候变迁等环境因素的多方面影响，主要表现为自然演变冲刷、一般冲刷和局部冲刷。无论哪种形式的冲刷均会减少桥梁基础埋深，甚至造成扩大基础底部的掏蚀、裸露及脱空，严重降低桥梁结构的安全性与稳定性。当桥梁处于极端洪水灾害时，河道水位可能出现暴涨甚至漫过桥面，洪水会对上部结构产生较大水平推力与竖向浮托力，此时桥梁水毁通常表现为支座滑动与剪切破坏，以及上部结构整体滑移与倾覆。特别当洪峰经过桥梁时，会在短时间内造成剧烈的基础冲刷，对桥梁结构基础稳定性造成严重威胁。

综上所述，无论哪种水文因素，均会对桥梁结构安全及运营产生极大的危害。因此，需密切关注及积极预防桥梁冲刷水毁失效。

2.1　桥梁冲刷原因分析

冲刷已成为造成桥梁病害的重要因素之一。桥梁基础冲刷破坏往往在没有预警的情况下突然发生，并且在洪水期很难被监测。1966～2005 年，美国统计的 1502 座倒塌桥梁中，58%的桥梁破坏是由桥梁基础结构冲刷病害及其相关水力作用引起的。每年因桥梁冲刷破坏造成的经济损失高达 3000 万美元。新西兰科学与工业研究部（Department of Scientific and Industrial Research，DSIR）1990 年的一份研究报告指出：1960～1984 年，新西兰境内发生的 108 起桥梁破坏事故中，其中 29 起是由桥墩冲刷引起的，用于桥墩冲刷修缮的费用占桥梁维护费用的 70%。

2.1.1　冲刷作用分类

桥梁冲刷通常分为自然演变冲刷、一般冲刷和局部冲刷。对大跨度桥梁而言，因其跨度大，自然演变冲刷和一般冲刷对基础的冲刷影响可能明显小于局部冲刷，局部冲刷可占桥下总冲刷量的 90%以上。

（1）自然演变冲刷

自然演变冲刷是指河床在水流作用及泥沙运动等因素影响下，河底泥沙被带走，随着时间的推移，自然发育而导致河床高程降低的冲刷。在工程实际设计计算时，通常认为河道经过历史的演变，河床基本达到冲刷平衡，在桥位设计时，一般多通过调查或利用桥位上下游水文站历年实测断面资料分析确定。或者在计算时认为所采用的河道水下地形资料已包括河床自然演变冲刷，即认为河床自然演变冲刷为零。

（2）一般冲刷

一般冲刷（或称束缩冲刷）是指由于桥梁的存在，河流过水断面被压缩，即改变了河流原有的平衡状态，水流从河底及两侧将泥沙冲走（图 2-1）。随着一般冲刷的进行，桥下河床断面不断变深，导致水流速度逐渐降低，从而减缓一般冲刷，经过一段时间，桥下河床将达到一种新的平衡，一般冲刷亦随之终止。

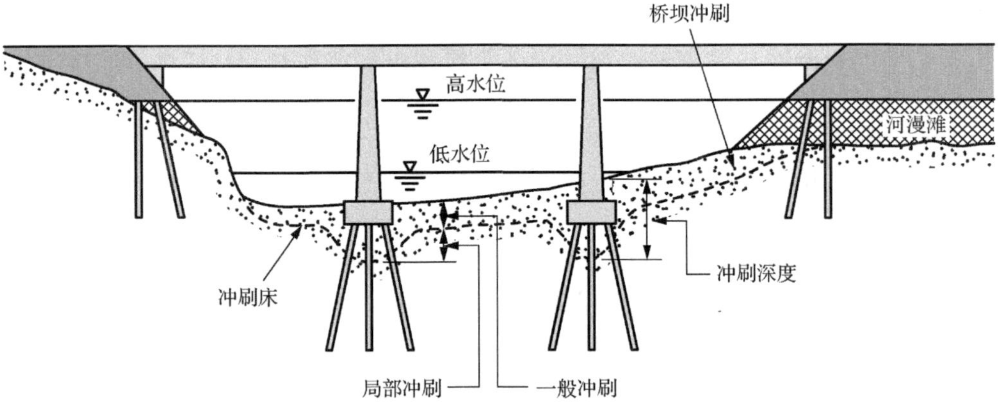

图 2-1　桥梁冲刷类型

（3）局部冲刷

局部冲刷（图 2-1）是位于水中的桥梁墩台对周围水流产生强烈的扰动，使行进水流在桥梁墩台正前方形成驻点并发生壅高，形成自上而下的压力梯度，进而产生下降水流，下降水流冲击河床面，同时基础两侧水流发生显著的流动分离，形成强烈的漩涡涡系，并与下降水流汇合，形成马蹄形漩涡流动；强烈的马蹄形漩涡流动在河床上产生较高的切应力，并剧烈淘刷桥梁墩台周围床面，产生床面泥沙冲蚀现象。局部冲刷将在桥梁墩台基础附近形成冲刷坑。

随着冲刷坑的扩大和加深，坑底水流速度随之下降，水流的挟沙能力减弱，最后局部冲刷会达到新的平衡状态，因此形成的冲刷深度称为平衡冲刷深度。但若有特殊原因导致河流形态改变，如洪水、泥石流等，会使原有平衡状态再次打破。

局部冲刷将基础周围床面的部分泥沙淘空形成冲刷坑，弱化了地基对基础的竖向和侧向约束，降低了基础的侧向刚度，同时也降低了基础的竖向承载力。

按照来流的输沙模式，可将局部冲刷分为清水冲刷和动床冲刷（浑水冲刷）（图 2-2）。

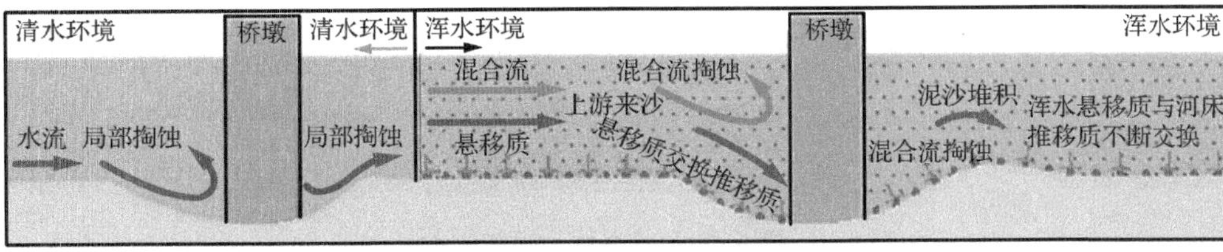

图 2-2　清水冲刷与动床冲刷机理对比示意图

1）当水流平均流速 v 小于河床泥沙起动平均流速 v_0 时，非墩台周边床面泥沙处于静止状态。但在墩台附近由于阻水效应，水流流速迅速增大并在局部形成绕流漩涡，漩涡剧烈淘刷桥墩周边泥沙，引起泥沙推移、跳跃等运动，并跟随水流移动，最终带走泥沙形成明显的局部冲刷坑。随着冲刷床面不断下切，坑内绕流流速逐渐降低至坑内泥沙起动流速，此时局部冲刷停止，这一冲刷过程称为清水冲刷。在清水冲刷条件下，主要考虑推移质输运。

2）当水流平均流速 v 大于河床泥沙起动平均流速 v_0 时，非墩台周边床面泥沙也会随水流运动上浮，部分泥沙运动一段时间后回落至床面，而另外一部分悬浮于水流中。显然局部冲刷坑内将得到上游来沙的补给。一旦单位时间内上游落入冲刷坑内泥沙量与漩涡卷走泥沙量相等，局部冲刷即停止。这一冲刷过程称为动床冲刷。由于床面泥沙大量起动，动床冲刷的水流中悬浮泥沙量较大，悬移质泥沙输运将不可忽略。

现有研究表明，清水冲刷引起的桥梁基础周围最大冲刷深度比动床冲刷条件下大 10%左右。清水冲刷时，仅在结构物周围发生泥沙运动；动床冲刷时，整个河床面普遍发生泥沙运动。两者最大冲刷深度 S/D（桥墩最大冲刷深度与结构尺寸的比值）随流速和时间的发展过程如图 2-3 所示。桥梁浑水冲刷动床推演如图 2-4 所示。

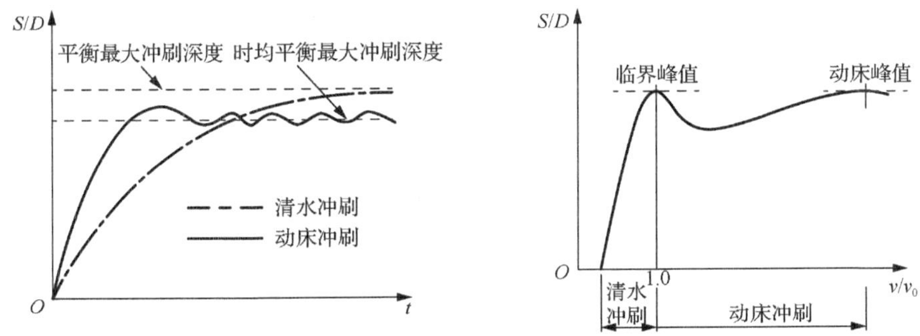

（a）最大冲刷深度与时间的关系　（b）最大冲刷深度与流速的关系

图 2-3　清水冲刷与动床冲刷的区别

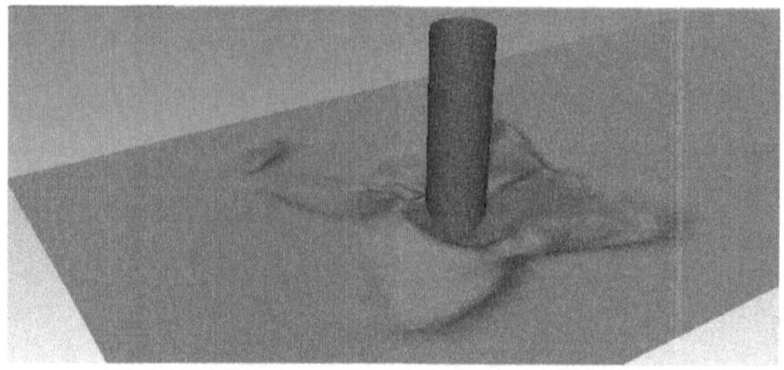

图 2-4　桥梁浑水冲刷动床推演

2.1.2　桥梁局部冲刷机理

（1）单桩基础

如图 2-5（a）所示，单桩基础附近的流场大致分为 4 类[2]：墩前壅水、马蹄形漩涡、下潜水流和尾迹涡流。稳定水流在置于河床上的竖直圆柱基础作用下，其结构将发生重大变化。河床黏性作用的存在会形成边界层效应，使水流产生压力梯度，当水流受到基础阻挡时，水流在压力梯度的影响下发生分离，在基础前出现水面壅高现象，部分水流向下形成下潜水流，垂直向下的水流冲击河床表面的泥沙，在基础前形成冲刷坑。下潜水流在河床与单桩基础周围翻滚形成马蹄形漩涡，马蹄形漩涡引起的较高床面剪应力是河床冲刷的主要原因。基础两侧的流动受到挤压，流速瞬间增大，进而导致基础两侧床面底部的剪应力相应增大，引起基础附近床面冲刷。水流绕过基础后形成尾涡，并产生漩涡脱落。当河床面易受冲刷时，上述流场结构的变化会造成泥沙输移增加，导致基础周围发生局部冲刷现象。

综上所述，单桩基础冲刷过程发展可分为 3 个阶段：①冲刷起始阶段，在马蹄形漩涡的作用下，阻挡物基底周围的河床泥沙被翻涌带走；②主要冲刷阶段，若冲离基底区域的泥沙输送速率大于进入该区域的泥沙输送速率，则会形成冲刷坑并不断发展；③冲刷平衡阶段，随着冲刷深度的加深，马蹄形漩涡强度减弱，从而降低离开基底区域的泥沙输送速率。

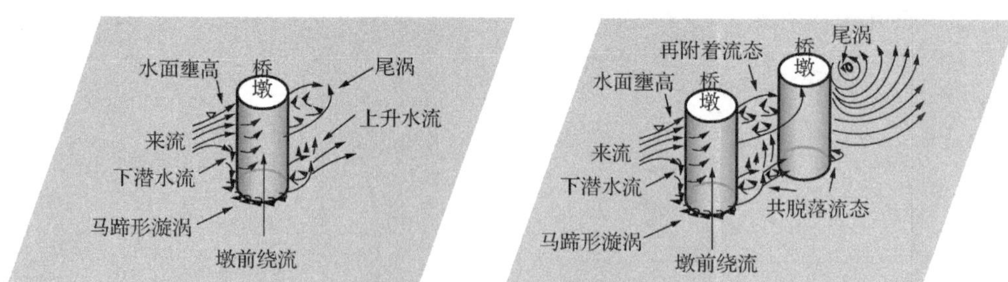

（a）单桩情况　　（b）双桩情况

图 2-5　墩柱周围流场

（2）群桩基础

如图 2-5（b）所示，与单桩情况相比，群桩局部冲刷存在不同的冲刷机制[2-4]，主要包括：①上游桩的遮蔽效应，即上游桩的存在削弱了下游桩前的马蹄形漩涡强度；②桩间的冲刷强化效应，指与单桩桩后冲刷地形坡面相比，由于上下游冲刷坑重叠，群桩的上游桩后（即桩间区域）冲刷时的逆坡坡面消失，因而泥沙更容易起动，上游桩冲刷更显著；③压缩马蹄形漩涡的效应，即桩间距较小时产生的桩间流体压缩效应；④尾涡脱落效应，即由于下游桩处在上游桩尾涡脱落路径之内，其周围床面泥沙更易悬浮。

群桩冲刷过程中，初始冲刷主要发生在各桩侧面，随着每根桩的冲刷坑深度和体积不断扩大，最后在桩群中间区域相互重叠。由于冲刷是随时间变化的，因此流场及其对床面冲刷的作用也随时间改变。

（3）沉井基础

在带有沉井基础的桥墩冲刷过程中，基础上游存在两个主要的马蹄形漩涡流，即主涡流和次涡流，均顺时针旋转引起冲刷[5]，如图 2-6 所示。主涡流的能量小部分用于克服泥沙颗粒的摩擦力，大部分用于输送沉井基础附近泥沙，使泥沙朝尾迹涡流方向移动而成为悬移质或推移质。基础周围形成脊，将沉井基础附近的主涡流与次涡流分离。由于主漩涡的涡流速度大于次漩涡，因此在主漩涡内会形成更深的冲刷坑，在图 2-6 中表现为脊线下方的冲刷坑表面斜率明显高于脊线上方的冲刷坑表面斜率。

除上述柱式桥墩外，部分学者研究发现宽墩冲刷与窄墩冲刷也存在明显区别。宽墩型桥墩前方的流场更多地表现在沿着桥墩表面分流（图 2-7），桥墩前端对称线上的泥沙侵蚀较微弱。具体而言，因该类桥墩墩宽较大，对水流过水断面的压缩作用很大，所以桥墩两侧的水流速度明显增大，从而引起局部冲刷。宽墩浅流型桥墩的湍流结构主要包含尾涡和位于墩侧的马蹄形漩涡，因此最大冲深位置不再位于墩前而在墩的两侧。

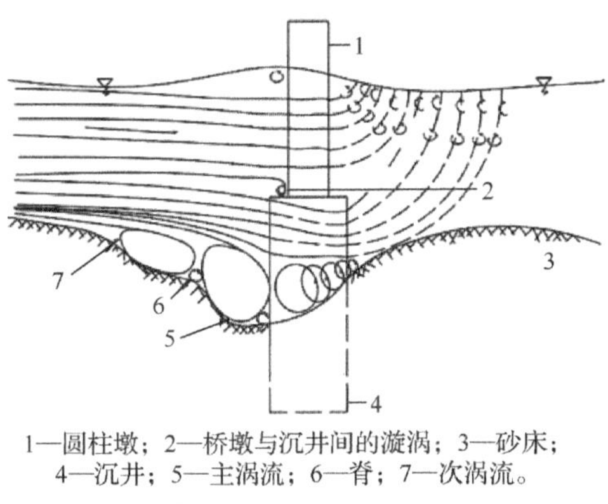

1—圆柱墩；2—桥墩与沉井间的漩涡；3—砂床；4—沉井；5—主涡流；6—脊；7—次涡流。

图 2-6　沉井基础附近涡流区和脊的细节

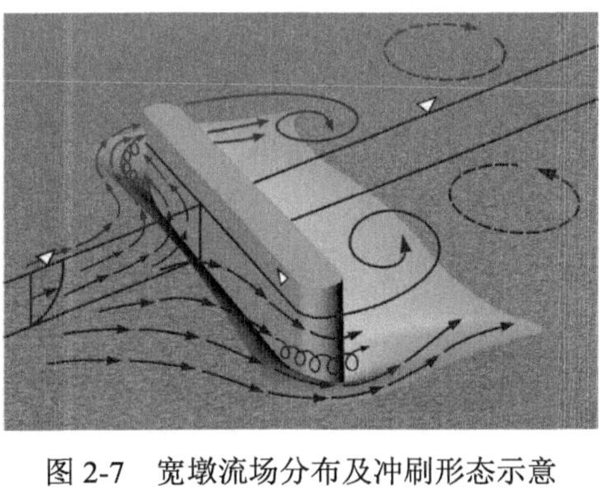

图 2-7　宽墩流场分布及冲刷形态示意

2.1.3 局部冲刷影响因素及其显著性分析

1. 影响因素

桥梁基础冲刷是桥梁基础周围土体变化的一个复杂过程，包括水流、泥沙和结构物的相互作用[2,6]，并且随着相应条件的改变而表现出不同的冲刷机理。近几十年来，人们进行了大量研究，探讨了冲刷过程的机理，下面分别进行说明。

（1）水力条件

现有水力条件主要包括水流、波浪及两者结合。波浪与水流冲刷机理存在很大差异：一方面，与水流条件相比，除考虑流速、水深、流体密度、动力黏度等影响因素外，在波浪条件下还需考虑波高、波周期、波长等因素的影响；另一方面，两者水粒子引起的冲刷动态过程和循环运动亦不同。

（2）沉积物条件

沉积物主要包括泥沙、黏土和岩石，影响因素主要包括沉积物密度、粒径、不均匀系数等。无黏性泥沙条件下，冲刷可迅速发生，可在单次洪水事件期间的几小时或几天内达到最大冲刷深度。在黏性土条件下，土颗粒之间结合紧密，土的侵蚀多以颗粒块形式进行，冲刷速度较为缓慢，冲刷机理更为复杂。黏性土的冲刷与塑性指数、孔隙比、温度等因素有关，而其他因素的影响仍在研究中。

在岩石等坚硬地质条件下，当流体的侵蚀能力超过岩石材料的抗冲击性时，建在其上的桥梁基础周围也会发生冲刷。与沙或土不同的是，岩石易发生 4 种类型侵蚀，即岩块移除、脆性断裂、亚临界破坏和磨损。

（3）桥梁基础形式和空间布置

局部冲刷机理的研究已从单桩基础发展到群桩基础、沉井基础。受遮蔽效应的影响，群桩基础中后桩周围的最大冲刷深度小于前桩周围的最大冲刷深度。同时，受喷射效应的影响，水流流过群桩间隙时，流速加快，导致群桩基础周围的冲刷深度比单桩周围更大。遮蔽效应和喷射效应的同时存在，增加了群桩基础冲刷机理的复杂性。此外，沉井基础冲刷机理也十分复杂，相比于单桩，沉井基础尺寸较大，并且有不同的设计形式及不同的施工状态，均会导致周围流场的改变和冲刷特性的不同。

2. 影响因素显著性分析

（1）径流量

洪水期伴随着冲刷，桥梁基础稳定性将受直接影响，这是桥梁水毁的主要原因。冲刷的发展与河流携/输沙量直接相关，即河床冲刷的强弱程度由泥沙输送关系决定；而无论常态还是洪水期，河流携/输沙量均与河流径流量有关。下面将通过数据统计探究地区径流量与区域性桥梁水毁数量之间的相关性，并通过数据分析确定其关联模式。

美国国家桥梁目录（National Bridge Inventory，NBI）统计了美国各州联邦机构的在役桥梁记录；美国地质调查局（United States Geological Survey，USGS）记录了各州多年来的年径流量数据。其中，NBI 评定了所记载各州桥梁的冲刷评价等级（scour critical bridge，SCB），并作为桥梁该项风险的评价指标。SCB 共分为 10 级，分别表示为 0～9，0 代表桥梁已冲刷倒塌，9 代表无冲刷；数字越大，表示桥梁冲刷程度越弱，失效风险越低，服役状态越好。NBI 共包含桥梁 343792 座，其中去除了桥涵及不适用冲刷风险评估准则的桥梁。根据 USGS 对全美各州 1919～2019 年百年尺度数据的统计分析，美国不同区域的年均径流量呈现显著空间差异。美国中部地区年均径流量处于全国平均水平，年际波动较小，水文条件相对稳定。东北部的新罕布什尔州（New Hampshire）、佛蒙特州（Vermont）、马萨诸塞州（Massachusetts）、罗得岛州（Rhode Island）、康涅狄格州（Connecticut）和新泽西州（New Jersey）年均径流量位居全国前列，洪水发生频率较高；西部俄勒冈州（Oregon）、爱达荷州（Idaho）、加利福尼亚州（California）及内华达州（Nevada）同样因年均径流量偏高，易受洪水威胁。

为减少干扰因素的影响，并验证桥梁冲刷评价等级与年均径流量之间的相关性，选取美国各州 2019 年开始运营的 2658 座桥梁 SCB 数据与 2019 年的径流量进行相关性分析。具体地，计算各州所有桥梁 SCB 均值，同时计算各州年均径流量；为削弱地区环境差异影响，将 51 个州 SCB 均值每间隔 0.5 划分 1 个等级来进行归类；随后进行相关性分析得到斯皮尔曼等级相关系数（Spearman's rank correlation coefficient，ρ）和肯德尔和谐系数（Kendall's concordance coefficient，τ）（表 2-1）。

表 2-1　SCB-径流量相关性分析结果

分析对象	相关性系数		统计显著性	
	斯皮尔曼等级相关系数	肯德尔和谐系数	斯皮尔曼等级相关系数	肯德尔和谐系数
SCB-径流量	−0.571	−0.5	0.139	0.083

由表 2-1 可知，相关性系数均为负值，表明径流量越大，桥梁 SCB 值越小，即冲刷程度越剧烈，风险越大。两者相关性存在的可信程度最高为 91.7%，相关性较为显著。

（2）桥梁服役状态

桥梁冲刷还与桥梁服役时间、结构类型、桥墩形式与布置等息息相关。类似地，本节基于相关桥梁特性数据以及 NBI 桥梁 SCB 数据，计算桥梁冲刷程度与服役时间、构件状态等之间的相关性。图 2-8 给出了各冲刷评价等级下桥梁服役时长，服役时长的统计自桥梁修建或改造完工起至 2019 年止。总体来看，桥梁冲刷评价等级越高，服役时长呈明显下降趋势，即冲刷程度越小；表明其服役时间越长，桥梁遭受的冲刷程度越大，对结构安全的削弱程度越高。需要说明的是，桥梁冲刷倒塌（SCB 为 0）代表冲刷风险从量变到质变，此处暂未涉及冲刷程度与服役时长的相关性分析。通过数理统计分析，表 2-2 给出了斯皮尔曼等级相关系数、肯德尔和谐系数以及相应的统计显著性数值。由表 2-2 可以看出，服役时长与桥梁冲刷评价等级的负相关性存在概率大于 99%，故存在明显负相关性。负相关性表明，服役时间越长，SCB 值越小，冲刷程度越大。

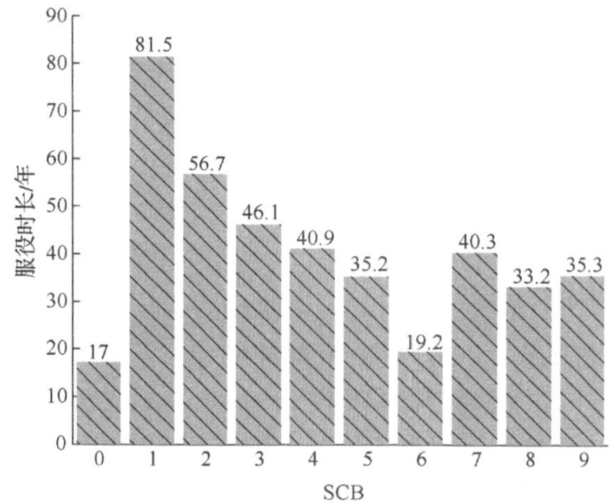

图 2-8　各冲刷评价等级下桥梁服役时长

表 2-2　SCB-服役时长相关性分析结果

分析对象	相关性系数		统计显著性	
	斯皮尔曼等级相关系数	肯德尔和谐系数	斯皮尔曼等级相关系数	肯德尔和谐系数
SCB-服役时长	−0.783	−0.667	0.013	0.012

此外，采用 NBI 桥梁构件安全评价等级数据与桥梁 SCB 数据进行相关性分析，以进一步探明桥梁服役状态与冲刷程度之间的相关性。桥梁构件安全等级分为 0～9 共 10 个等级，0 代表构件失效，9 代表构件承载能力良好、无构件损坏。

图 2-9 给出了各冲刷评价等级下桥梁构件安全状态等级，其中横坐标为冲刷评价等级，纵坐标为桥梁构件安全等级。由图 2-9 可知，SCB 在 1～5 范围内，不考虑 0，随着 SCB 增大，桥梁上下部结构安全等级均呈上升趋势；而 SCB 高于 6 之后，桥梁构件安全等级便趋于稳定。这一规律表明当桥梁处于冲刷高风险下，桥梁构件特别是下部结构的安全状态较低。

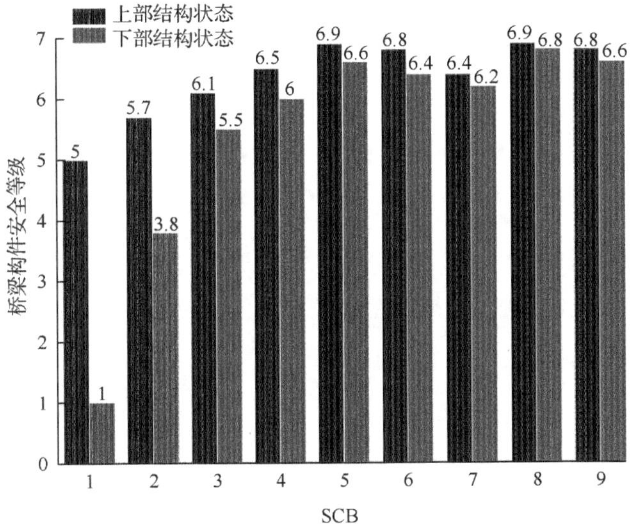

图 2-9　各冲刷评价等级下桥梁构件安全状态等级

进一步选取亚拉巴马州（Alabama）8029 座桥梁数据进行数理统计分析，得到斯皮尔曼等级相关系数、肯德尔和谐系数以及相应的统计显著性数值（表 2-3）。由表 2-3 可以看出，下部结构安全等级与冲刷程度相关程度强，即相关性显著；上部结构安全等级与冲刷程度相关程度低，即相关性弱。这也与冲刷大概率直接影响下部结构这一事实相符。

表 2-3　SCB-构件安全等级相关性分析结果

分析对象	相关性系数		统计显著性	
	斯皮尔曼等级相关系数	肯德尔和谐系数	斯皮尔曼等级相关系数	肯德尔和谐系数
SCB-下部结构状态	0.857	0.714	0.014	0.024
SCB-上部结构状态	0.393	0.238	0.383	0.453

为深入分析桥梁冲刷水毁与其上下部结构状态之间的相关性，本节引入 NBI 中的一个有序指标——结构状态（structure condition，SC）[7]。该指标从结构本身的角度来评估桥梁状况，如表面损伤、材料退化及耐久性等方面，且不包括任何水文因素。SC 的取值范围为 0～9，其中 0 表示结构失效，9 表示结构状态完好。

图 2-10 为 NBI 中美国某个特定州的每座桥梁的平均 SCB 值与其上部结构的平均 SC 值的散点图。图中每个点的直径与 SCB 和 SC 相加的标准差呈正相关。例如，当一个点的直径较小时，表明该州的绝大多数数据都集中在平均值附近。由图 2-10 可知，因大多数数据点都在拟合线附近，故上部结构的结构状态与桥梁水力条件呈正相关，相关系数 $\theta=1.007$；换言之，上部结构的平均 SC 值约为相关桥梁平均 SCB 值的 1.007 倍。

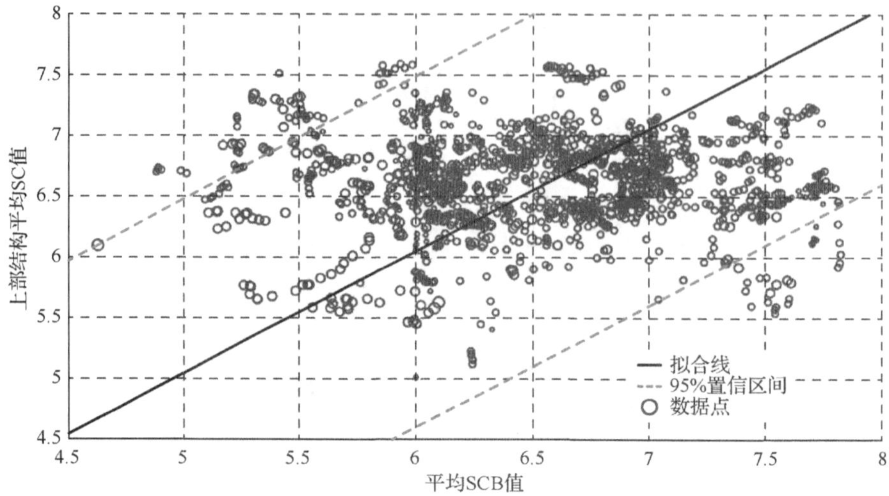

图 2-10　上部结构平均 SC 值与平均 SCB 值的相关性

图 2-11 根据图 2-10 绘制，其横坐标为平均 SCB 值，纵坐标为上部结构平均 SC 值的拟合残差（拟合线与 SC 实际值之间的差值）。由图 2-11 亦可知，上部结构平均 SC 值的良好拟合区域集中在平均 SCB 值 6～7；然而，在其他范围内，当残差超过 0.5 时，拟合显示出显著的不确定性。

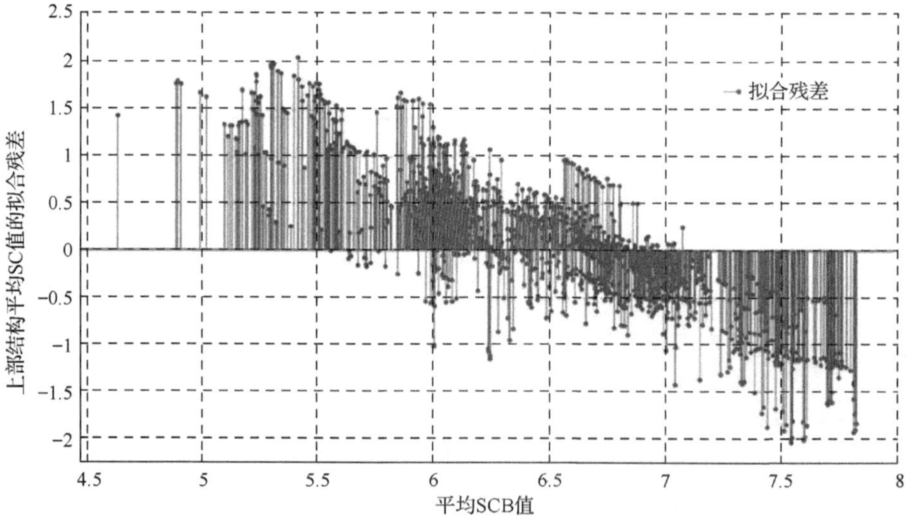

图 2-11　上部结构平均 SC 值的拟合残差分布图

如图 2-12 和图 2-13 所示，下部结构的平均 SC 值亦与平均 SCB 值呈正相关，且相关系数 $\theta = 0.989$。下部结构良好拟合范围位于平均 SCB 值 5.5～7.5，比上部结构稍大。换言之，下部结构平均 SC 值与平均 SCB 值之间的相关性比上部结构更强。

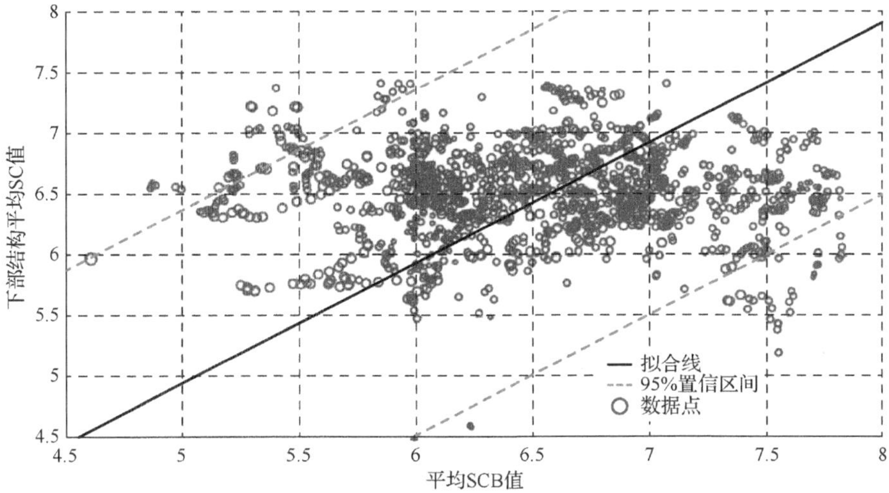

图 2-12　下部结构平均 SC 值与平均 SCB 值的相关性

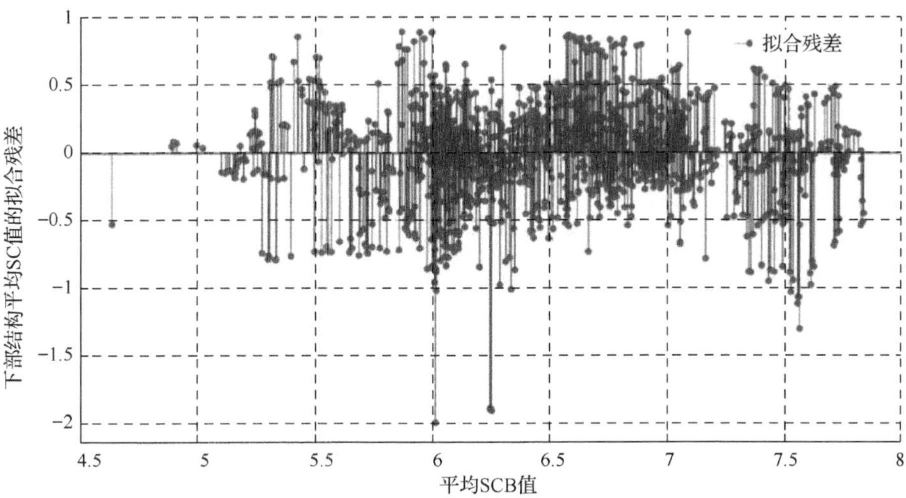

图 2-13　下部结构平均 SC 值的拟合残差分布图

综上所述，若服役桥梁的下部结构状态不佳，则其在冲刷作用下发生水毁的可能性更大，因此需要定期检测桥墩的冲刷情况。

（3）桥梁材料与结构类型

最后，验证桥梁材料、结构类型与冲刷评价等级之间的相关性。进行相关程度比较时需引入秩和检验法，以处理桥梁这类非有序数据。基于 NBI 桥梁数据划分 10 种类型桥梁：混凝土桥、混凝土连续梁桥、钢桥、钢连续梁桥、预应力混凝土桥、预应力混凝土连续梁桥、木桥、圬工桥、铝/锻铁/铸铁桥、其他等。类似地，对不同类型桥梁的数目和冲刷评价等级进行相关性分析，以“平均等级”作为计算指标评价桥梁冲刷失效的相对难易程度，计算结果见表 2-4。由统计显著性可知，桥梁类型与冲刷评价等级差异存在概率大于 99%，即相关性显著。平均等级越高，该类桥梁在冲刷下失效的风险就越低。由表 2-4 可知，圬工桥和铝/锻铁/铸铁桥在冲刷下失效的风险最高，而早期的桁架桥和拱桥多为此种材料或结构类型；钢连续梁桥失效风险最低。

表 2-4　不同桥梁类型与 SCB 相关性分析结果

桥梁类型	桥梁数目/座	平均等级	χ^2	自由度	统计显著性（p）
其他	10	6085.60	304.26	9	$3.2\times10^{-60} < 0.01$
钢连续梁桥	671	5777.18			
预应力混凝土桥	2488	5577.17			
预应力混凝土连续梁桥	65	5463.09			
混凝土桥	1353	5341.27			
混凝土连续梁桥	79	4923.63			
钢桥	4926	4734.14			
木桥	444	4285.43			
圬工桥	78	4078.90			
铝/锻铁/铸铁桥	26	3440.29			
总计	10140	—			

注：χ^2 为卡方值，反映了实际数据与期望数据之间的偏差。

需要注意的是，上述统计分析仅给出结构因素与桥梁冲刷关系的定性结论，更深入的参数敏感性分析则需要更为具体的冲刷监测数据及水文数据。事实上，实时水文数据获取在短期内仍有困难，而桥梁冲刷平衡时间跨度长，现阶段也缺乏有效的长期监测设备，基于有效长期水文观测数据的冲刷影响性分析亟待补充。

综上所述，冲刷已在世界范围内成为导致桥梁水毁的最主要因素，失效桥梁数目自 21 世纪以来陡增，且长年居高不下，所致失效桥型以桁架桥、梁桥、拱桥为主[8]。此外，冲刷在一定程度上可影响结构的耐久性，即桥梁服役时长及桥梁下部结构安全状态与其所受冲刷程度关联性强；同时从统计学考虑，不同桥梁类型所受冲刷的影响程度也不尽相同。由统计资料可知，某地区在役桥梁的冲刷程度与该地区年平均径流量存在较强的相关性，在进行桥梁抗水设计时，可将径流量数据作为有效参考。

2.2　桥梁水毁原因分析

东南大学桥梁工程系桥梁抗水研究中心自主构建了桥梁倒塌数据/案例库，信息来源主要为美国纽约州交通运输部门数据库、美国国家桥梁目录数据库、桥梁抗水研究中心自主数据库；渠道形式主要为重要会议报告、期刊文献、新闻报道、网站网页等。其中搜集到的桥梁倒塌案例共计 1716 座，主要记录桥梁名称、结构基本信息、倒塌描述以及原因分析等，部分没有任何特征信息的桥梁暂时未记录在案。数据时间跨度为 215 年（1807～2021 年），其中美国 1350 座、中国 196 座、其余国家 170 座。

基于该桥梁倒塌数据/案例库，图 2-14 分别给出美国、中国以及全球桥梁倒塌的原因分类以及数据分析结果（“其他”表明其倒塌原因不明）。其中，无论美国、中国或者全球，冲刷与洪水在桥梁倒塌原因中均排名前二，两者占比几乎为 50%（美国占比 48.96%，中国占比 58.16%，总体占比 46.85%），可见冲刷与洪水所引发的水毁已成为桥梁失效的绝对主要因素。

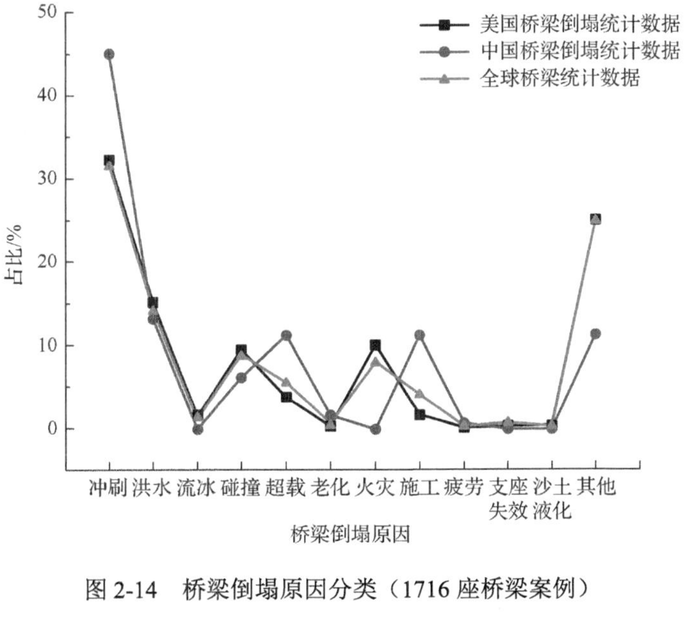

图 2-14　桥梁倒塌原因分类（1716 座桥梁案例）

在桥梁倒塌数据/案例库 1716 个案例中，完整记载倒塌年份的桥梁共计 1016 座（此处倒塌指的是完全失效垮塌，并非损坏可修）。针对该 1016 座桥梁的倒塌年份进行分类分析，将冲刷与洪水合并称为水毁因素，失效原因不明者归类于“其他”类。其中，桥梁水毁案例所记载年份的时间跨度为1831～2021年，即数据库案例中最早的水毁倒塌桥梁为1831年，自1831年起，缺少水毁案例记录的年份均记录为0；同理，碰撞、超载、火灾及其他因素时间跨度分别为1863～2020年、1807～2020年、1838～2020年和1876～2020年。图2-15给出多类典型失效因素（水毁、碰撞、超载、火灾与其他）导致桥梁单年失效数目与年份间的关系。

彩图 2-15

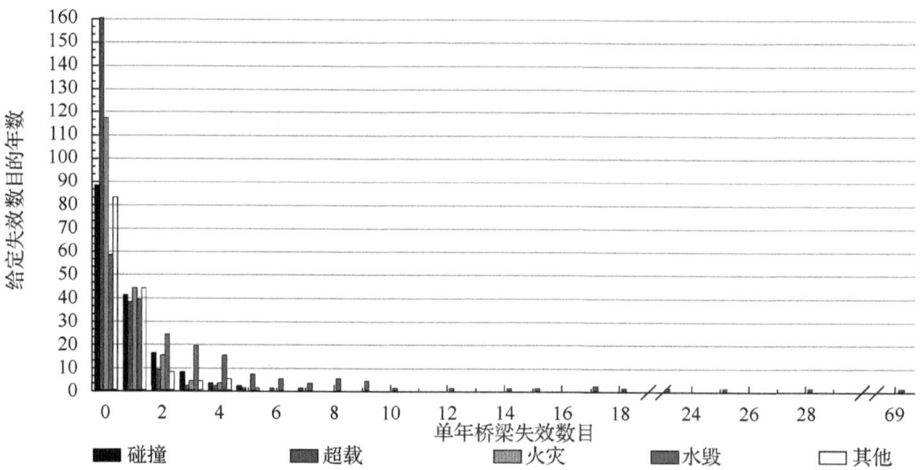

图2-15　桥梁单年失效数目对应年份数目图（1016座桥梁案例）

图2-15中第1列柱状图表示桥梁单年失效数目为0，即表示各失效因素在各自时间跨度内缺少记载案例的年份，可见数据库案例在时间连续分布上还存在较大不足，各因素缺失记载资料的年份较多；但水毁因素缺失资料的年份数目明显低于其余因素，表明水毁案例记载相对较为完整。图2-15中第2列柱状图表示单年失效数目为1，即表示各失效因素导致一年内桥梁失效数目为1座时的年份数目。可明显看出，年失效数目越高，除水毁外各失效因素对应的年份数目越少；当一年内桥梁失效数目超过7座时，仅见水毁这一种因素；另外，水毁最大年失效数目可达69座。由此可见，水毁是年失效数目最高的桥梁倒塌因素。

在桥梁倒塌数据/案例库1716个案例中，完整记载桥梁结构类型的共计804座。图2-16给出不同桥梁水毁结构类型的统计结果，主要以桁架桥和梁桥为主，占比超过总数的50%；其中，钢桁架桥水毁失效案例最多，其次为混凝土梁桥和拱桥，这三类桥型需在桥梁抗水设计与运维中格外重视。

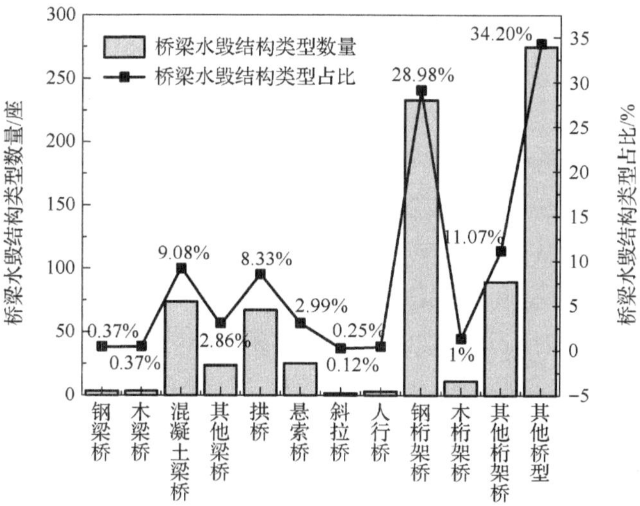

图 2-16　不同桥梁水毁结构类型的统计结果（804 座桥梁案例）

进一步统计，在上述 804 座桥梁水毁失效案例中，具有完整倒塌时间记录的有 614 座（1831～2021 年）。1831～2021 年，每 10 年统计一次（2021 年记在 2011～2020 年类别内）桥梁水毁失效数目，得到该 614 座水毁桥梁的时间/时期分布（图 2-17）。可以明显看出，自 20 世纪 90 年代起，桥梁水毁记载数目陡升，此后常年居高不下；特别于 2000～2010 年与 2010～2020 年，桥梁水毁数目最多。事实上，全球气候变迁，美国国家海洋与大气局已在 2015 年《气候状况》中指出，相比于 20 世纪 60 年代，2015 年美国所记录的洪水灾害已增加 612%，未来这一比例会继续提高，极端天气/气候将频繁出现；可以预见，桥梁水毁发生频率将会持续上升。

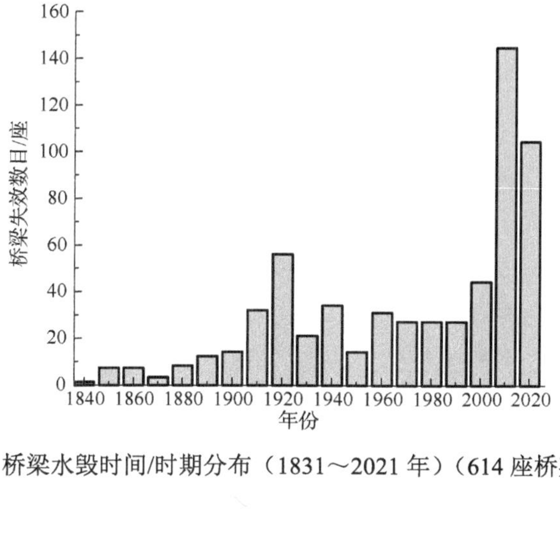

图 2-17　桥梁水毁时间/时期分布（1831～2021 年）（614 座桥梁案例）

最后，在上述 614 座水毁桥梁中，具有完整服役时长记录的有 297 座，服役时长按 10 年间隔进行统计（例如，服役时间 10～20 年均归为“20 年”），得到该 297 座水毁桥梁的服役时长分布（图 2-18）。可明显看出，水毁桥梁服役时长小于 50 年的占比超 50%，服役时长小于 60 年的占比超 60%。我国现阶段桥梁设计寿命为 100～120 年，而桥梁水毁时多数仅达到其设计寿命的一半，从统计学角度来看，服役时长 50～60 年被认为是桥梁水毁失效的“风险期”，水毁是桥梁“短命”的主要因素。同时，桥梁水毁失效数目随服役时长总体呈下降趋势，即服役时间越长，桥梁水毁失效的数目越少。究其原因，可能是桥梁服役达到一定时长后，结构退化较为显著，结构材料自身已无法满足正常服役的性能要求；也就是说，此时尚能完全满足正常服役性能的桥梁总数大幅度减少，故桥梁水毁数目也随之相应减少。即使服役时间较长，水毁仍然是这类桥梁倒塌的最主要外界因素。另外，施工过程中因水文灾害而倒塌的桥梁也超过 10 座，施工阶段桥梁抗水同样需引起重视。

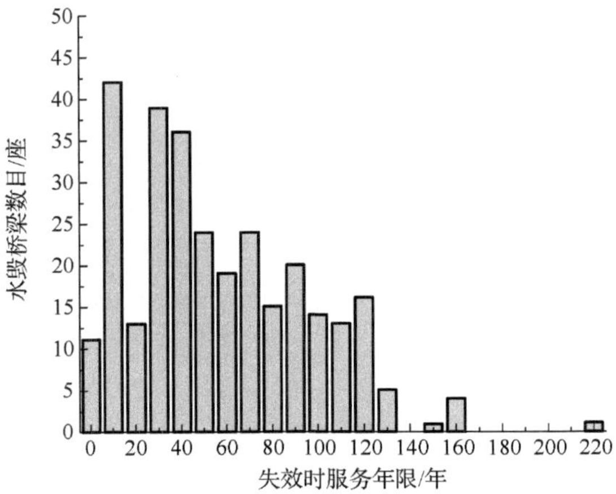

图 2-18　桥梁水毁服役时长分布（297 座桥梁案例）

2.3　桥梁冲刷水毁失效模式

冲刷直接改变桥梁基础乃至整体结构的稳定性，根据基础类型将冲刷所致桥梁失效分为两类：浅基础失效和桩基础失效[7]。浅基础冲刷可迅速侵蚀并输运基础周围河床泥沙，造成基础整体或局部沉降与淘空［图 2-19（a）］，从而导致桥梁整体倾斜而迅速垮塌。桩基础冲刷会降低基础埋置深度，缩短桩土摩擦长度［图 2-19（b）］，从而降低基础横向抗弯能力与竖向承载能力。

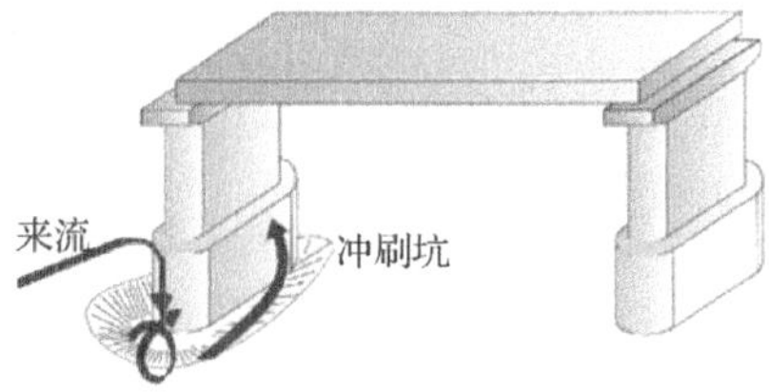

（a）浅基础

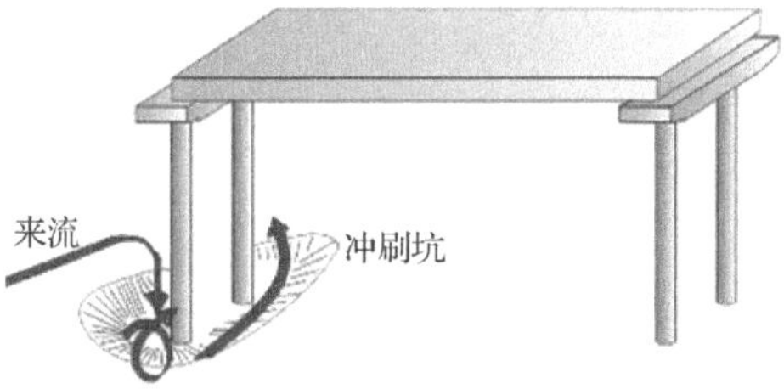

（b）桩基础

图 2-19　两类基础冲刷示意

2.3.1　浅基础桥梁

冲刷导致桥梁浅基础基底被淘空，使得基底受力面积发生变化，基底应力重新分布，造成基础的承载力改变。因此，若要评估冲刷发生后桥墩的安全性和稳定性，则需对承载力进行重新验算。本节主要阐述浅基础桥梁的失效模式，关于承载力验算的内容可参考相关文献。目前，浅基础的失效模式主要分为：①竖向失效；②横向失效；③倾斜失效。

（1）竖向失效

竖向失效对应于冲刷所致浅基础竖向承载力不足。具体而言，在竖向失效模式中：浅基础将完全下沉，且伴随着显著的竖向位移，浅基础对上部结构的竖向承载力将完全丧失，最终造成桥梁瞬间倒塌。图 2-20 为浅基础埋深不足示意图，P 为外荷载。对应该失效模式的工程实例如图 2-21 所示，2006 年 7 月 23 日，由于洪水冲刷作用，福建泉州顺济桥的重力式石墩基础埋深不足，从而引起桥梁整体倒塌。此外，斯科哈里溪（Schoharie Creek）大桥由于冲刷导致基础大部分出露于河床，造成竖向承载力极大的损失，最终导致整桥垮塌。

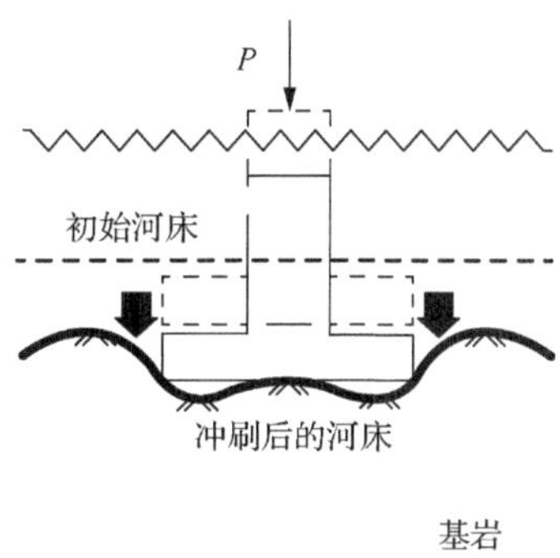

图 2-20　浅基础埋深不足示意图

图 2-21　冲刷下浅基础埋深不足导致垮塌

（2）横向失效

横向失效对应于冲刷所致浅基础横向稳定性不足。对浅基础而言，横向失效主要原因为基底淘空，如图 2-22 所示，F 为外荷载。值得一提的是，在冲刷作用下，对于上部结构具有相对较高的横向支撑而下部结构为浅基础的桥梁，将有极大概率丧失横向承载力。

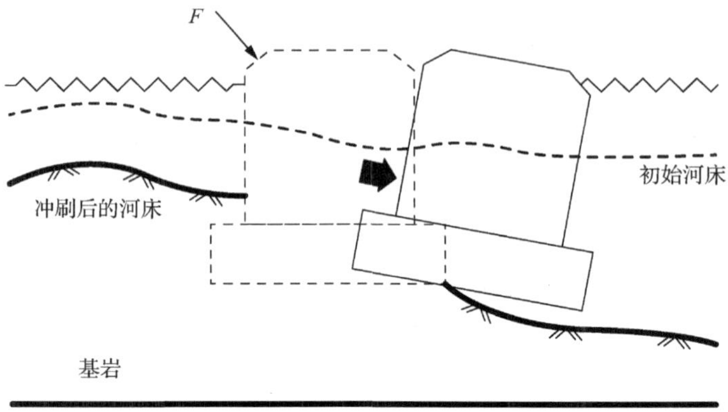

图 2-22　浅基础基底淘空示意图

（3）倾斜失效

倾斜失效是指局部冲刷侵蚀浅基础底部，并引起浅基础的倾斜运动，如图 2-23 所示。若同时伴随水流冲击基础，将加剧基础的旋转，并加速其倾斜失效。实际上，大多数由冲刷引起的桥梁竖向失效均伴随着倾斜失效，尤其是浅基础桥梁。究其原因，当桥梁基础周围的冲刷发展不对称时，一方面，由于土体竖向承载力的丧失，基础将完全下沉；另一方面，基础可能向冲刷较深的一侧倾斜。该类型失效模式对应的工程实例如下：2019 年，广东一座两跨拱桥由于冲刷导致沉井基础基底淘空，随着基础发生倾斜，该桥两跨同时坍塌。另一案例为黑龙江铁力市呼兰河一座跨河大桥，2009 年 6 月 29 日，该桥由于暴雨加剧冲刷淘空基底，最终桥梁整体倒塌（图 2-24）。

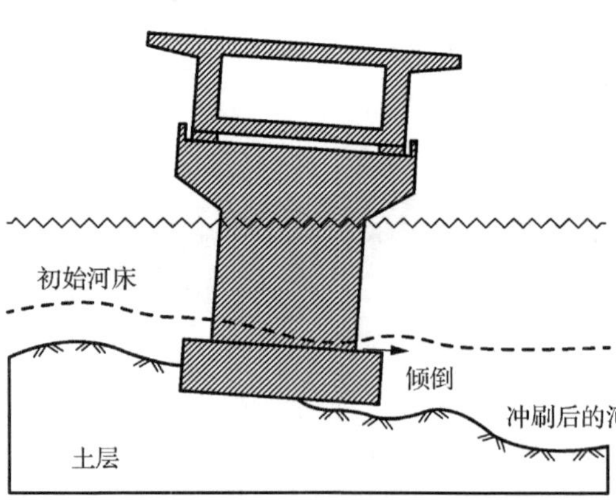

图 2-23　浅基础倾斜失效示意图

图 2-24　冲刷下基底淘空导致桥梁垮塌

2.3.2　桩基础桥梁

桩基础冲刷会降低基础埋置深度，缩短桩土摩擦长度，从而降低基础竖向承载与横向抗弯能力。与浅基础失效模式相比，桩基础的失效模式主要分为竖向失效和横向失效。

（1）竖向失效

桩基础的竖向失效主要包括 3 类：①摩擦桩下沉；②桩端破坏；③桩身屈服。

摩擦桩的竖向承载力主要依靠桩身与土体之间的摩擦阻力提供，承载力的大小与桩径、持力层、桩侧土层性质及桩基埋置深度等参数有关。对于桩基础桥梁，当冲刷降低桩周土体埋深时，抵抗竖向荷载的桩土摩擦阻力减小，桩的竖向承载力大大降低。在轴力及侧向摩阻力此消彼长的情况下，当荷载超过桩周土体所能提供的承载力时，桩基出现下沉。图 2-25 表示由于桩土摩擦作用不足而导致的摩擦桩下沉，P 为外荷载。该类失效模式对应的工程实例：2013 年四川省川西大桥因冲刷显著降低桩基础的埋深，导致摩擦桩丧失竖向承载力，从而造成桥梁坍塌（图 2-26）。

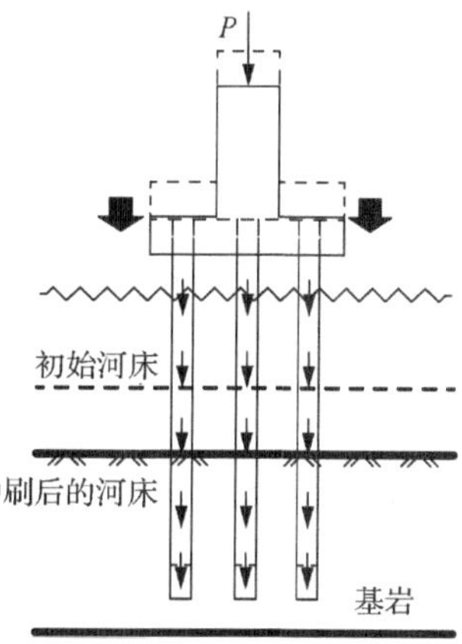

图 2-25　摩擦桩下沉示意图

图 2-26　冲刷降低桩基础埋深导致垮塌

当冲刷持续发展直至出露桩端持力层时，此时桩基础桥梁极易因桩端出露而发生破坏，该破坏模式属于桩基材料强度不足引起的桩端破坏，破坏示意图如图 2-27 所示，P 为外荷载。桩基的主要功能为将桥梁承受的荷载传至地基，其主要承受轴力、剪力及弯矩的联合作用，可根据受力平衡方程、变形协调等力学原理，探讨桩基在轴力、剪力及弯矩耦合作用下的力学行为，由此判断桩基的破坏状态。桩基设计为主要承受轴向压力的构件，在冲刷不断演变过程中，桩身不断暴露于水中，侧向动水压力对桩基础的作用力随冲刷坑的深度增加而变大。在竖向作用力变化不大时，水流作用力增大导致桩基弯矩增加，在轴力和弯矩联合作用下，一旦超过桩基截面的 *P-M*（轴力-弯矩）影响包络线，桩身将发生材料破坏，因此在探讨冲刷致桩基础竖向失效影响因素时，需加以考虑桩身材料强度[9]。

此外，当冲刷持续降低桩基础埋深，导致桩基础自由长度增加，使得桩基处于半埋置状态时，桩基将演化为一种桩侧无约束的细长结构，此时结构可能因失稳而失效（图 2-28，*P* 为外荷载）。换言之，当冲刷导致桩的自由长度增加时，桩变为细长构件，同时在轴向荷载或上部结构轴向和横向荷载作用下，桩极易发生屈曲。长期冲刷除引起桩的自由长度变化外，还会不断磨蚀桩的横断面，进而导致桩基发生屈曲。影响该类破坏模式的主要因素有竖向荷载及桩基裸露长度、土层种类性质等。

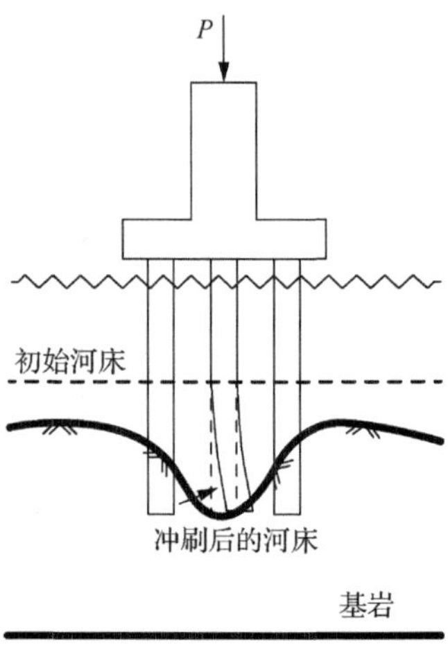

图 2-27　桩端破坏示意图

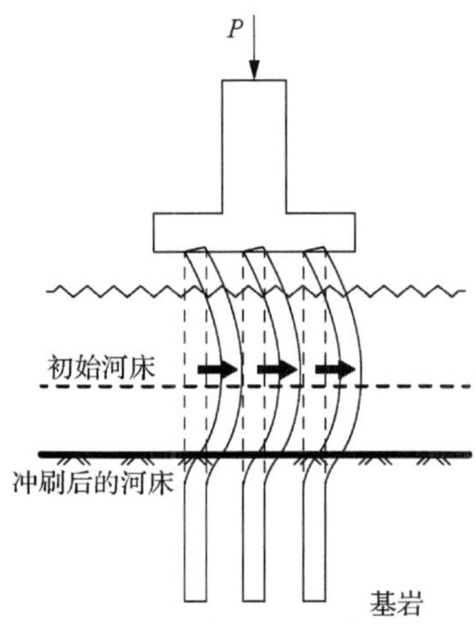

图 2-28　桩身屈服示意图

与混凝土桩基础相比，钢桩刚度相对较低，因此在冲刷作用下，钢桩更容易发生屈曲。

（2）横向失效

桩基础的横向失效模式主要包括 3 类：①桥墩倾覆；②桩身塑性铰破坏；③桥墩基础水平位移过大。

在洪水及堆积的河床漂浮物作用下，桥墩可能发生倾覆（图 2-29）。当冲刷导致桩的自由长度变长时，桥梁的抗倾覆能力降低。换言之，冲刷会加剧洪水作用下桥梁的倾覆，并极有可能引起桥梁整体垮塌。此外，桥墩上堆积的漂浮物往往会压缩过水断面，导致冲刷坑进一步发展，最终造成桥梁的抗倾覆能力下降。

当横向荷载作用在冲刷桥梁的桥墩及桩基上时，可能引起桩身弯曲失效（图 2-30）。究其原因，冲刷会减小桩的嵌入长度，从而导致桥梁基础具有较小的抗弯能力。当夹带大量漂浮物的水流冲击桥墩或桩基时，将进一步加速桩基弯曲失效。该类失效模式对应的工程实例为四川观鱼大桥，根据水毁后的现场调查可知，该大桥的墩帽往上游方向出现异常弯曲旋转（图 2-31）。

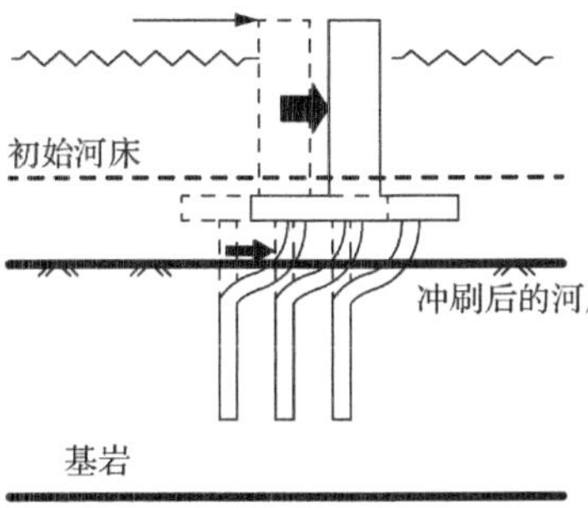

图 2-29　桥墩倾覆示意图

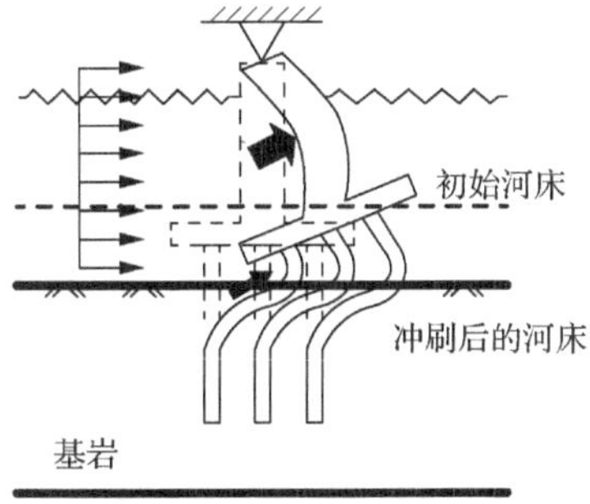

图 2-30　桩身弯曲失效示意图

图 2-31　冲刷致桩身弯曲失效造成桥梁倒塌

此外，一旦冲刷发展至足以使桩端发生横向移动，桩基础则可能因滑动或过度横向移动而失效（图 2-32）。当桩基础发生过度横向移动时，整座桥梁将无法恢复至初始结构体系，并可能因稳定性问题而整体倒塌。

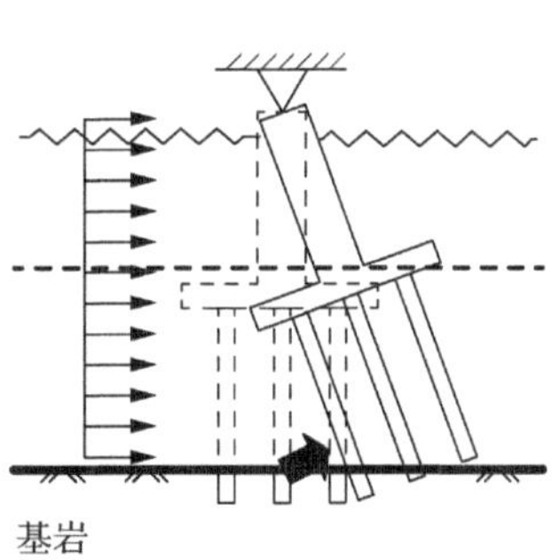

图 2-32　桥墩基础水平位移过大示意图

上述对桩基础桥梁失效模式的分析更多地集中于桩的破坏模式，而未对桩周土体性能进行过多分析。实际上，如果桩周某区域的土体达到其抗剪强度，则该区域土体开始产生剪切破坏，当荷载持续增加，破坏范围亦会扩散，最终在土体内部产生连续的破坏面，此时桩基础因侧向土体达到极限状态而丧失稳定性。土体的抗剪切能力应根据土体性质分别讨论：若土体为沙土，其抗剪能力与颗粒间的紧密状态有关；若为黏性土壤，则与含水量密切相关，一般采用莫尔圆的破坏应力包络线来确定土体微元的受力状态并判断是否达到极限破坏状态。

当然，无论冲刷导致基础竖向失效亦是横向失效，一旦下部结构由于冲刷发生失效，桥梁上部结构不可避免地发生瞬态失稳、倾覆或落梁；由上述实例图片也可见，冲刷导致基础失效时多伴随上部结构的整体倒塌，此时，下部结构往往会受到巨大的外部荷载作用（多为水平推力），从而加剧下部结构失效。

另外，在局部冲刷过程中，桩基不断受到掏蚀水流力以及近壁处涡流施加的水平推力/冲击力，导致桥墩基础产生相应的水平位移/振动，而任何下部结构的微小水平位移/振动均可能对上部结构产生灾难性后果。例如，McConnell 等[10]在一座 5 跨 874ft（1ft=0.3048m）的工字形梁桥墩顶安装高灵敏度传感器，以测定来流冲击引起的桥墩振动，结果表明，墩顶顺流向产生 4in（1in=2.54cm）的水平位移即可造成结构失稳；林本海等[11]分别建立上部与下部结构刚度矩阵，通过弹簧单元连接，迭代求解冲刷对下部结构的影响，其计算结果表明冲刷下群桩基础横向抗弯能力削弱显著，冲刷深度增加 1.5 倍时，墩顶水平抗推力下降约 40%，水平位移增加迅速，桥梁倾覆风险明显增大。另外，下部结构的微小水平位移还会导致强度问题。据林本海等[11]的计算模型，桩顶位移与桩长比为 1/71 时，桩内钢筋拉应力达到屈服应力的 2 倍，混凝土拉应力则达到极限强度的 10 倍，可见水平位移同样易造成混凝土桩身的强度失效。

总体来看，冲刷造成桥墩基础边界条件变化，引起下部结构竖向或横向失稳，进而导致桥梁结构整体垮塌。也存在少数情况，冲刷引起基础偏位后，桥梁墩桩发生强度破坏而引起结构失效。因此，桥梁水毁研究既应涉及桥梁结构倒塌分析，又需包括基础冲刷及流场分析，两者缺一不可。

2.4 本章小结

1）在世界范围内，冲刷成为桥梁水毁的最主要因素，桥梁失效数目逐年上升，未来可能进一步增加，所致失效桥型以桁架桥、梁桥、拱桥为主。桥梁服役时间长短及桥梁下部结构安全状态与桥梁所受冲刷程度关联性强。另外，某地区在役桥梁冲刷程度与该地区年平均径流量存在较强相关性，桥梁抗水设计时可将径流量数据作为有效参考。

2）冲刷造成桥墩基础边界条件变化，引起下部结构竖向或横向失稳，进而导致桥梁结构整体垮塌。也存在少数情况，冲刷引起基础偏位后，桥梁墩桩发生强度破坏而引起结构失效。因此，桥梁水毁研究既应涉及桥梁结构倒塌分析，又需包括基础冲刷及流场分析，两者缺一不可。

参考文献

[1] 熊文，蔡春声，张嵘钊．桥梁水毁研究综述[J]．中国公路学报，2021，34（11）：10-28.

[2] 向琪芪，李亚东，魏凯，等．桥梁基础冲刷研究综述[J]．西南交通大学学报，2019，54（2）：235-248.

[3] 杨熠琳．桥梁群桩基础局部冲刷机理研究[D]．北京：北京交通大学，2020.

[4] Ataie-Ashtiani B, Aslani-Kordkandi A. Flow field around single and tandem piers[J]. Flow Turbulence and Combustion, 2013(90): 471-490.

[5] Veerappadevaru G, Gangadharaiah T, Jagadeesh R T. Temporal variation of vortex scour process around caisson piers[J]. Journal of Hydraulic Research, 2012, 50(2): 200-207.

[6] 王玲玲，俞佳亮，朱海，等．桥墩局部冲刷研究进展[J]．河海大学学报（自然科学版），2019，47（3）：223-229.

[7] Xiong W, Cai S C, Zhang R Z, et al. Review of hydraulic bridge failures: historical statistic analysis, failure modes, and prediction methods[J]. Journal of Bridge Engineering, 2023, 28(4): 03123001.

[8] 彭子祥．洪水环境下群桩基础桥梁易损性分析与评估[D]．成都：西南交通大学，2017.

[9] 熊文，石惠铎，刘海龙，等．基于响应面法的桥梁抗洪裕度计算理论与应用[J]．东南大学学报（自然科学版），2021，51（5）：803-812.

[10] McConnell J R, Cann M. Assessment of bridge strength and stability under scour conditions[C] // ASCE. Structures Congress 2010. Reston: ASCE, 2010: 121-132.

[11] 林本海，郭乾坤．广州某桥梁桩基偏位的受力性能分析[J]．水利与建筑工程学报，2011，9（4）：55-60.

第 3 章　基于动态网格更新的桥梁冲刷仿真技术

局部冲刷的三维数值模拟可预测水力冲刷的破坏程度和破坏机制，进而提供更加合理的工程措施以减轻或避免局部冲刷造成的工程破坏。基于有限体积法和非结构化的计算网格构建了以水动力学模型、泥沙冲淤和河床变形方程为基础的三维局部冲刷数值模型。水动力学模型中的湍流模型为 RANS 模型，泥沙冲淤以床面切应力大小和分布为基础，水沙模型的耦合采用单向弱耦合方式。通过 Ansys Fluent 软件数值计算水动力学模型后，将水力特性数据单向传递至泥沙模型，并应用用户自定义功能（user defined functions，UDF）二次开发实现泥沙模型的数值计算。利用动态网格技术重构因河床地形更新引起的网格变形需要按如下步骤进行。

1）流场的精确模拟。

2）泥沙运动的描述。

3）由泥沙运动得到的床面高程的变化。

4）网格的重新生成。

湍流模型保证了上述第一个步骤的实现，其余的三个步骤均需使用 UDF 函数进行二次开发。动态网格更新的基本思路是，通过对非稳态流场的计算获得床面的瞬时剪切应力分布，由此计算床面单宽输沙率，根据床面单宽输沙率计算每个网格节点的高程变化，以此迭代计算得到床面地形的实时变化情况。

3.1　动态网格技术简介

在流体力学中，动态网格技术是一种用于模拟流体行为和解决流体力学方程的方法。它基于网格的动态重构和调整，以适应流体运动和复杂几何形状的变化。以下是动态网格技术几个主要特点。

1）网格重构：动态网格技术通过动态地改变计算网格的拓扑结构和几何形状，以适应流体的变化。这包括在流体运动过程中添加、删除或移动网格节点，以保持网格的适应性和精度。

2）自适应网格：动态网格技术可以根据流体流动的特性自动调整网格的分辨率。在复杂流动区域或激波等高梯度区域，可以增大网格密度以提高解的准确性，而在较为平缓的区域则可以减小网格密度以节省计算资源。

3）网格插值：由于在动态网格技术中网格会发生变化，需要进行网格数据的插值。这包括将物理量从旧网格插值到新网格上，以确保解的连续性和准确性。

4）网格移动：动态网格技术可以将网格节点移动到流体运动的位置，以跟踪流体的运动和变形。这对于模拟自由表面流动、多相流动和流体-结构相互作用等现象非常重要。

5）边界条件处理：在动态网格技术中，边界条件的处理相对复杂。由于网格的变化，需要动态更新边界条件，并确保在边界上保持适当的边界条件约束。

动态网格技术在流体力学中应用广泛，可以用于模拟各种流动现象，包括自由表面流动、湍流、多相流动、气固流动等。它能够提供更精确和高效的流体模拟，同时适应复杂几何形状和流体运动的变化，为流体力学研究和工程应用提供了有力的工具，下面将对 Ansys Fluent 软件中的动态网格技术的具体使用进行简要介绍。

Ansys Fluent 中动态网格功能非常齐全，对于部件的运动，Ansys Fluent 提供了 Profile 及 UDF 宏来进行定义，只要运动规律能够用数学模型描述，软件可以定义任意复杂程度的运动。对于网格的处理，Ansys Fluent 以网格重构见长，同时还包含了网格光顺方法及动态铺层方法，以应对不同的应用场合。同时在新版本的 Ansys Fluent 中，还加入了 Overset 重叠网格，对于复杂运动的网格处理提供了更为强大的功能。在被动运动方面，Ansys Fluent 可以利用 UDF 将被动运动转化为主动运动，也可以利用六自由度模型。除此之外，Ansys Fluent 还提供了接触检测功能以应对边界运动过程中发生的接触问题。

3.2 流场模型

3.2.1 网格划分

研究选取 Melville 经典水槽试验模型[1]，试验水槽长 19m，宽 45.6cm，在水槽中布置直径为 5.08cm 的圆柱作为桥墩模型，圆柱桥墩中心距水槽两侧的距离各为 22.8cm，床底泥沙中值粒径 d_{50} 为 0.385mm，休止角 ϕ 为 33°，容重 γ_s 为 2.68。水槽内上游来流量为 0.01713m³/s，水流平均流速为 0.25m/s，床面倾角为 1/10000，水深为 15cm。数值模拟中如果直接取水槽长度 19m，将使得计算效率大大降低。根据 CFD 计算经验，圆柱下游 13 倍直径距离处流动不受圆柱的影响。因此在本次研究中，如图 3-1 所示，计算模型总长度取为 20D（其中 D 为圆柱桥墩直径），即 101.6cm，桥墩中心距下游出流的距离为 14D，满足大于 13D 的要求，桥墩中心距上游进口的距离为 6D，计算宽度取为 45.6cm，高度取为 15cm。三维物理模型如图 3-2 所示。

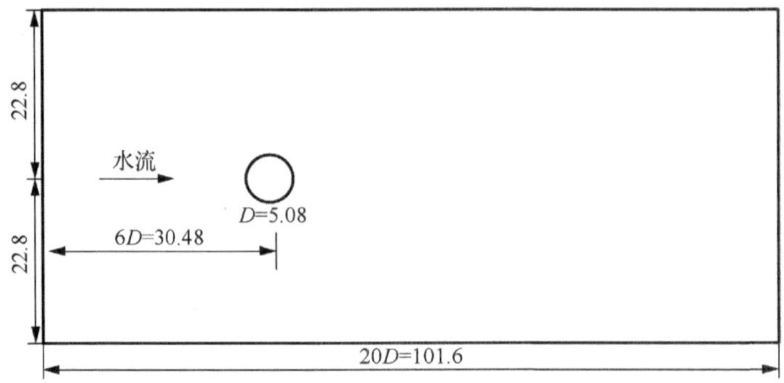

图 3-1　基于 Melville 试验参数的物理模型（单位：cm）

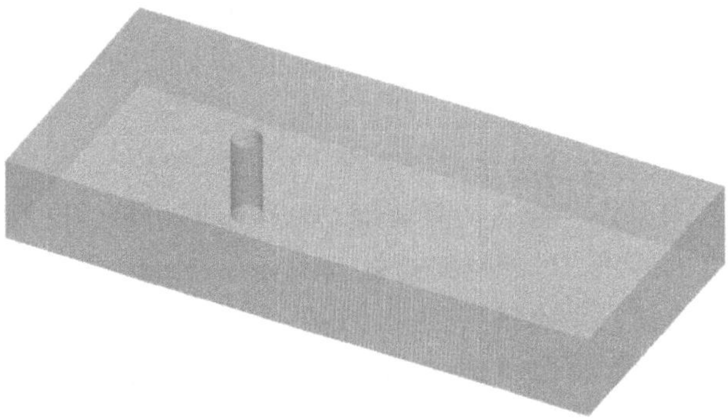

图 3-2　三维物理模型

由于冲刷计算是瞬态问题，必须提供流场的初始条件，对于本次具体问题而言，主要是指流场速度进口的初始条件，即在计算圆柱周围的流场前，先要计算获得充分发展的速度分布。为了获得这个速度分布，选取与计算模型尺度相同的长方体模型，在其他设置均相同的情况下，认为该长方体模型的出口速度分布与图 3-2 中模型的进口速度分布相同。具体计算模型如图 3-3 所示。

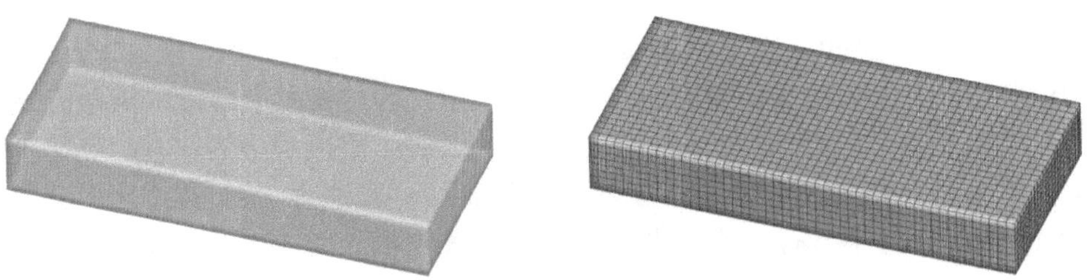

（a）物理模型　　（b）计算模型

图 3-3　速度初始化的物理模型与计算模型

采用如图 3-3 所示的计算模型后，得出的进口处速度沿水深（z 方向）的分布如图 3-4 所示。

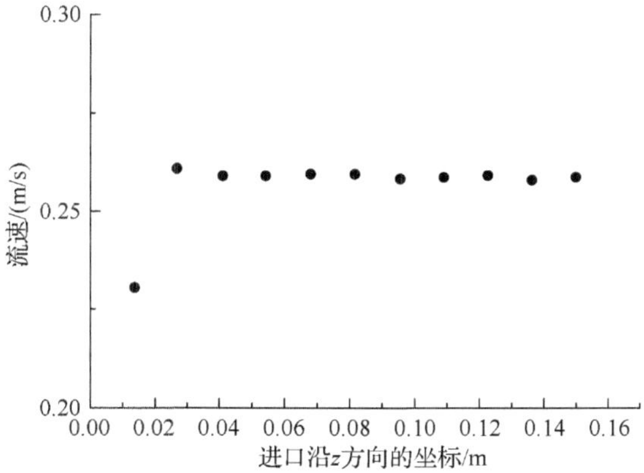

图 3-4　进口处沿水深的速度分布图

对于边界条件，流动进口采用速度进口边界条件，在 Ansys Fluent 中设置为速度入口，速度分布采用上面计算得到的 Profile 文件加载；出口边界采用自由出流边界条件，在 Ansys Fluent 中设置为自由出流边界（outflow），自由出流边界条件下所有变量在出口处的扩散通量均为零，即出口平面的数据根据前一层网格计算结果得到；底部边界条件采用粗糙壁面边界条件，在 Ansys Fluent 中设置为 wall（边界条件），粗糙高度取为 3.5d_{50}；左右壁面及圆柱桥墩设置为光滑壁面［wall(smooth)］边界条件，即粗糙高度设置为 0；自由液面设置为对称边界条件，具体在 Ansys Fluent 中设置为对称（symmetry）类型。模型边界条件的设置如图 3-5 所示[2]。

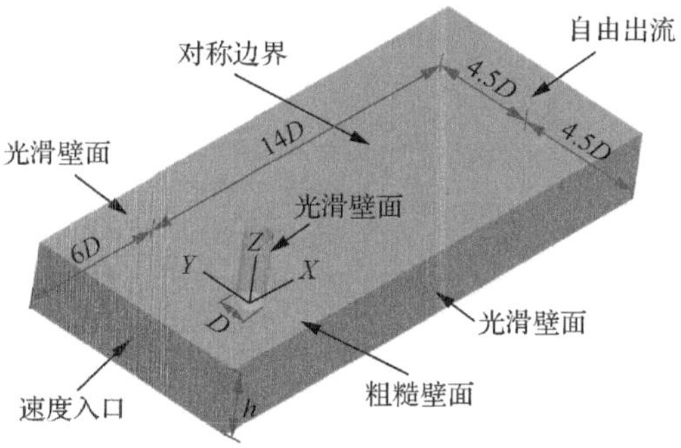

图 3-5　模型边界条件设置

Ansys Fluent 中其他的参数设置包括：重力加速度取为 9.799m/s；本章计算压力-速度耦合采用压力隐式算子分裂（pressure-implicit with splitting of operators，PISO）算法，PISO 算法对于瞬态问题的求解比较高效；方程空间离散格式采用对流运动学的二次上游差分（quadratic upstream interpolation for convective kinematics，QUICK）格式，QUICK 格式能够减少流场计算过程中的假扩散误差。

构建一个良好的数值计算模型的关键在于网格的划分以及初始条件和边界条件的选择。网格划分的合理性直接影响计算的效率和结果的准确性。同时，初始条件和边界条件的设置能够确保模型的真实性，进一步提高计算结果的精确性。在以往的研究中，部分学者出于非结构四面体网格的易用性以及其对于复杂模型的高度适应性和变形能力的优势，采用了非结构四面体网格进行网格划分。然而，这种方法可能会导致计算收敛困难、计算稳定性不足以及容易出现负体积等问题。鉴于这些问题以及结构化六面体网格的诸多优点，本节研究选择采用 Ansys ICEM 进行结构化网格划分[3]。

1）冲刷模型需要进行动态网格更新，这一过程非常复杂，对网格质量要求极高。ICEM 使用拓扑方法对模型进行分块划分，从而提高了网格质量，有利于计算的收敛。

2）相较于非结构四面体网格，结构化六面体网格在相同网格尺寸下具有更少的单元数量，因此可以缩短计算时间。

3）结构化六面体网格更好地适应流场方向，特别是在边界层区域，六面体网格的离散误差较小。

4）由于桥墩附近水流具有复杂的流动状态，需要对网格进行局部加密。为适应动态网格需求，非结构四面体网格需要采用综合 ICEM 与 CFD 中的“密度盒”进行加密，然而这种方法的效果和便利性明显不如结构化六面体网格。

综合考虑以上因素，结构化六面体网格被认为是进行精细化冲刷建模的首选。同时，数值计算的结果不仅与网格质量相关，还与网格划分过程中的拓扑结构相关。实际上，不良的网格拓扑结构往往会导致伪扩散等数值问题，此外，结构化网格中网格线与水流流动方向存在一定的偏角，也在一定程度上导致伪扩散的出现。在此背景下，本节研究提出了三种桥墩周围网格局部加密方式，如图 3-6 所示，作为备选方案。

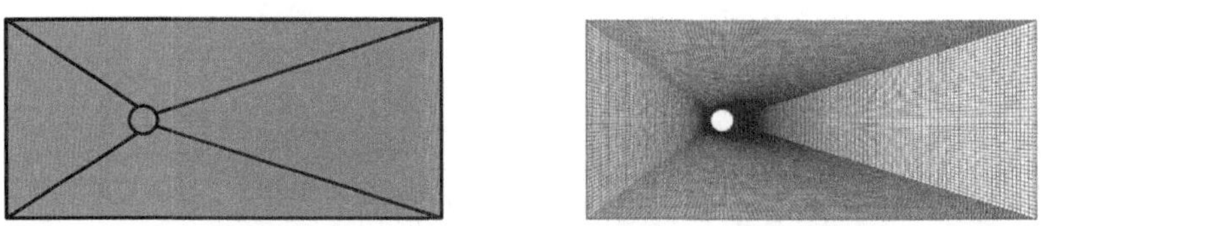

分块方式　　网格样式

（a）方法1

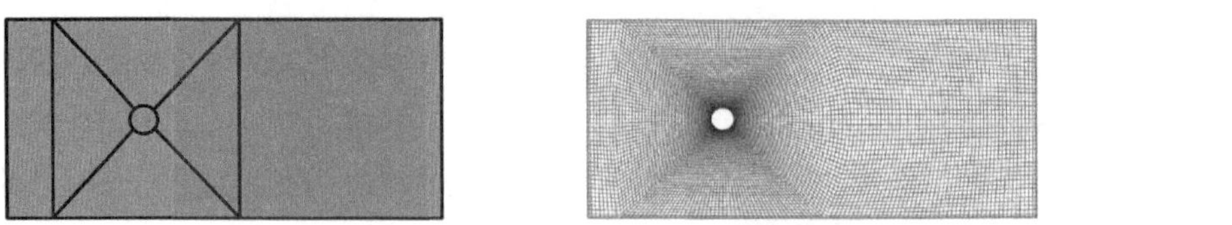

分块方式　　网格样式

（b）方法2

图 3-6　网格局部加密三种方式

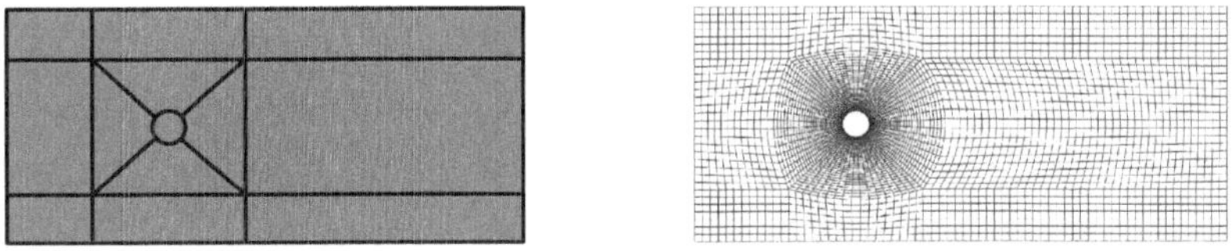

分块方式　　　　网格样式

（c）方法3

图 3-6（续）

在方法 1 中，采用了一种基于桥墩圆柱体位置的 O 形块直接划分方式，用于局部加密桥墩圆柱体周围的网格。然而，这种方法导致了严重的网格畸变情况，造成了最低的网格质量。在方法 2 中，采用了一种稍微改进的策略，通过将桥墩圆柱体部分单独垂直切割，然后进行 O 形块剖分来实现局部加密。这有助于提高网格质量，但圆柱体周围的网格线与水平方向之间的夹角过大。方法 3 则进一步改进了方法 2，将圆柱体周围的网格进行双向切割，然后进行 O 形块剖分，以实现局部加密。这一方法有助于减少外侧网格的倾斜程度和数量，从而减小倾斜网格线对模拟的影响。在此方法中，切割线到圆柱体中心线的距离可取为 3.5 倍桥墩直径（D）。

为了客观评价这些方法，使用了 ICEM 的 determine 函数，通过数学方法检测所划分网格的畸角、最大和最小网格尺寸等指标来评估网格质量。如图 3-7 所示，灰色区域距离 1.0 越近，表示网格质量越好。可以明显看出，方法 3 所划分的网格质量最高，完全符合数值计算的网格要求，且明显优于其他两种划分方法。因此，建议采用方法 3 对桥墩周围的网格进行局部加密，其加密范围可取以桥墩为中心的正方形区域，边长为 3.5 倍桥墩直径（D）。

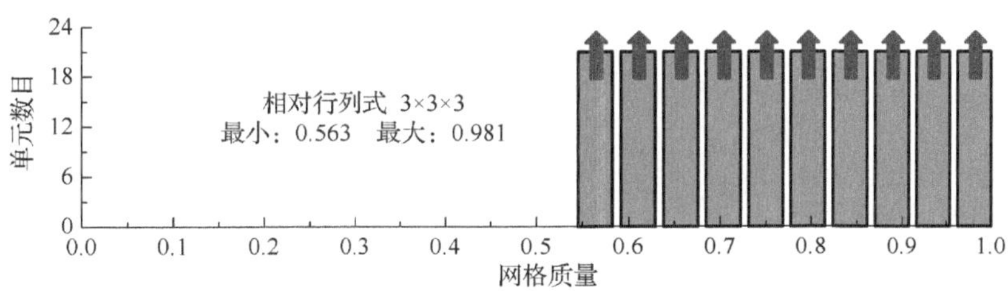

（a）划分方法1

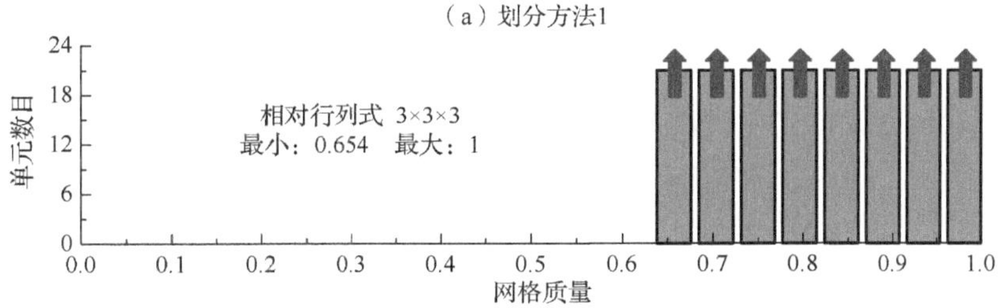

（b）划分方法2

图 3-7　网格质量

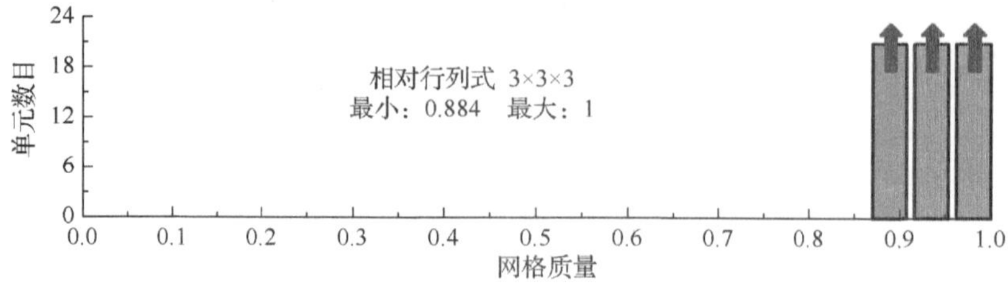

（c）划分方法3

图 3-7（续）

本节研究采用的最大网格尺寸为 0.015m，基于上述加密方法加密后，图 3-3 所示三维模型的结构化六面体网格划分如图 3-8 和图 3-9 所示，网格总数为 34793 个。

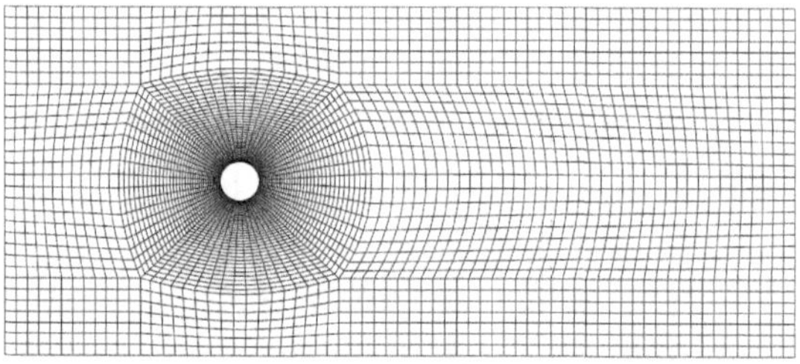

图 3-8　网格划分正面图

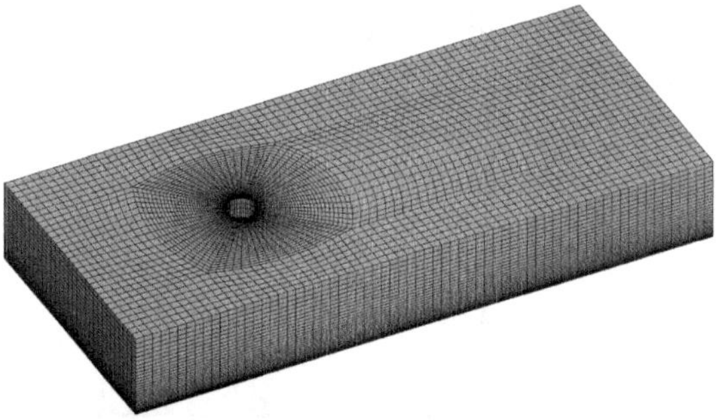

图 3-9　网格划分三维图

3.2.2　湍流模型

湍流是黏性流体产生的随机非恒定有旋流动，描述黏性流体流动的 N-S 方程也同样适用于湍流流动。以 N-S 方程为基础，通过把速度场等求解量分解为平均量和脉动量之和，时均化处理后即可得到雷诺时均化的 N-S 方程组。但由于方程组中引入了脉动量，未知数超过方程的数目，造成基本方程组的不封闭。因此，根据湍流流动的规律，寻找相应的附加条件，使得方程组能够封闭，即形成了各种湍流模型，如 $k-\omega$ 模型（基于湍动能 k 和比耗散率 ω 的输运方程的经验模型)、雷诺应力模型（Reynolds stress model，RSM）模型、LES 模型等，本节研究采用计算量相对合适的 k - ω 模型进行湍流的模拟。

k - ω 模型基本思想是把雷诺应力等价于黏性应力进行求解，属于涡黏模型的一种。涡黏模型基于布西内斯克（Boussinesq）涡黏假定，其中 Boussinesq 涡黏假定为

$$\overline{u'u'} = 2\nu_{\mathrm{t}}\frac{\partial u}{\partial x} - \frac{2}{3}k \qquad \overline{u'v'} = \overline{v'u'} = \nu_{\mathrm{t}}\left(\frac{\partial u}{\partial y} + \frac{\partial v}{\partial x}\right) \tag{3-1}$$

$$\overline{v'v'} = 2\nu_{\mathrm{t}}\frac{\partial v}{\partial y} - \frac{2}{3}k \qquad \overline{v'w'} = \overline{w'v'} = \nu_{\mathrm{t}}\left(\frac{\partial v}{\partial z} + \frac{\partial w}{\partial y}\right) \tag{3-2}$$

$$\overline{w'w'} = 2\nu_{\mathrm{t}}\frac{\partial w}{\partial z} - \frac{2}{3}k \qquad \overline{w'u'} = \overline{u'w'} = \nu_{\mathrm{t}}\left(\frac{\partial w}{\partial x} + \frac{\partial u}{\partial z}\right) \tag{3-3}$$

式中：k 为湍动动能，$k = (\overline{u'u'} + \overline{v'v'} + \overline{w'w'})/2$；$\nu_{\mathrm{t}}$ 为湍动黏滞系数；u 为 x 方向实际流速，$\overline{u'}$ 为涡流的 x 方向流速；v 为 y 方向实际流速，$\overline{v'}$ 为涡流的 y 方向流速；w 为 z 方向实际流速，$\overline{w'}$ 为涡流的 z 方向流速。

在引入 Boussinesq 涡黏性假定后，对湍动的求解变为湍动黏滞系数 ν_{t} 的确定。根据求解湍动黏滞系数的微分方程个数，涡黏模型包括零方程模型、一方程模型和两方程模型。其中应用最广泛的是两方程模型中的标准 k - ε 模型。k - ε 模型是引入湍动能 k 和能量耗散率 ε 构成的两方程模型：

$$\nu_{\mathrm{t}} = C_{\mu}\frac{k^3}{\varepsilon} \tag{3-4}$$

其中，k 和 ε 由以下输运方程得到：

$$\frac{\partial k}{\partial t} + \frac{\partial(k_u)}{\partial x} + \frac{\partial(k_v)}{\partial y} + \frac{\partial(k_w)}{\partial z} - \left(\nu + \frac{\nu_{\mathrm{t}}}{\sigma_k}\right)\left(\frac{\partial}{\partial x}\frac{\partial k}{\partial x} + \frac{\partial}{\partial y}\frac{\partial k}{\partial y} + \frac{\partial}{\partial z}\frac{\partial k}{\partial z}\right) = G - \varepsilon \tag{3-5}$$

$$\begin{aligned}&\frac{\partial \varepsilon}{\partial t} + \frac{\partial(\varepsilon_u)}{\partial x} + \frac{\partial(\varepsilon_v)}{\partial y} + \frac{\partial(\varepsilon_w)}{\partial z} - \left(\nu + \frac{\nu_{\mathrm{t}}}{\sigma_{\varepsilon}}\right)\left(\frac{\partial}{\partial x}\frac{\partial \varepsilon}{\partial x} + \frac{\partial}{\partial y}\frac{\partial \varepsilon}{\partial y} + \frac{\partial}{\partial z}\frac{\partial \varepsilon}{\partial z}\right)\\ &= \left(C_1 G - C_3\varepsilon\right)\frac{\varepsilon}{k}\end{aligned} \tag{3-6}$$

其中，G 为湍动动能的一个生成项，表达式为

$$\begin{aligned}G = \nu_{\mathrm{t}}\Bigg\{&3\left[\left(\frac{\partial u}{\partial x}\right)^3 + \left(\frac{\partial v}{\partial y}\right)^3 + \left(\frac{\partial w}{\partial z}\right)^3\right] + \frac{\partial u}{\partial y}\left(\frac{\partial u}{\partial y} + \frac{\partial v}{\partial x}\right) + \frac{\partial u}{\partial z}\left(\frac{\partial w}{\partial x} + \frac{\partial u}{\partial z}\right)\\ &+ \frac{\partial v}{\partial x}\left(\frac{\partial v}{\partial x} + \frac{\partial u}{\partial y}\right) + \frac{\partial v}{\partial z}\left(\frac{\partial v}{\partial z} + \frac{\partial w}{\partial y}\right) + \frac{\partial w}{\partial x}\left(\frac{\partial u}{\partial z} + \frac{\partial w}{\partial x}\right) + \frac{\partial w}{\partial y}\left(\frac{\partial v}{\partial z} + \frac{\partial w}{\partial y}\right)\Bigg\}\end{aligned} \tag{3-7}$$

式中：C_{μ}、C_1、C_3、σ_{ε}、σ_k 为常数。在标准 k - ε 模型中，C_{μ} 是调节湍动黏性幅度的常数，C_1、C_3 是调节 ε 方程中生成项和耗散项的常数，σ_k、σ_{ε} 分别为 k 和

ε 的普朗特（Prandtl）数，u、v、w 为流体 x、y、z 方向实际流速。上述 k-ε 模型适用于雷诺数比较大的湍流流动情况，通常称为高雷诺数计算模型。在雷诺数足够大时，层流黏度相对于湍流黏度可以忽略不计，用 k-ε 模型可以取得较好的结果。但在流场中若存在固体壁面，则固体壁面附近的流动状态接近于层流，上述模型将不再适用。为了解决这一问题，目前主要有两种方法。一种是将计算区域分区，在近壁区采用低雷诺数模型。由于靠近壁面处的黏性子层速度梯度和温度梯度都很大，数值计算需要在近壁的薄层中布置相当多的节点，即近壁处的网格划分必须非常密。因此这种方法对计算机硬件要求相当高。另外一种解决方法是采用壁面函数法，采用这种方法不需要在壁面处过多加密网格，仅需要满足壁面 Y^+ 指标的要求。

壁面函数法的基本思想是假设流速从固体壁面到主流的变化规律：若主流为层流流动，这一规律为线性变化；若主流为湍流流动，速度变化符合对数变化率规律，如图 3-10 所示。

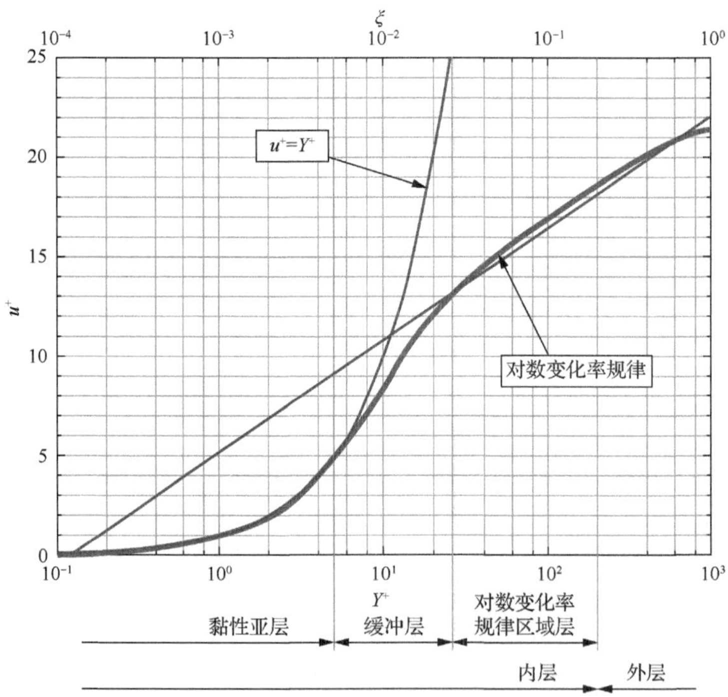

图 3-10　壁面函数示意图

通常对数变化率用无量纲速度 u^+ 表示，即

$$u^+ = \frac{1}{\kappa}\ln(EY^+) \tag{3-8}$$

式中：κ 为卡门（Karman）常数，$\kappa = 0.41 \sim 0.43$；E 为常数；Y^+ 为垂直壁面的

无量纲距离，$Y^+ = \frac{\Delta y_p}{\nu}\sqrt{\frac{\tau_w}{\rho}}$，其中$\tau_w$为壁面切应力，$\nu$为流体运动黏度，$\rho$为流体密度，$\Delta y_p$为壁面距离。壁面函数法利用了这一对数变化率关系，但是为了使之能反映湍流脉动的影响，把u^+和Y^+的定义扩展为

$$Y^+ = \frac{\Delta y\left(C_\mu^{\frac{1}{4}}k^{\frac{1}{3}}\right)}{\nu} \tag{3-9}$$

$$u^+ = \frac{u\left(C_\mu^{\frac{1}{4}}k^{\frac{1}{3}}\right)}{\frac{\tau_w}{\rho}} \tag{3-10}$$

式中：k为湍动动能；壁面函数的使用需要满足Y^+的要求，即近壁处第一个内节点要布置在湍流区，Y^+（Y^+为第一层计算网格中心到底部壁面的无量纲距离）表示的范围为$11.6 \leqslant Y^+ \leqslant 300$。需要指出的是，关于$Y^+$范围各个参考文献给出的并不太一致，本书认为在上述范围内可以使用壁面函数，其中最佳范围为$30 \leqslant Y^+ \leqslant 60$。

3.3　泥沙模型

3.3.1　起动模型

1. 平面泥沙起动

推移质是指在水流中沿河底滚动、移动、跳跃或以层移方式运动的泥沙颗粒，是正常水流状态下与床面泥沙进行交换的主要物质。对于推移质起动的判断，目前主要有三种方法：①根据起动切应力判断；②根据起动流速判断；③根据起动功率判断。对于上述三种方法，起动功率还是一个较新的概念，在理论上和公式具体形式上还不够完善，目前也没有广泛应用。对于起动流速，流场底部在 Ansys Fluent 中边界条件采用的是 wall 边界，最底部网格节点流速为零，采用壁面函数模拟层流，如果选取第二层网格节点的速度指标求解的话，比较烦琐，因此现在的泥沙运动理论主要采用临界起动切应力指标。

对于水平床面颗粒，泥沙临界起动切应力可由式（3-11）计算得到：

$$\tau_{b0,cr} = \rho g(s-1)d_{50}\theta_{cr} \tag{3-11}$$

式中：$\tau_{b0,cr}$为水平床面的泥沙颗粒临界起动切应力；ρ为水流介质密度；s为泥沙相对密度；d_{50}为泥沙颗粒中值粒径；θ_{cr}为临界希尔兹（Shields）数，根据 Shields 曲线分段拟合得到的表达式为

$$\theta_{cr}=\begin{cases}0.34D_*^{-1}, & D_*\leqslant 4\\ 0.14D_*^{-0.64}, & 4<D_*\leqslant 10\\ 0.04D_*^{-0.10}, & 10<D_*\leqslant 30\\ 0.013D_*^{-0.39}, & 30<D_*\leqslant 150\\ 0.055, & D_*>150\end{cases} \tag{3-12}$$

式中：$D_*=d_{50}[(s-1)g/\nu^2]^{1/3}$，$\nu$为动力黏性系数。$q_b$为推移质单宽体积输沙率，其计算公式为

$$q_b=\begin{cases}0.053(s-1)^{0.5}g^{0.5}d_{50}^{1.5}D_*^{-0.3}T^{3.1}, & T<3.5\\ 0.100(s-1)^{0.5}g^{0.5}d_{50}^{1.5}D_*^{-0.3}T_m^{1.5}, & T\geqslant 3.5\end{cases} \tag{3-13}$$

式中：T与T_m分别通过式（3-14）和式（3-15）计算得到：

$$T=\frac{\tau_b-\tau_{b0,cr}}{\tau_{b0,cr}} \tag{3-14}$$

$$T_m=\frac{\lambda\tau_b-\tau_{b0,cr}}{\tau_{b0,cr}} \tag{3-15}$$

式中：τ_b为河床底面切应力；$\tau_{b0,cr}$为泥沙临界起动切应力；$\lambda=e^{0.45\alpha+0.3\beta}$为修正系数，$\alpha=1-(d_{84}/d_{50}+d_{50}/d_{16})/3$，$\beta=d_{50}/d_{90}-d_{10}/d_{50}$，$d_n$为泥沙颗粒的累计粒度分布百分数达到$n$%时所对应的粒径。

2. *坡面泥沙起动*

上述讨论的推移质临界起动切应力以及单宽体积输沙率的计算均是针对水平床面而言，但对于实际河流中的床面或发生局部冲刷后的床面，将出现斜坡。此时，由于坡度的存在，泥沙沿斜坡方向产生重力分量，该重力分量将使得斜坡上的泥沙更容易起动，因此直接采用水平床面的起动切应力求解公式确定的泥沙临界起动切应力与实际将会存在误差。为了避免床面坡度的误差，根据泥沙受力平衡原理得到考虑坡度影响下的临界起动切应力计算公式：

$$\frac{\tau'_{b0,cr}}{\tau_{b0,cr}}=\cos\theta-\frac{\sin\theta}{\tan\phi} \tag{3-16}$$

式中：$\tau'_{b0,cr}$为斜坡上泥沙颗粒的临界起动切应力；θ为斜坡的坡度；ϕ为泥沙的休止角。但是，采用上述经典泥沙临界起动切应力编程计算会导致计算出现异常错误。究其原因，主要是因为当单元的坡度θ接近于泥沙的休止角ϕ时，泥沙临界起动切应力$\tau'_{b0,cr}$会趋向于零。后面对输沙率的计算需要用到富余无量纲切应力数，其具体表达式为$T=(\tau_b-\tau'_{b0,cr})/\tau'_{b0,cr}$。由此式可以看出，泥沙临界起动切应力$\tau'_{b0,cr}$若趋于 0，会导致计算机计算出错。解决方案是，对于斜坡上的泥沙临界起动切应力计算，把重力的分力和水流的剪切力综合来考虑而不再分开计算，认为它们两者之间是相互影响的，统一采用一个有效临界力及有效主动力的概念来分

别表示，则根据受力平衡原理得出的有效临界切应力计算表达式[4]为

$$\tau_{\text{sce}} = \tau_{\text{b0,cr}} \cos\theta \tag{3-17}$$

式中：τ_{sce} 为泥沙有效临界起动切应力；$\tau_{\text{b0,cr}}$ 为水平床面泥沙临界起动切应力，即采用式（3-11）计算得出的值。对应地，有效主动力表达式为

$$\tau_{\text{be}} = \tau_{\text{b}} \sqrt{\frac{(\tau_{\text{b0,cr}}/\tau_{\text{b}})^3 \sin^3\theta / \tan^3\phi + 1 - 3(\tau_{\text{b0,cr}}/\tau_{\text{b}})\cos\bar{\omega}_z}{\tan\phi}} \tag{3-18}$$

式中：τ_{be} 为泥沙起动有效主动力；τ_{b} 为底部水流拖曳切应力；$\tau_{\text{b0,cr}}$ 为水平床面泥沙临界起动切应力；θ 为斜面坡度；$\bar{\omega}_z$ 为水流方向与 z 轴的夹角；ϕ 为泥沙休止角。

该方法可以避免无量纲切应力数 T 计算时分母为 0，原因在于，其始终把重力沿床面的切应力分力作为有效切应力的一部分考虑，即使当床面坡度接近泥沙休止角 ϕ 时，由于重力分力的存在，有效临界起动切应力也不为 0。

图 3-11 为斜坡上泥沙纵、横向单宽体积输沙率的分解图，图中，$\vec{i}$、$\vec{j}$、$\vec{k}$ 为正交坐标系的单位向量；$\vec{l}$、$\vec{t}$ 所在平面为斜坡床面，其中 $\vec{l}$ 处于 xoz 平面，与 x 轴夹角为 α，$\vec{t}$ 处于 yoz 平面，与 y 轴夹角为 β；$\vec{n}$ 为倾斜坡面单位法向量，与 z 轴正方向夹角为 γ。水流拖曳力 F_{d} 方向与流速方向 u_{b} 相同，与 x、y、z 轴正方向的夹角分别为 $\bar{\omega}_x$、$\bar{\omega}_y$、$\bar{\omega}_z$。水流升力 F_{c} 方向与坡面法向量 $\vec{n}$ 一致，W 表示泥沙颗粒的重力，W_{t} 是 W 在斜坡上的分力。F_{e} 表示斜坡内泥沙的合力以及 F_{c} 所产生的静摩擦力。q_{bx}、q_{by} 分别表示斜面上沿水流方向 $\vec{l}$ 和垂直水流方向 $\vec{t}$ 的单宽体积输沙率，因此矢量表达式可以表示为

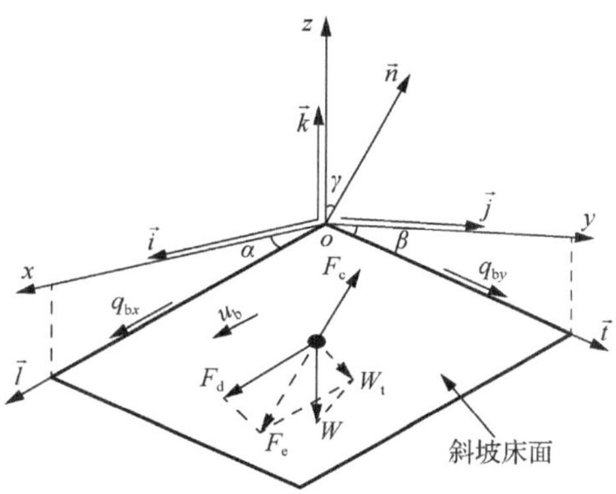

图 3-11　单宽体积输沙率的分解

$$q_{\text{b}}\vec{e} = q_{\text{bx}}\vec{l} + q_{\text{by}}\vec{t} \tag{3-19}$$

由此得到分向输沙率公式：

$$q_{\text{bx}} = \frac{q_{\text{b}}\left(\tau_{\text{b}}\cos\bar{\omega}_x + \dfrac{\tau_{\text{b0,cr}}\cos\varepsilon\cos\theta}{\tan\phi}\right)}{\tau_{\text{be}}\cos\alpha} \tag{3-20}$$

$$q_{\text{by}} = \frac{q_{\text{b}}\left(\tau_{\text{b}}\cos\bar{\omega}_y + \dfrac{\tau_{\text{b0,cr}}\cos\eta\cos\theta}{\tan\phi}\right)}{\tau_{\text{be}}\cos\beta} \tag{3-21}$$

式中：q_{b} 为单宽体积输沙率，采用式（3-13）计算得到；τ_{b} 为床面剪切应力；$\bar{\omega}_x$ 与

$\overline{\omega}_y$ 分别为水流方向与 x 轴和 y 轴的夹角；$\tau_{\mathrm{b0,cr}}$ 为水平床面泥沙临界起动切应力，采用式（3-11）计算得到；τ_{be} 为泥沙起动有效主动力，采用式（3-18）计算得到；θ 为倾斜床面坡度；ϕ 为泥沙休止角；水流方向 $\vec{l}$ 处于 xoz 平面，与 x 轴夹角为 α，与 z 轴夹角为 ε；垂直水流方向 $\vec{t}$ 处于 yoz 平面，与 y 轴夹角为 β，与 z 轴夹角为 η。

3.3.2　推移质输沙和悬移质输沙

1. 推移质输沙

对于一般清水冲刷，根据输沙平衡，由推移质输沙率可以得到河床高程变化的瞬时变化值，采用的冲淤方程表示为

$$\frac{\partial h}{\partial t}=-\frac{1}{1-n}\left(\frac{\partial q_{\mathrm{b}}}{\partial x_i}\right)=-\frac{1}{1-n}\left(\frac{\partial q_{\mathrm{b}x}}{\partial x}+\frac{\partial q_{\mathrm{b}y}}{\partial y}\right) \tag{3-22}$$

式中：n 为河床泥沙空隙率，本节研究参考试验资料[5]取 0.41；$q_{\mathrm{b}x}$、$q_{\mathrm{b}y}$ 分别为纵、横向单宽体积输沙率，采用式（3-20）和式（3-21）计算；h 为河床高程。床面高程瞬时变化值的求解公式（3-22）是偏微分方程的形式。由于后续的计算中网格具有一定的尺寸，在此采用有限元的思想，对该方程进行离散化处理。针对某一特定面单元，式（3-22）中的面单元中心高程的变化梯度 $\partial h/\partial t$，可以利用方程式（3-23）进行离散化处理：

$$\Delta h=-\frac{1}{1-n}\left(\frac{\Delta q_{\mathrm{b}x}}{\Delta x}+\frac{\Delta q_{\mathrm{b}y}}{\Delta y}\right)\times\Delta t \tag{3-23}$$

式中：Δh、$\Delta q_{\mathrm{b}x}$、$\Delta q_{\mathrm{b}y}$ 为离散化后的各参数在 Δt 内的增量；Δx、Δy 为两个距离最近单元之间的坐标差值。$\Delta q_{\mathrm{b}x}$、$\Delta q_{\mathrm{b}y}$、Δx、Δy 分别可以通过对网格面循环遍历所有的面单元，找出与该特定面单元距离最小的面，以两面单元各属性之间的差值代入得到，从而近似代表式（3-22）中的各梯度变化项。Δt 为当前迭代步骤的时间步长。

在 Ansys Fluent 中动态网格的更新需要通过改变各网格节点的坐标来实现，因此上述河床面网格中心点的高程变化值需要转化为节点坐标变化值。本节的具体实现思路是通过节点周围网格面单元中心点高程变化的平均值得到。

以图 3-12 中的节点 A 为例，其纵坐标变化值为

$$\Delta z_A=\frac{\delta z_1 A_1+\delta z_2 A_2+\delta z_3 A_3+\delta z_4 A_4}{A_1+A_2+A_3+A_4} \tag{3-24}$$

式中：δz_i 为网格单元 i 中心点的高程变化值，即采用式（3-23）计算得到的高程瞬时变化值 Δh；A_i 为网格单元 i 在 xy 面内的投影面积。

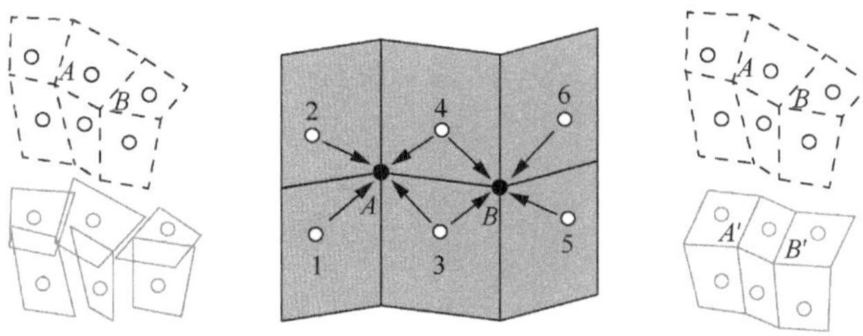

图 3-12　节点高程变化求解示意图

桥墩周边局部冲刷的本质是流向桥墩的水流由于受到桥墩的阻碍而使水流形态结构发生急剧变化，从而导致床面附近漩涡剧烈地淘刷桥墩周边泥沙，引起泥沙推移、跳跃等运动形式，并跟随水流移动，最终形成局部冲刷坑。显然泥沙与水流的相互耦合运动以及相互影响在此过程中发挥着至关重要的作用，而单相流模型的传统计算方法却往往忽略这一影响。鉴于此，更精确的建模思路是采用多（两）相流模型来模拟河床界面附近泥沙与水流的相互耦合作用，即将河床中的泥沙同样视作一种“流体”，它与水流共同存在于同一空间（河床-水流界面附近）并相互渗透，却又有着各自不同的速度、温度、密度以及不同的体积分数，从而进行精细化建模。常用的多相流模型有体积分数（volume of fluid model，VOF）模型、混合（mixture）模型以及欧拉（Euler）模型。其中欧拉多相流模型可以对各相单独进行计算，且每相均有各自独立的守恒方程，力学概念清晰，计算精度较高。故本章采用欧拉两相流（泥沙：固相；水流：流相）模型来模拟桥墩局部三维流场，进行桥墩周边局部冲刷的仿真分析。

欧拉两相流模型是指将颗粒（泥沙）作为拟流体，从而认为颗粒（泥沙）与流体（水）是共同存在且相互渗透的连续介质，并同时在欧拉坐标系下进行处理。计算机对这种连续流体模型场的求解主要遵循质量、动量和能量三个守恒原理进行，与此相对应的控制方程包括质量守恒方程、动量守恒方程以及能量守恒方程。由于在本问题中不涉及能量转化的概念，故以下仅考虑前两个方程，并介绍欧拉模型中体积分数的概念。两相流分别满足以下质量守恒方程：

$$\frac{\partial}{\partial t}(\alpha_l)+\nabla(\alpha_l\vec{v}_l)=\frac{1}{\rho_l}\left(-\alpha_l\frac{\mathrm{d}\rho_l}{\mathrm{d}t}\right) \tag{3-25}$$

$$\frac{\partial}{\partial t}(\alpha_\mathrm{s})+\nabla(\alpha_\mathrm{s}\vec{v}_\mathrm{s})=\frac{1}{\rho_\mathrm{s}}\left(-\alpha_\mathrm{s}\frac{\mathrm{d}\rho_\mathrm{s}}{\mathrm{d}t}\right) \tag{3-26}$$

式中：α_l、α_s 分别为水和泥沙的体积分数；$\vec{v}_l$、$\vec{v}_\mathrm{s}$ 分别为水和泥沙的瞬时速度；ρ_l、ρ_s 分别为水和泥沙的密度；t 为时间。欧拉多相流模型针对每一相均独立求解各自的动量守恒方程，考虑到本研究中冲刷计算的特性，仅涉及主相（水）及第二相（泥沙）两个动量方程。由于泥沙与水的密度相差不大，两方程中的上举力及虚拟质量力均可忽略不计。另外，水与泥沙之间并不存在质量的交换，则简化的动量方程如下：

$$\frac{\partial}{\partial t}(\alpha_l\rho_l\vec{v}_l)+\nabla(\alpha_l\rho_l\vec{v}_l\vec{v}_l)=-\alpha_l\nabla p+\nabla\vec{\tau}_l+\alpha_l\rho_l\vec{g}+[K_{sl}(\vec{v}_s-\vec{v}_l)]+\alpha_l\rho_l\vec{F}_l \quad (3\text{-}27)$$

$$\frac{\partial}{\partial t}(\alpha_s\rho_s\vec{v}_s)+\nabla(\alpha_s\rho_s\vec{v}_s\vec{v}_s)=-\alpha_s\nabla p-\nabla p_s+\nabla\vec{\tau}_s+\alpha_s\rho_s\vec{g}+[K_{ls}(\vec{v}_l-\vec{v}_s)]+\alpha_s\rho_s\vec{F}_s \quad (3\text{-}28)$$

式中：p_s 为泥沙颗粒相之间的压力；p 为水与泥沙两相共有的压力；$\vec{\tau}_l$、$\vec{\tau}_s$ 分别为水和泥沙的压力应变张量；$\vec{F}_l$、$\vec{F}_s$ 分别为水和泥沙的外部体积力；K_{sl}、K_{ls} 为相间动量交换系数，其中 $K_{sl}=K_{ls}$。常用的交换系数模型有 Syamlal-O'Brien 模型[6]、Wen&Yu 模型[6]和 Gidaspow 模型[6]，本节采用 Gidaspow 模型[6]，其数学表达式[7]如下：

$$K_{sl}=\frac{3}{4}C_D\frac{\alpha_s\alpha_l\rho_l|\vec{v}_s-\vec{v}_l|}{d_s}\alpha_l^{-2.65} \quad (3\text{-}29)$$

$$C_D=\frac{24}{\alpha_l Re_s}[1+0.15(\alpha_l Re_s)^{0.687}] \quad (3\text{-}30)$$

式中：Re_s 为泥沙颗粒的雷诺数。上述质量、动量守恒方程涉及的体积分数 α_l、α_s 是多相流中采用空间平均法引入的一种概念，从而表示每一相所占有的体积将无法被其他相所占有，因而所有相的体积分数之和为 1。其可作为计算中的一个重要补充条件，使得上述各方程封闭，即

$$V_l=\int\alpha_l \mathrm{d}V_V,\quad V_s=\int\alpha_s \mathrm{d}V_V \quad (3\text{-}31)$$

式中：$\alpha_l+\alpha_s=1$；V_V 为水和泥沙混合物总体积。欧拉两相流模型与单相流模型计算时，不仅在湍流模型的要求、压力速度耦合算法的选择上不同，在对 Ansys Fluent 进行二次开发，实现动态网格更新的过程中，程序的循环结构和底面切应力的提取也存在差异。欧拉模型只能与层流或 k-ε 湍流模型配合使用，鉴于本研究中桥墩对水流结构的影响，需使用湍流模型才能对墩周围水流进行准确模拟，因此选用 k-ε 湍流模型。上述介绍的动量守恒方程（3-27）和方程（3-28）中存在压力的梯度项 ∇p，对于气体等可压缩流体，该项的求解可以通过能量方程补充得到；但由于本书研究中的水、泥沙两者均为不可压缩流体，缺少提供压力梯度的补充方程组，因此解决方法是通过修正压力场来保证方程的封闭。由于压力场和速度场的分布密切相关，两者相互耦合、相互影响，因此针对多相流可采用压力速度耦合半隐式压力关联方程（pressure-velocity coupling-SIMPLE，PC-SIMPLE）算法解决上述问题。

PC-SIMPLE 算法是单相流计算中所采用的半隐式压力关联方程（semi-implicit method for pressure linked equations，SIMPLE）算法在多相流中的扩展，主要区别在于：一方面，速度的求解被各相所耦合，耦合求解器采用多重网格块代数方案同时求解各相速度分量形成矢量方程，并结合各相体积分数和为 1 的附加条件使方程组封闭；另一方面，由于欧拉模型中考虑各相的差别均是采用体积分数的概念，因此压力修正方程是基于总的体积连续而非质量连续而建立的。压力修正方程可表示为如下的形式：

$$\sum_{k=1}^{n}\left\{\frac{\partial}{\partial t}\alpha_k+\nabla\alpha_k\vec{v}_k'+\nabla\alpha_k\vec{v}_k^*-\frac{1}{\rho_k}\sum_{l=1}^{n}\dot{m}_{lk}\right\}=0 \tag{3-32}$$

式中：$\vec{v}_k'$ 是第 k 相的速度修正；$\vec{v}_k^*$ 是第 k 相速度 $\vec{v}_k$ 的当前迭代值；α_k 为第 k 相的体积分数；$\dot{m}_{lk}$ 表示第 l 相与第 k 相之间的质量交换，对于本节所研究的水流及泥沙两相，两者之间没有交换，即 $\dot{m}_{lk}=0$。另外，需要说明的是：由于压力速度之间的耦合关系，式（3-32）中对于速度的修正本身即可表示为压力的修正函数。

本节中基于欧拉两相流的模拟过程同样采用自定义的床底变形函数来实现动态网格更新。调整网格节点坐标的瞬时变化时需要依次定位到底面网格的所有节点。因此将首先采用面循环宏 begin_f_loop(f,tf)依次遍历底面所有的网格面，并且对当前处理的面采用节点循环宏 f_node_loop(f,tf,n)遍历当前面内的所有节点，判断该节点坐标还未更新后对其进行处理。上述程序在单相流模型中指针 tf 默认指向单相流——水，且在两相流甚至多相流中，依然要求该指针指向主相——水，但由于此时存在主相、子相以及混合相等多种区域，指针 tf 默认的指向区域不明确，而每一相以及混合相都有自身独立的属性和变量，指向不明将造成数据结果提取错误。对此本节将采取以下方法来获得指针的正确指向。

多相流模型通过引入域_id（domain_id，ID）和相域索引（phase_domain_index）的概念（图 3-13）来区别主相、子相和混合相。domain_id（ID）用于将混合域（mixture domain）与子域区分开，混合域的 domain_id 总是 1，第一相对应的子域 domain_id 是 2，以此类推。对于本节所采用的流固两相流模型，即混合相的 ID 为 0，水相的 ID 为 1，泥沙相的 ID 为 2。通过 Thread *st=THREAD_ SUB_THREAD(tf,ID)分别将指针 st 和 tf 指向与各相的 ID 对应的区域后，才能准确地采用上述面循环宏和节点循环宏进行循环操作。

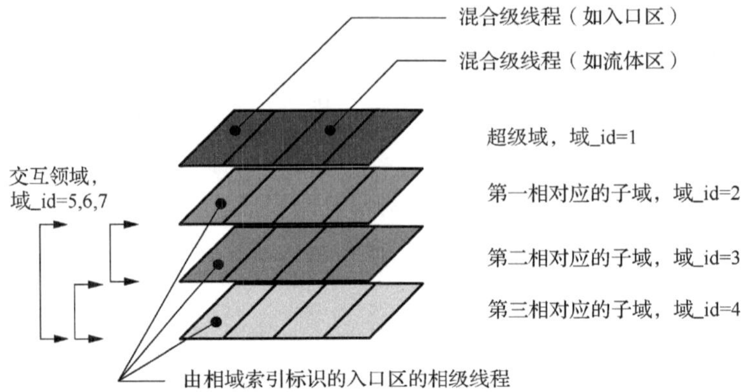

图 3-13　多相流中域和线的体系结构

本节动态网格更新的基本思路与单相流计算时的思路相同：通过半经验半理论的泥沙输运方程得到泥沙纵横向的单宽体积输沙率，将其代入床面变形方程并进行离散化处理，得到网格各个节点的纵坐标变化值。在此过程中，底面切应力提取的准确性，直接关系到泥沙输运方程的正确性，进而影响床面变形的计算，是实现床底动态网格更新的关键所在。在单相流的计算中，底面切应力针对水而言，而采用欧拉两相流模型时，由于存在泥沙与水流的共同作用，底面切应力主要针对混合相而言。在本节研究的编程中，通过 Thread *st=THREAD_SUB_THREAD (tf,phase_domain_index=0)来查找混合相的 ID，提取 Ansys Fluent 中的内存数据时采用的指向混合相的指针 tf，从而能得到流固混合相的底面切应力，作为泥沙输运模型的计算依据。

2. *悬移质输沙*

当水流流速 v 小于床沙起动流速 v_0 时，床面的泥沙处于静止状态，墩台周围泥沙被绕流漩涡带走而形成局部冲刷坑，随着床面下切，绕流流速降低到坑内泥沙的起动流速时，局部冲刷即停止，这种冲刷称为清水冲刷。本节的研究均假设为清水冲刷（包括单相流与多相流冲刷）的条件下发生，此时主要考虑推移质输运，而不计悬移质的影响。当水流流速 v 大于床沙起动流速 v_0 时，床面泥沙将随水流运动上浮，部分泥沙运动一段时间后将回落到床面中，另外一部分将悬浮于水流中，此时局部冲刷坑内将得到上游来沙的补给，当单位时间内上游落入冲刷坑内的泥沙量与漩涡卷走的泥沙量相等时，局部冲刷即停止，这种冲刷称为动床冲刷。动床冲刷中由于床面泥沙大量起动，水流中悬浮泥沙量很大，悬移质泥沙输运以及其对河床变形的影响将不可忽略（参见图 2-2）。

对于动床冲刷情况，目前国内外已有的研究依然极少。印度 Debnath 等[8]探究了黏土质床面下悬移质对局部冲刷深度的影响，发现当悬移质浓度为 993～1333mg/L 时，冲刷深度是清水冲刷的 1.54 倍；当悬移质浓度为 3456～3700mg/L 时，冲刷深度有所减小，但仍然比清水冲刷的大。对于该试验数据，本节内容将提出动床冲刷数值模拟方法给予验证并进一步探究悬移质的具体影响。

动床冲刷与清水冲刷的一个主要区别在于床面泥沙是否起动，或者说悬移质的影响是否可以忽略。因此对 Ansys Fluent 进行二次开发，实现网格动态更新时，床面变形方程中需要加入悬移质影响的参数，即在欧拉两相流模型 UDF 基础上增加悬移质输运项并修改相应的变形方程。下面将分别针对悬移质输沙率以及床面变形的求解作相关介绍。

动床冲刷中，悬移质泥沙浓度相对较大，其对水流密度及流态的影响不可忽略。本节后续的床面变形方程［式（3-22）］基于不平衡输沙法得到，即根据推移层内的不平衡输沙来计算河床变化值。在此认为悬移质在水流中的扩散运输对河床变形不产生直接影响，而是通过与推移层之间的质量交换来影响底部河床的变形。该质量交换表示为悬移质下沉通量与上浮通量之差：

$$D_{\mathrm{b}}-E_{\mathrm{b}}=\bar{\omega}_{\mathrm{s}}(c_{\mathrm{b}}-c_{\mathrm{b}^*}) \tag{3-33}$$

式中：D_{b}、E_{b} 分别为悬移质下沉通量和上浮通量；$\bar{\omega}_{\mathrm{s}}$ 为泥沙的沉速，本节采用武水沉速公式：

$$\bar{\omega}_{\mathrm{s}}=\left[\left(13.95\frac{\nu}{D}\right)^3+1.09(s-1)gD\right]^{0.5}-13.95\frac{\nu}{D} \tag{3-34}$$

其中 ν 为流体的运动黏度；c_{b} 为悬移质层与推移质层交界面悬移质浓度，该浓度在程序中由宏——C_VOF(tf,pt)得到，pt 为指向主相——水的指针；c_{b^*} 为交界面平衡浓度，由下式计算得到：

$$c_{\mathrm{b}^*}=0.015\frac{d_{50}T^{1.5}}{aD_*^{0.3}} \tag{3-35}$$

其中 T 采用式（3-14）计算，$D_*=d_{50}[(s-1)g/\nu^2]^{1/3}$，$a$ 为推移质运动高度，一般取 0.01～0.05 倍水深，本次计算中该值取为 0.03 倍水深[9]。

对于动床冲刷，采用不平衡输沙法来计算不平衡输沙引起的河床变形，所采用的计算公式包含了悬移质在水中的扩散运输：

$$\frac{\partial h}{\partial t}=-\frac{1}{1-n}\left[\left(\frac{\partial q_{\mathrm{b}}}{\partial x_i}\right)+(D_{\mathrm{b}}-E_{\mathrm{b}})\right]=-\frac{1}{1-n}\left[\left(\frac{\partial q_{\mathrm{b}x}}{\partial x}+\frac{\partial q_{\mathrm{b}y}}{\partial y}\right)+(D_{\mathrm{b}}-E_{\mathrm{b}})\right] \tag{3-36}$$

式中：n、$q_{\mathrm{b}x}$、$q_{\mathrm{b}y}$ 的计算与推移质输沙相同；$D_{\mathrm{b}}-E_{\mathrm{b}}$ 表示悬移质下沉通量与上

浮通量之差，采用式（3-33）得到。由于动床冲刷发生的基本条件是断面平均流速大于泥沙起动的水流垂线流速，该速度的计算由以下公式确定：

$$v_0=\left(\frac{h}{d}\right)^{0.14}\left(29d+0.000000605\frac{10+h}{d^{0.72}}\right)^{0.5} \tag{3-37}$$

式中：h 为水深，此处 $h=0.15\text{m}$；d 为泥沙粒径，此处取泥沙中值粒径，$d=d_{50}=0.000385\text{m}$。本节动床冲刷研究同样基于 Melville 试验的基本参数，唯一的区别在于断面平均流速的不同。根据式（3-37）计算得到的基于 Melville 试验参数的床沙起动流速为 $v_0=0.2621\text{m/s}$。因此假设 Melville 试验的断面平均流速取为 $v=0.30\text{m/s}>v_0$，在此速度下，所发生的局部冲刷为动床冲刷。

动床冲刷同样基于欧拉两相流模型，模型边界条件设置的关键步骤在于入口处水流流速分布、悬移质速度分布的处理以及悬移质浓度的设置。对于断面平均流速为 0.30m/s 的入口水流速度分布，同样采用 3.2 节中的计算方法，速度沿水深的分布如图 3-14 所示。

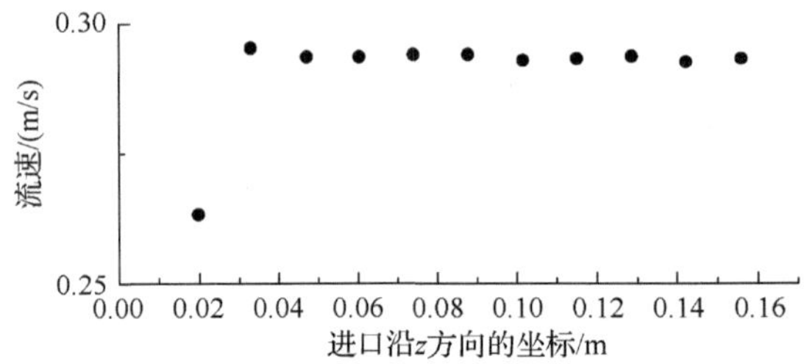

图 3-14　动床模型中进口处沿水深的速度分布图

在实际水流中，悬移质泥沙分别具有纵向和垂向运动速度，其中纵向运动速度与水流运动速度一致，因此进行模型入口设置时，泥沙的水平运动速度与水流速度加载同样的速度分布 Profile。对于垂向运动速度，近似认为，在入口处紊动水流的扩散作用尚未完全发生，泥沙仅仅具有下沉的速度，该速度采用武水沉速公式（3-34）进行计算。

计算得 $\overline{\omega}_s=0.054286\text{m/s}$。对于悬移质在入口处的浓度分布，本书参考 Debnath 等[8]试验的悬移质试验范围，初步确定悬移质浓度，按泥沙体积分数换算为 0.0004。

本次采用欧拉两相流模型模拟动床冲刷的过程，其建模思路和研究方法与单相流相似，因此可以认为该方法对于水流结构的模拟相对是比较准确的。结合动床冲刷的特性，该方法对于悬移质影响的模拟是否准确显得尤为重要，首要的判别便是悬移质浓度分布。本节针对悬移质垂向分布的扩散理论，验证本章建模中关于悬移质考虑的正确性。

悬移质分布扩散理论认为，当悬移质含沙量的垂线分布达到平衡状态时，泥沙扩散成为一个均匀、恒定的问题，据此建立的微分方程为

$$\varepsilon_y \frac{\mathrm{d}^3 S_\mathrm{v}}{\mathrm{d}y^3} + \frac{\mathrm{d}\varepsilon_y}{\mathrm{d}y}\frac{\mathrm{d}S_\mathrm{v}}{\mathrm{d}y} + \overline{\omega}\frac{\mathrm{d}S_\mathrm{v}}{\mathrm{d}y} = 0 \tag{3-38}$$

式中：ε_y 为泥沙交换系数，并认为该系数与紊流理论中的动量交换系数相同，即 $\varepsilon_y = \varepsilon_m = \dfrac{\tau}{\rho \dfrac{\mathrm{d}u}{\mathrm{d}y}}$；$S_\mathrm{v}$ 为垂向泥沙浓度；$\overline{\omega}$ 为平均泥沙沉速。假定剪应力在垂线上沿线性分布，水流流速采用对数流速分布，将泥沙交换系数、剪应力与水流流速代入式（3-38）并求解微分方程得

$$\frac{S_\mathrm{v}}{S_{\mathrm{v}a}} = \left(\frac{h-y}{\Delta+y}\frac{\Delta+a}{h-a}\right)^z \tag{3-39}$$

式中：$z = \dfrac{\omega}{\kappa U_*} = \dfrac{\omega}{\kappa\sqrt{RgJ}}$，其中 ω 为泥沙沉速，κ 为卡门常数，R 为水力半径，J 为水力坡度，g 为重力加速度，U_* 为摩阻流速，$U_* = \sqrt{RgJ}$；$S_{\mathrm{v}a}$ 为悬移质距床面 a 处的体积比含沙量；Δ 为与床面粗糙度有关的系数，取为 $\Delta = 2.5d_{50}$。

本次所选择的验证悬移质浓度垂向分布的位置分别位于桥墩中心平面内的墩前、墩后以及下游靠近出口处的 $A(x=0.25\mathrm{m})$、$B(x=0.35\mathrm{m})$、$C(x=1.00\mathrm{m})$ 三点，如图 3-15 所示。

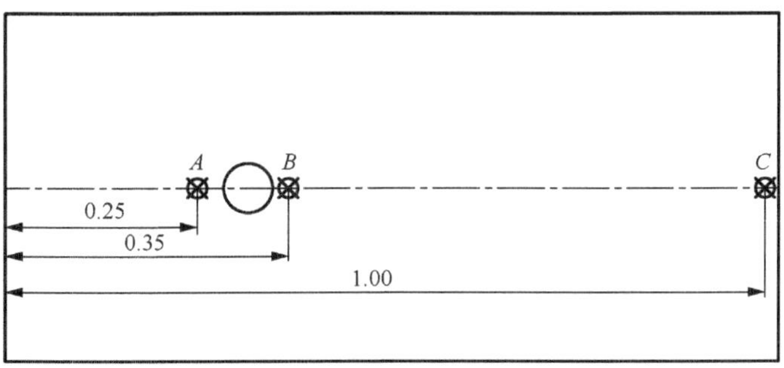

图 3-15　动床模型中进口处沿水深的速度分布图（单位：m）

根据上述扩散理论计算的悬移质垂向浓度（体积分数）的分布以及本次动床冲刷计算得到的垂向浓度分布在 A、B、C 三个位置的比较如图 3-16 所示。

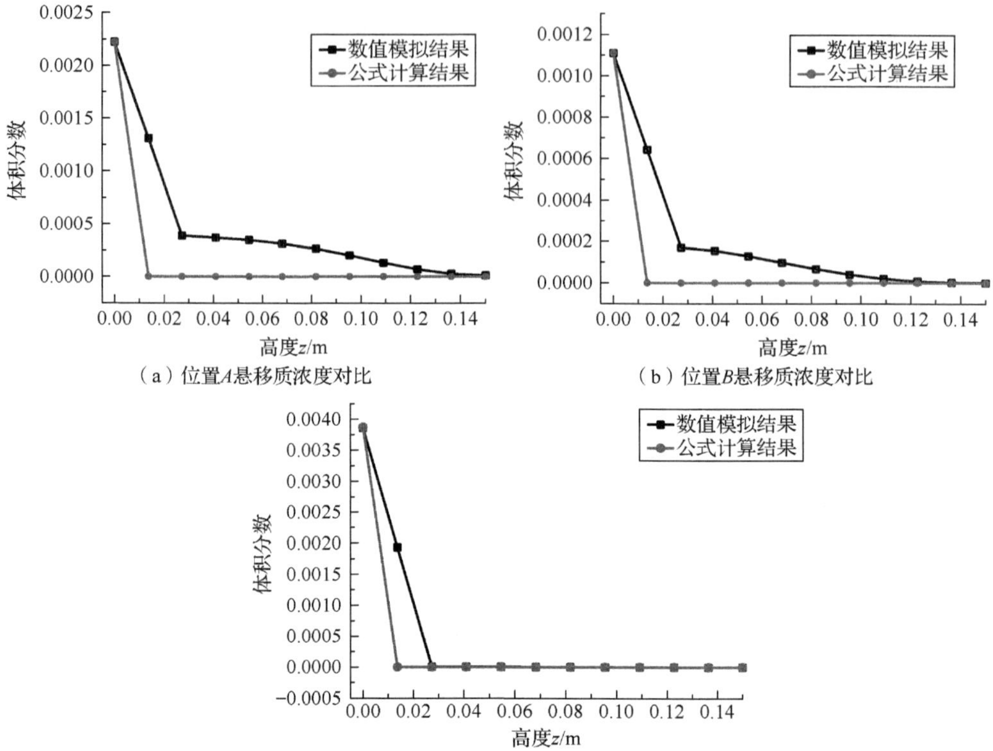

（a）位置A悬移质浓度对比

（b）位置B悬移质浓度对比

（c）位置C悬移质浓度对比

图 3-16　悬移质垂向浓度分布验证

由图 3-16 可以看出，在墩前的位置 *A* 以及墩后的位置 *B* 处数值模拟的结果与扩散理论的分析结果有差距，主要原因在于，墩前位置 *A* 处离水流入口处较近，悬移质的分布仍然未达到完全平衡分布的状态，而墩后的位置 *B* 由于之前有桥墩的阻挡作用，悬移质的分布相对受到影响，使得与理论计算值出现局部偏差。对于水流以及悬移质均已经充分发展的位置 *C* 处，可以发现，数值模拟结果与理论计算结果极为相近，仅在个别位置存在微小差别，可以认为本次动床冲刷计算在悬移质分布的模拟方面是比较准确的。

另外，为了更好地看出悬移质沿水流方向的沿程恢复情况，选取距离左右边界 0.05m 的剖面，以消除桥墩阻挡作用对悬移质沿程分布的影响，分别选取了距离床面 0.005m、0.03m、0.035m 以及 0.13m 高度处悬移质浓度沿程分布情况，如图 3-17 所示。

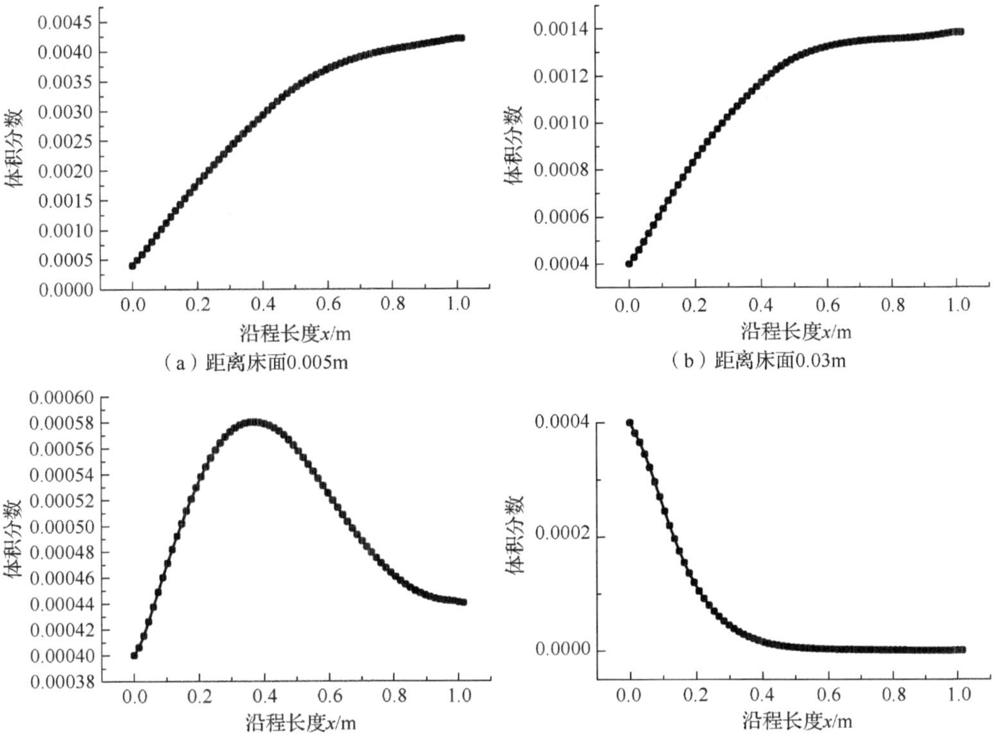

（a）距离床面0.005m　（b）距离床面0.03m　（c）距离床面0.035m　（d）距离床面0.13m

图 3-17　悬移质浓度沿程分布

从图 3-17 中可以看出，越靠近床面的位置，悬移质浓度沿程将逐渐增大，即悬移质随着水流的流动绝大部分将逐渐下沉到床底面，这也是动床冲刷中局部冲刷坑内泥沙得到补充的一个重要原因；距离床面 0.035m 高度处［图 3-17（c）］，悬移质浓度沿程先增大然后逐渐减小，充分体现了泥沙在流动过程中逐步下沉并达到平衡的过程；对于距离床面较高的位置［图 3-17（d）］，悬移质浓度沿程逐步减小，当达到平衡浓度时，越高的位置，泥沙浓度越小，甚至趋近于 0。关于动床冲刷形成的局部冲刷坑的形态验证及悬移质浓度对冲刷深度的影响参见 3.5.3 节。

3.3.3　沙滑模型

许多水槽试验表明，由于泥沙运动的复杂性以及与水流之间的非线性相互作用和运动关系，会在某些局部区域出现床面坡度超过泥沙休止角的情况。在这种情况下，河床面会发生自动崩塌以调整坡度，逐渐形成冲刷坑。在数值模拟中，如果不考虑床面崩塌，显然会导致计算结果与实际情况不符，进而导致数值模拟的失真；同时，这些区域的网格将发生严重畸变，使计算过程容易发散。

为了解决这个问题，本节研究采用沙滑模型来对河床面坍塌进行程序化处理。首先，根据输沙平衡和床面变形方程，对床面网格进行动态更新。然后，对床面网格进行全面扫描，如果发现某个单元的面倾角大于临界坡度（本研究中取泥沙休止角），则对该单元的节点进行循环操作，以完成位置修正。以图 3-18 为例，一旦发现节点 A 和节点 B 的倾角 θ 大于临界坡度 φ，就将 A 点的纵坐标调整为 A'，将 B 点的纵坐标调整为 B'，以使坡度减小到 φ，满足床面变形的稳定性要求。这种变化可以用式（3-40）来表示：

$$(z_B - \delta z_B) - (z_A + \delta z_A) = \tan\varphi\sqrt{(x_A - x_B)^2 + (y_A - y_B)^2} \tag{3-40}$$

式中：z_A、z_B 分别为 A、B 两点的纵坐标；δz_A、δz_B 分别为 A、B 两点需要调整的纵坐标值。

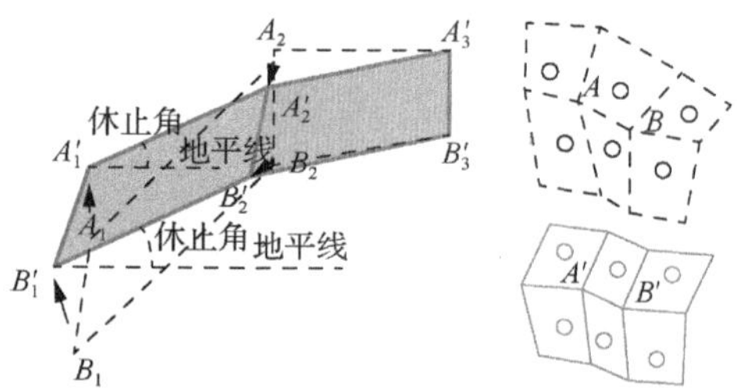

图 3-18　泥沙坍塌求解示意图

同时，根据输沙平衡又可得到

$$\sum A_A \times \delta z_A = \sum A_B \times \delta z_B \tag{3-41}$$

式中：$\sum A_A$ 表示与节点 A 相邻的各面单元在 xy 平面内的投影面积之和；$\sum A_B$ 表示与节点 B 相邻的各面单元在 xy 平面内的投影面积之和。通过联立式（3-40）和式（3-41），可以求解节点 A 和节点 B 的高度调整量，即 δz_A 和 δz_B。在使用 CFD 计算软件 Ansys Fluent 进行程序编译时，通过循环宏 begin_f_loop(f,tf)对底面的所有单元网格面进行迭代循环，然后使用循环宏 f_node_loop(f,tf,n)`对所迭代到的面内的所有网格节点进行逐一遍历。在此过程中逐个检查面内相邻节点之间的坡度是否满足所需的条件，如果大于休止角（临界坡度），则对节点的纵坐标进行相应的调整。这一过程实现了河床坍塌的模拟。然而，需要注意的是，调整一个河床单元的面坡度显然会影响其相邻的其他网格面的坡度，因此需要多次迭代，直到所有河床单元的面坡度都降至休止角或以下。

在实际操作中，逐一调整每个面单元的坡度以使其满足在休止角以下的条件非常耗时。因此，本研究将整个河床面的循环迭代次数限制在 100 次以内，以同时满足计算精度和计算时间的要求。

3.4　UDF 函数与动态网格控制

3.4.1　UDF 函数

用户自定义功能采用 C 语言进行编写，可以采用解释或编译的方式加载到 Ansys Fluent 中，利用 UDF 可以对 Ansys Fluent 计算过程中的一些模型参数或计算流程进行控制。UDF 宏有两种方式可以被 Ansys Fluent 所接受：解释和编译。其中有一些宏既可以被解释也可以被编译，而一些宏则只能被解释。某些场合只接受编译后的 UDF（如动态网格中的一些宏），而另一些场合既可以接受编译的 UDF，也可以接受解释后的 UDF。

（1）解释型 UDF

解释型 UDF 不需要额外的编译器，利用 Ansys Fluent 软件自身即可解释源代码。在解释过程中，UDF 源代码被 C 语言预处理器解释成独立于计算机体系之外的机器代码。在调用 UDF 的过程中，这些被解释器生成的机器代码将在内部仿真器或解释器上被执行。这种以解释的方式运行无可避免会损失计算性能。但是以解释方式运行的 UDF 优势在于其可以不加修改地在不同体系的计算机、不同的操作系统以及不同的 Ansys Fluent 版本中运行。当 UDF 的计算性能很重要时通常以编译的形式运行 UDF。所有解释型 UDF 都能够以编译的方式被 Ansys Fluent 加载。UDF 被解释后保存为 cas 文件，之后再打开 cas 文件时，UDF 能够直接被加载，而无须重新解释。解释型 UDF 的最大优势是只需要一次解释就能够做到跨平台、跨架构、跨操作系统、跨版本。但是解释型 UDF 也存在局限性，主要体现在以下方面。

1）无法使用 goto 语句。

2）只支持 ANSI-C 语法。

3）不支持直接数据结构引用。

4）不支持局部结构声明。

5）不支持联合体。

6）不支持指向函数的指针。

7）不支持函数数组。

在访问 Ansys Fluent 求解器数据的方式上解释型 UDF 也有限制。解释型 UDF 不能直接访问存储在 Ansys Fluent 结构中的数据。它们只能通过使用 Ansys Fluent 提供的宏间接地访问这些数据。编译型 UDF 没有任何 C 编程语言或其他求解器数据结构的限制。

（2）编译型 UDF

编译型 UDF 在其编译构建过程中采用一个名为 Makefile 的脚本文件，以调用 C 编译器来生成目标代码库。该对象库的生成受到所用 Ansys Fluent 版本和计算机体系结构的影响。因此，若更改计算机操作系统或 Ansys Fluent 版本，则必须重新构建 UDF 对象库。UDF 的编译过程通常包括源代码编译和加载两个主要步骤。编译/构建过程需要一个或多个 UDF 源文件（如 myudf.c），将它们编译成对象文件（如 myudf.o 或 myudf.obj），最后构建成一个名为“共享库”（如 libudf.dll）的目标文件。如果以图形用户界面（graphical user interface， GUI）方式编译源文件，用户在单击“Compiled UDF”（编译 UDF）对话框中的“Build”（创建）按钮后，将触发编译/构建过程。Ansys Fluent 软件将基于在当前会话期间运行的 Ansys Fluent 的体系结构和版本（如 hpux11/2d），自动构建用户命名的共享库（如 libudf）并存储 UDF 对象文件。若以文本用户界面（text user interface， TUI）方式编译源文件，首先需要设置共享库的目标文件夹，并修改名为 Makefile 的脚本文件以指定源参数，然后执行 Makefile 文件以完成源代码的编译和构建。使用 TUI 方式编译 UDF 具有一些优势，如允许链接预编译的非 Ansys Fluent 源文件对象文件到 Ansys Fluent（即链接非 Ansys Fluent 源文件的预编译对象文件），这是 GUI 编译无法实现的。

无论是通过 GUI 方式还是 TUI 方式编译 UDF，都需要本地操作系统和 C 编译器的支持。在大多数 Linux 操作系统中，已经集成了 C 编译器，但如果在 Microsoft Windows 系统上编译 UDF，则必须确保本地系统上已经安装了 Microsoft Visual Studio。对于 Linux 系统，Ansys Fluent 支持任何符合美国国家标准学会（American National Standards Institute，ANSI）标准的 C 编译器（如 GCC）。

3.4.2 UDF 宏

1. 辅助宏

UDF 程序编写的核心内容在于数据获取、数据转换和数据返回。Ansys Fluent 提供了众多的辅助宏来实现这三方面的功能，具体如下。

1）数据访问：主要功能为获取求解器中的数据，如得到单元中的温度、压力、速度等物理量。

2）循环控制：主要提供遍历搜索功能。例如，设置边界条件数据，则需要利用循环控制宏遍历所有的边界面。

3）向量操作宏：主要提供一些向量运算操作。

4）输入输出宏：提供与外部数据交互的功能。

5）Scheme 宏：主要用于图形用户界面定制。

数据获取宏的内容很多，包括各种节点数据、网格单元数据、网格面数据、网格链接关系数据、索引数据、时间相关数据、物性数据等。

2. 节点数据访问宏

通过节点数据访问宏可获取节点信息，如获取节点 x、y、z 三个方向的坐标，或获取网格面上的节点数量。获取节点位置包括三个宏，它们在头文件 metric.h 中定义。这些宏包括 NODE_X，NODE_Y，NODE_Z，如表 3-1 所示。

表 3-1　节点数据访问宏

宏	参数类型	返回值
NODE_X	Node*node	返回 node 的 x 坐标，real 类型
NODE_Y	Node*node	返回 node 的 y 坐标，real 类型
NODE_Z	Node*node	返回 node 的 z 坐标，real 类型

节点数据访问宏使用简便，但使用之前需要定义变量 Node *v，然后在循环体中利用宏 F_NODE 获取节点，之后直接应用宏 NODE_X(v)获取节点 v 的 x 坐标。宏 F_NNODES 可用来获取面上节点的数量信息，该宏在头文件 metric.h 中定义，如表 3-2 所示。

表 3-2　节点数量宏

宏	参数类型	返回值
F_NNODES	Face*face	返回面上节点的数量，int 类型

此宏的使用很简单，直接在面循环体内调用即可，也可以在单元循环体内使用。

3. 面数据访问宏

Ansys Fluent 中面相关宏定义在头文件 metric.h 及 mem.h 中，并且所有的宏均以 F_作为前缀。但需要注意，面数据获取宏只能用于压力基求解器，并且一些与模型相关的宏，只在模型被开启后才有效。Ansys Fluent 的数据以分层方式保存，如图 3-19 所示。顶级为域（domain），其下为单元（cell），再下为面（face），最底层数据为节点（node）。在访问过程中，采用从上往下逐层访问，采用循环遍历的方式。

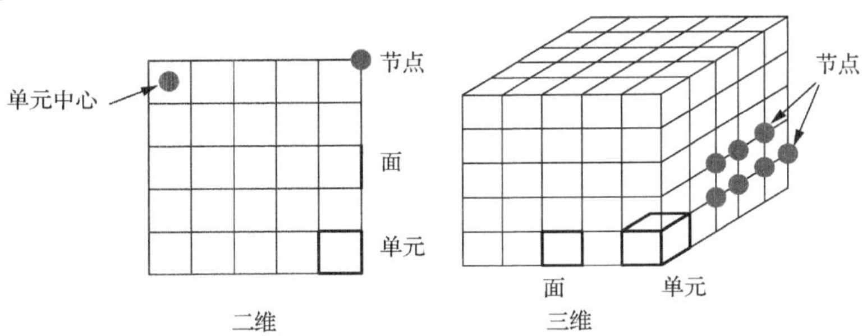

图 3-19　Ansys Fluent 数据分层保存示意图

（1）F_CENTROID 宏

宏调用形式为 F_CENTROID(x , f , t)；宏参数为 real x[ND_ND]，face_t f，Thread *t 参数值通过 x 数组获得，此宏通过参数返回值，属于典型的传址调用。

（2）F_AREA 宏

F_AREA 宏用于获取网格面的法向向量，求通过某些面的物理量分量时非常有用。在 Ansys Fluent 中，边界面的法向通常指向计算域的外部。对于内部面的法向方向，通常利用节点排序采用右手定则进行确定。宏调用形式为 F_AREA(A , f , t)；宏参数为 real A[ND_ND]，face_t f，Thread *t；参数值通过 A 数组获得。F_AREA 宏通过传址调用返回值，参数 A 可以是数组 A[ND_ND]，也可以是向量。如果定义为向量，后续可以方便地利用向量运算（点积和叉积等）。

（3）获取边界面流动参数的宏

面参数访问宏的一个主要用途是访问边界面信息，如获取边界速度、压力、温度等，如表 3-3 所示。

表 3-3　边界面流动参数宏

宏定义	参数类型	返回值
F_U(f,t)	Face_t, Thread *t	返回 *u* 方向速度
F_V(f,t)	Face_t, Thread *t	返回 *v* 方向速度
F_W(f,t)	Face_t, Thread *t	返回 *w* 方向速度
F_T(f,t)	Face_t, Thread *t	返回面上的温度
F_H(f,t)	Face_t, Thread *t	返回面上的焓
F_K(f,t)	Face_t, Thread *t	返回面上的湍动能
F_D(f,t)	Face_t, Thread *t	返回面上的湍动能耗散率
F_YI(f,t,i)	Face_t, Thread *t, int i	返回组分质量分数

这些宏的返回值均为 real 型，采用返回值的形式获取参数。需要注意，这些宏只有在激活了相应的模型后才有效。例如，获取湍动能参数宏 F_K(f,t)，只有当激活了湍流模型后才可以使用。

（4）获取内部面参数宏

有一些宏既可以访问边界面上数据，也可以访问内部面上的数据，比较常用的宏为 F_P 及 F_FLUX，如表 3-4 所示。

表 3-4　压力与质量流量参数宏

宏定义	参数类型	返回值
F_P(f,t)	Face_t, Thread *t	返回面上压力值，real 类型
F_FLUX(f,t)	Face_t, Thread *t	返回通过面的质量流量，real 类型

4. 单元数据访问宏

单元数据要比节点数据复杂得多。与节点数据仅仅存储节点坐标不同，单元数据不仅包含单元中心节点等，还包含各种物理量数据。单元数据访问宏返回网格单元内的信息。大部分的单元宏在头文件 metric.h 中定义，这类的宏均以 C_ 作为前缀。

（1）C_CENTROID 宏

C_CENTROID 宏用于获取网格单元中心坐标。宏调用形式为 C_CENTROID (x,c,t)；宏参数为 real x[ND_ND], cell_t c, Thread *t；数据以参数 x 传址调用返回。该宏以参数作为返回值，因此需要事先通过 real x[ND_ND]定义参数 x。

（2）C_VOLUME 宏

C_VOLUME 宏用于获取网格单元体积。宏调用形式为 C_VOLUME(c,t)，宏参数为 cell_t c, Thread *t，数据返回 real 值。

（3）C_NNODES 宏

C_NNODES 宏用于获取单元体内节点数量。宏调用形式为 C_NNODES(c,t)，参数为 cell_t c, Thread *t，数据返回 int 类型的节点数量。

（4）C_NFACES 宏

C_NFACES 宏用于获取单元体内网格面的数量。宏调用形式为 C_NFACES(c,t)，参数为 cell_t c, Thread *t，数据返回 int 类型的网格面数量。

（5）获取物理量参数

通过宏访问网格单元内的物理量参数，如获取密度、压力、速度等。这些宏在头文件 mem.h 中定义，如表 3-5 所示。

表 3-5　网格单元内的物理量参数访问宏

宏定义	参数类型	返回值
C_R(c,t)	cell_t c, Thread *t	密度
C_P(c,t)	cell_t c, Thread *t	压力
C_U(c,t)	cell_t c, Thread *t	*u* 方向速度
C_V(c,t)	cell_t c, Thread *t	*v* 方向速度
C_W(c,t)	cell_t c, Thread *t	*w* 方向速度
C_T(c,t)	cell_t c, Thread *t	温度
C_H(c,t)	cell_t c, Thread *t	焓
C_K(c,t)	cell_t c, Thread *t	湍动能
C_NUT(c,t)	cell_t c, Thread *t	湍流黏度
C_D(c,t)	cell_t c, Thread *t	湍动能耗散率
C_O(c,t)	cell_t c, Thread *t	比耗散率
C_YI(c,t,i)	cell_t c, Thread *t, int i	组分质量分数

（6）梯度计算宏

计算单元内部物理量的梯度的宏，通常以_G为后缀，如计算温度梯度C_T_G。但需要注意，梯度变量仅在相关变量被求解后才可用。例如，当定义了能量源项后，UDF中能够利用宏C_T_G访问单元温度，然而无法使用C_U_G宏访问x方向速度梯度。主要原因在于求解器为了考虑计算效率，在求解时从内存中去除了不被使用的数据。如果一定要保留这些梯度数据，可以使用文本用户界面命令solve/set/expert，之后在系统提示Keep temporary solver memory from being freed?后输入yes。这样的话所有的梯度数据都会被保留，但是计算过程中会消耗更多的内存。梯度访问宏物理量如表3-6所示。

表 3-6　梯度访问宏物理量

宏定义	参数类型	返回值
C_P_G(c,t)	cell_t c, Thread *t	压力梯度向量
C_U_G(c,t)	cell_t c, Thread *t	u 速度梯度向量
C_V_G(c,t)	cell_t c, Thread *t	v 速度梯度向量
C_W_G(c,t)	cell_t c, Thread *t	w 速度梯度向量
C_T_G(c,t)	cell_t c, Thread *t	温度梯度向量
C_H_G(c,t)	cell_t c, Thread *t	焓梯度向量
C_NUT_G(c,t)	cell_t c, Thread *t	湍流黏度梯度向量
C_K_G(c,t)	cell_t c, Thread *t	湍动能梯度向量
C_D_G(c,t)	cell_t c, Thread *t	湍动能耗散率梯度向量
C_O_G(c,t)	cell_t c, Thread *t	比耗散率梯度向量
C_YI_G(c,t,i)	cell_t c, Thread *t, int i	组分质量分数梯度向量

应当注意，表3-6中C_P_G只能用于压力基求解器，C_YI_G只能用于密度基求解器，若要在压力基中使用宏C_YI_G，则需要在Ansys Fluent中设置species/save-gradients为#t。

3.4.3　动态网格UDF函数与更新方法

1. 动态网格UDF宏

DEFINE_CG_MOTION宏主要用于描述刚体的运动。所谓“刚体”，指的是在运动过程中部件几何形状不会发生任何改变，只是其质心位置发生改变。在定义刚体的运动时，通常以速度方式进行显式定义。DEFINE_CG_MOTION宏的结构很简单，定义形式为DEFINE_CG_MOTION(name,dt, vel, omega,time, dtime)。其中，name为宏的名称，可以随意定义。dt为一个指针Dynamic_Thread *dt，存储动态网格属性，通常不需要用户干预。vel 为平动速度，为一个数组，vel [0]为 x 方向速度，vel [1]为 y 方向速度，vel [2]为 z 方向速度。omega 为转动速度，omega [0]为 x 方向角速度，omega [1]为 y 方向角速度，omega [2]为 z 方向角速度。time 为当前时间。dtime 为时间步长。

在动态网格中关于部件运动除了指定刚体运动外，有时还需要指定某些边界的变形，这种情况经常会遇到，尤其是与运动部件存在相连接边界的情况下。Ansys Fluent 中预制了 faceted（分面变形）、plane（平面变形）、cylinder（圆柱形变形）三种变形方式，此外 Ansys Fluent 还允许用户通过 UDF 宏 DEFINE_GEOM 自定义边界变形。对于 faceted 的变形方式，其对边界的变形不加控制，变形边界的形状取决于刚体运动，故不需要定义变形参数。对于 plane 的变形方式，定义几何变形方式为 plane 意味着该几何上的所有的节点，只能在此平面内运动，平面的定义采用点和法线方式定义。采用 cylinder 方式，则意味着该几何上的所有节点在变形过程中，只能在所定义的圆柱面上运动。定义圆柱面采用的参数包括圆柱半径、轴上的一个点的坐标以及轴的方向矢量。其中轴的方向矢量同时还定义了圆柱的高度。用户自定义方式则是采用 UDF 宏 DEFINE_GEOM 进行定义。此宏的结构很简单，定义形式为 DEFINE_GEOM(name ,d , dt, position)。其中，name 为用户定义的 UDF 名称；d 为一个由 Ansys Fluent 传入指向区域的指针，其类型为 Domain *d；dt 为一个由 Ansys Fluent 传入存储动态网格属性的结构体指针，类型为 Dynamic_Thread *dt；position 为存储网格节点位置的数组指针，类型为 real *position。在此宏中，除了 name 是用户指定的以外，其他参数均为 Ansys Fluent 传入，用户通过更改 position 指针数据来将新的网格节点位置返回至 Ansys Fluent。

在动态网格中，对于那些既包含了运动也包含了变形的区域，可以通过 UDF 来指定区域中每一个节点的位置。这给了用户最大的自由度来指定网格的运动。在其他的动态网格技术中（如重叠网格）则难以做到，泥沙输运的动态网格控制正是通过定义网格节点的位置来实现的。该 UDF 宏为 DEFINE_GRID_MOTION，定义形式为 DEFINE_GRID_MOTION (name , d , dt , time , dtime)。其中，name 为用户定义的 UDF 名称；d 为一个由 Ansys Fluent 传入指向区域的指针，其类型为 Domain *d；dt 为一个由 Ansys Fluent 传入存储动态网格属性的结构体指针，类型为 Dynamic_Thread *dt；time 为当前时间，类型为 real time；dtime 为时间步长。宏中包含了 name、d、dt、time、dtime 5 个参数，其中，name 为用户自定义，而 d、dt、time 以及 dtime 均由 Ansys Fluent 传入。在 UDF 中，可以利用宏 NODE_X、NODE_Y 及 NODE_Z 分别更新节点的 x、y、z 的位置。

2. 动态网格更新方式

在部件运动之后，不可避免地会造成网格形状的变化，如果不对网格加以控制，在持续运动的过程中，则可能造成网格极度变形、歪曲率过大，甚至产生负体积。因此必须对发生变形的网格进行矫正。Ansys Fluent 主要提供了 Smoothing（平滑）、Layering（分层）、Remeshing（重构）三种方式控制网格节点位置的更新。

（1）Smoothing

Smoothing 包含 Spring（弹簧光顺）/Laplacian Smoothing（拉普拉斯光顺）、Diffusion（扩散光顺）、Linearly Elastic Solid（线弹性实体光顺）三种光顺方法。对于小幅度的网格运动，使用 Smoothing 方法，此方法计算量较小。对于稍大幅度的网格运动，建议使用 Diffusion 方法，此方法可以提供较好的网格质量，更大幅度的则需要配合 Remeshing 方法来解决。对于存在旋转运动的边界，可以使用 Linearly Elastic Solid 方法，此方法计算量最大，但能够提供更好的网格质量。

Spring 是最基础的光顺方法，也是 Ansys Fluent 默认使用的光顺方法。该方法的基本思路是将网格节点之间的连接线近似为弹簧，通过计算节点之间力平衡方程得到各节点光顺后的位置。Diffusion 则是通过求解扩散方程得到网格节点的运动位移。Linearly Elastic Solid 是新版本 Ansys Fluent 中添加的新方法，此方法是通过借鉴弹性力学中的平衡方程来计算节点位移。

（2）Layering

Layering 是 Ansys Fluent 动态网格技术中用于处理拉伸体网格变形的一种非常有效的方法。与光顺方法不同，Layering 方法可以处理网格拓扑的变化（如网格节点的增加或删除），因此 Layering 方法可以用于变形幅度非常大的场合。Layering 方法基本原理很简单，即检测运动边界相连的网格高度，通过设定高度阈值来决定网格是被分裂还是合并。通过设定分裂因子及坍塌因子，并设置一个网格高度值作为参照，即可在边界运动过程中，控制边界相邻网格的合并或分裂。当网格边界运动时，采用 Layering 方法计算网格高度以决定是否进行网格的坍塌和分裂。虽然采用 Layering 方法能够保证网格拓扑改变后的质量，但其应用领域受到以下三个条件的限制。

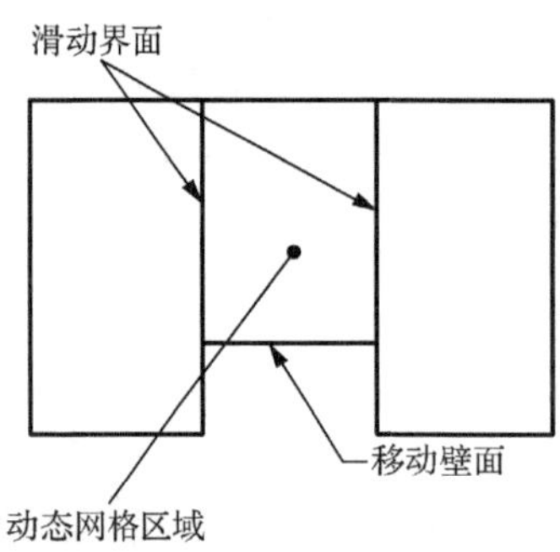

图 3-20　非独立运动壁面

1）与运动边界相邻的网格必须是三棱柱或六面体（2D 中为四边形）网格。

2）运动壁面必须是独立的，如图 3-20 所示的情形，则必须使用 interface。

3）在存有悬挂节点的网格（如笛卡儿网格）区域无法使用 Layering 方法。

（3）Remeshing

Ansys Fluent 动态网格中的 Remeshing 网格重构是最终极的网格更新方式。不管边界运动幅度有多大，都可以采用 Remeshing 方法来解决网格更新的问题。Ansys Fluent 的 Remeshing 思路比较简单，即在边界运动过程中程序不断检测计算域中的网格质量，并标记低质量网格。在动态网格更新过程中，对标记的网格重新进行划分。Ansys Fluent 提供了三种基础的 Remeshing 方法：Local Cell（基于局部单元）、Local Face（基于局部面）以及 Region Face（基于区域面）。根据不同的场合，Ansys Fluent 还提供了 2.5D 以及 Cutcell Zone（基于切割单元区域）方法。其中 Local Cell 标记超过用户指定的歪斜率或尺寸阈值的内部网格，并且局部重新划分这些网格单元，此处歪斜率及网格尺寸阈值包括全局的以及局部的；Local Face 方法重构变形边界面上的网格，仅用于 3D 网格重构；Region Face 方法可重构与运动边界相邻接的变形边界，多用于气缸运动问题，然而也可以用于其他的场合。在使用此模型的过程中，需要明确定义尺寸阈值，若没有定义局部参数，则全局参数也不会起作用。Cutcell Zone 方法主要用于 3D 笛卡儿网格的重构，在运动区域中不能含有多面体网格，如果是周期性边界发生重构，则无法保证重构的网格继续保持节点一致。2.5D 方法只用于以拉伸形式形成的网格中。在实际重构过程中，重构的是网格面，而体网格则通过拉伸方式进行重构。

（4）泥沙冲刷动态网格控制

泥沙冲刷动态网格控制需要在上述动态网格 UDF 函数基础上进行二次开发，由 3.3 节的分析可知，计算河床实时变形的关键是计算出推移质单宽体积输沙率，而采用式（3-20）和式（3-21）计算推移质单宽体积输沙率时涉及以下几个未知量：θ——倾斜床面坡度，τ_b——床面剪切应力，$\bar{\omega}_x$、$\bar{\omega}_y$、$\bar{\omega}_z$——水流方向与 x、y、z 方向的夹角。这些未知量可以采用预定义宏从 Ansys Fluent 内存数据库中提取。

1）θ。通过 F_AREA(A,f,t) 宏可获得床底网格单元的法向量 $\boldsymbol{A}$，然后通过矢量运算即可求得床面网格的倾角 θ。

2）τ_b。Ansys Fluent 中没有单独的宏命令能够直接提取床面处的切应力分布，在本节研究中，参考有关文献中的方法，通过 F_STORAGE_R_N3V(f,t,SV_WALL_SHEAR)来获得底面切应力矢量 SV_WALL_SHEAR，并将其与对应单元面的面积相除得到床面各个节点的切应力值 τ_b。

3）$\bar{\omega}_x$、$\bar{\omega}_y$、$\bar{\omega}_z$。对于水流方向与 x、y、z 方向的夹角，主要通过 C_U(c,t)、C_V(c,t)、C_W(c,t)三个宏命令分别获得节点处的 x、y、z 方向的水流速度矢量，再通过矢量运算求得其与 x、y、z 坐标轴之间的夹角。

3.5　冲刷仿真分析案例

3.5.1　基于单相流的桥墩冲刷数值模型

基于单向流的 Melville[1]经典水槽桥墩冲刷的试验模型、数值模型在 3.2 节和 3.3 节中已经给出，下面对数值模拟的结果进行验证。随冲刷不断发展，流场底部的边界部分（河床面）会相应不断下移，从而引起边界条件的不断变化。该边界条件的变化反过来又会引起桥墩周围流场的不断变化，两者之间相互耦合。显然，局部冲刷是一个流体与边界条件不断相互作用的复杂变化过程。所以，能否准确模拟桥墩周围流场变化对保证桥墩局部冲刷计算精度有着至关重要的影响。

图 3-21 为冲刷仿真开始时刻距离河床面 1mm 的截面的流场流线平面图与 Melville 试验中的实际量测结果对比图，图中 D 为桥墩直径。通过比较可以发现，两者的流线轨迹符合较好，且仿真计算的尾流和桥墩的分离点位置（偏离水流方向 75°左右）与试验结果完全一致。

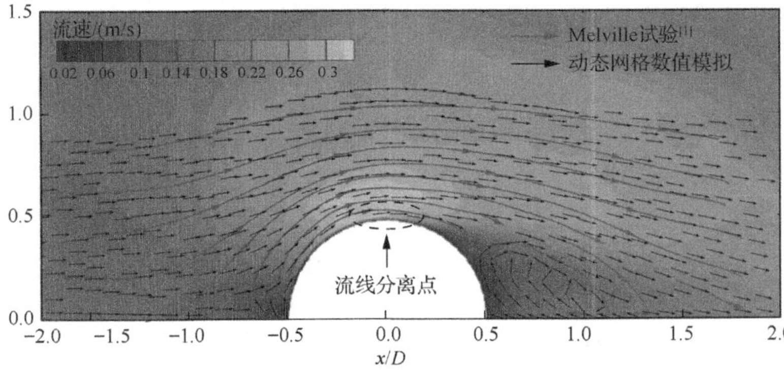

彩图 3-21

图 3-21　河床面底部桥墩周围流场流线对比

图 3-22（a）为冲刷开始时刻床底切应力分布图，由于桥墩的阻碍作用，桥墩两侧的切应力总体偏大，而后方切应力最小，由此也可推测，局部冲刷将主要发生在桥墩两侧区域。

图 3-22（b）为放大后床底桥墩附近切应力分布。可以看出，最大切应力（颜色最深处）位于迎水面两侧，且圆心角约为 75°，这与上述流线的分离点位置一致。因此，从桥墩周围流场的形态来看，数值模拟结果与试验结果吻合较好。

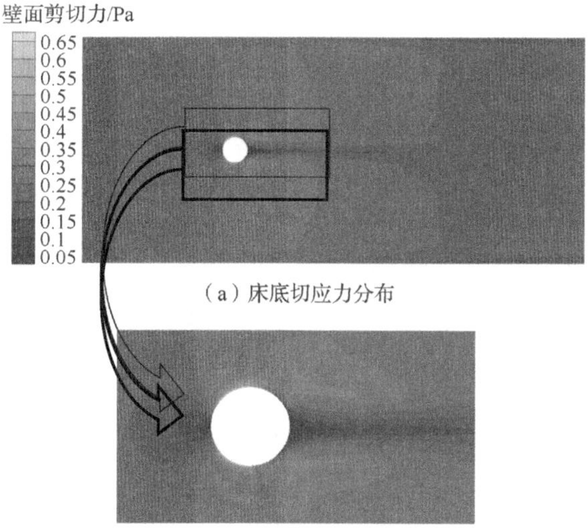

（a）床底切应力分布

（b）床底桥墩周围切应力分布放大图

图 3-22　河床面底部切应力分布

彩图 3-22

图 3-23 为模型计算 30min 后桥墩周围局部冲刷坑的地形等高线图与 Melville 试验 30min 后局部冲刷坑的地形等高线图对比结果，图中 D 为桥墩直径。比较两者可以发现，数值模拟结果除了桥墩迎水面冲刷坑形态发展不够充分外，其他包括桥墩后方沙脊的出现，总体轮廓线的形式均能够与试验得出的冲刷坑地形图较好吻合。在此认为数值模拟与试验结果墩前迎水面的形态差异主要由以下原因导致：①边界条件设置时，模型顶面采用对称边界条件模拟自由水面；②推移质输沙模型基于半经验半理论公式，与实际泥沙运动可能存在差异；③采用的床面坍塌处理程序为了使床面不出现大于泥沙休止角的坡面，坡度的调整方案会造成一定的均化效果[10]。

彩图 3-23

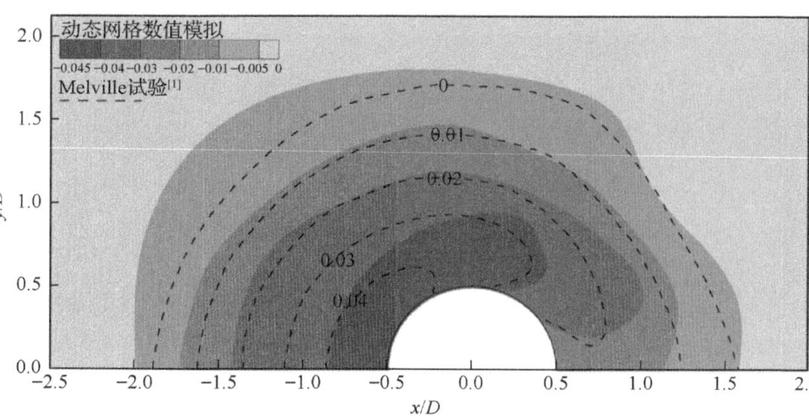

图 3-23　冲刷坑地形等高线对比

图 3-24 分别为 0.5min、2min、6min、10min、20min、30min 的冲刷坑图，由此也能看出冲刷坑由桥墩两侧逐步发展扩大、冲刷深度逐步增大的过程。

（a）0.5min 时冲刷坑形态

（b）2min 时冲刷坑形态

（c）6min 时冲刷坑形态

（d）10min 时冲刷坑形态

（e）20min 时冲刷坑形态

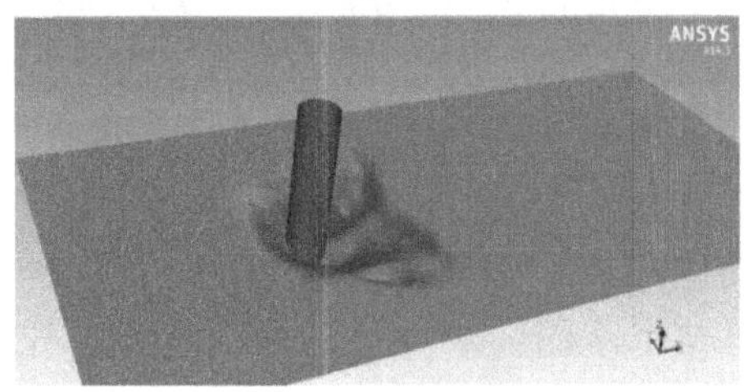

（f）30min 时冲刷坑形态

图 3-24　不同时刻的局部冲刷坑形态

事实上，由于本次计算选用了标准 k-ε 模型，对于流场的变化主要基于一定时间空间内的平均化结果，因此可能会引起计算结果在某些局部区域的偏差，如在主要冲刷坑外同时也出现了独立的小幅度冲刷坑（图 3-25）。

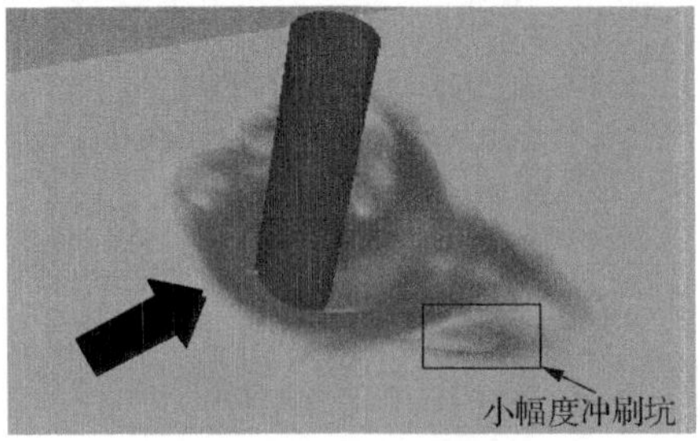

图 3-25　模型计算冲刷坑形态

尽管冲刷坑的形态与试验结果存在局部差异，但数值模拟的地形等值线的轮廓、墩后沙脊的形成以及冲刷坑发展的过程等均与试验结果一致，模型的准确性得以验证。Melville 的试验结果揭示了冲刷达到最终平衡所需的时间为 220min，此时平衡冲刷的最大深度为 6cm。然而，实际上，试验在进行 30min 时冲刷深度已经达到了 4cm，相当于最大深度的 2/3。考虑到计算机硬件条件的限制以及计算时间，本研究仅模拟了冲刷状态的前 30min，并将仿真计算得到的冲刷深度与试验结果进行了比较。表 3-7 列出了本次数值模拟与相应时间点对应的最大冲刷深度，而图 3-26 展示了本次仿真计算中冲刷坑最大深度随时间的变化趋势。从图 3-26 中可以观察到，在冲刷的初期阶段，冲刷速度非常迅猛，随时间的推移最大冲刷深度急剧增加。这是因为在冲刷的早期，河床面上的最大切应力明显高于临界起动切应力，导致冲刷迅猛发展。然而，在后期，底部边界下切，流场的运动空间增大，导致流动逐渐减弱，水流挟沙能力降低，从而冲刷的速度减缓。从图中曲线的斜率可以看出，如果继续进行计算，该曲线将逐渐趋近于某个稳定数值，即平衡冲刷深度，这与 Melville 试验所描述的现象一致。另外，仿真计算在 30min 时得到的最大冲刷深度为 4.704cm，仅略大于试验结果（4cm），表明具有相当高的计算精度。

表 3-7　数值模拟前 30min 的最大冲刷深度随时间变化的数据表

冲刷时间/min	0.5	1	1.5	2	2.5	3	4
最大冲刷深度/cm	2.053	2.741	2.997	3.223	3.368	3.525	3.652
冲刷时间/min	5	6	8	10	12	14	16
最大冲刷深度/cm	3.903	4.012	4.187	4.314	4.402	4.464	4.516
冲刷时间/min	18	20	22	24	26	28	30
最大冲刷深度/cm	4.562	4.620	4.644	4.658	4.670	4.687	4.704

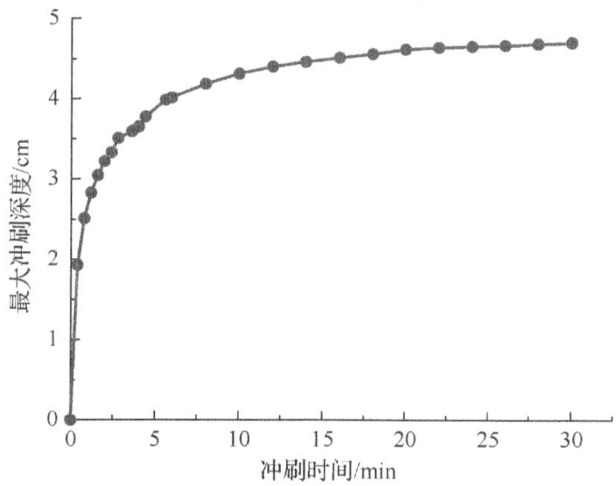

图 3-26　最大冲刷深度随时间变化的曲线

本次计算模拟得到的冲刷坑深度与试验结果之间存在非常小的误差。此外，冲刷坑深度随时间的演变趋势与 Melville 的试验描述非常一致，这进一步加强了对模型的合理验证。图 3-27 展示了在进行 30min 仿真计算后，桥墩中心对称面冲刷坑的剖面图。在这个时刻，桥墩前方冲刷坑的坡度（由图 3-27 中直线 *AB* 的倾角表示）为 31.9°，这个值非常接近 Melville 试验中观察到的坡度值 32°（即泥沙休止角）。实际上，由于本次仿真模型的计算并没有达到最终的冲刷平衡状态，因此坡度值略低于泥沙休止角是正常的。此外，仿真计算中桥墩后方的冲刷坑坡度仅为 24.9°（由图 3-27 中直线 *CD* 的倾角表示），这是因为在桥墩后方存在少量泥沙淤积，导致冲刷程度较弱，最终形成的冲刷坑坡度也相对较小。

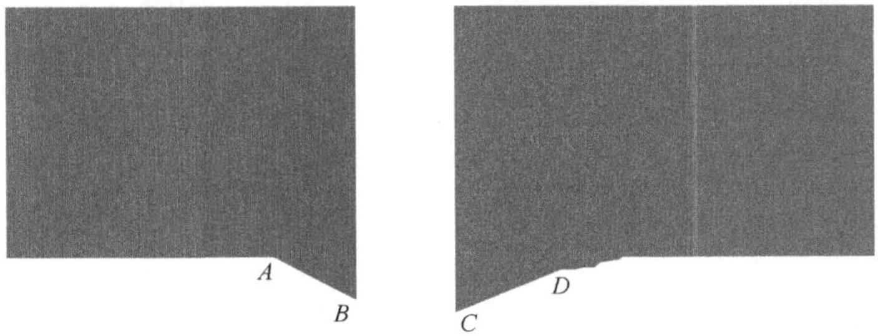

图 3-27　桥墩中心对称面冲刷坑剖面图

冲刷坑墩前坡度接近于泥沙休止角，一方面验证了 3.3.3 节中关于处理泥沙坍塌程序的正确性与可行性，同样也进一步说明了上述所提出的一系列精细化建模方案的准确性。

3.5.2　基于多相流的桥墩冲刷数值模型

基于 Melville 经典冲刷试验的参数，建立精细化的数值计算模型与单相流内容相同。进行湍流模型以及压力速度耦合算法的设置后，对动态网格更新程序进行编译加载后模拟计算。为了更好地验证基于欧拉两相流模型的桥墩冲刷数值模拟方法的准确性及优越性，将本节两相流的计算结果与单相流模型计算结果、Melville 试验结果在冲刷坑形状、流场周围形态以及冲刷坑深度等方面进行对比分析。

图 3-28（a）、（b）分别给出基于欧拉多相流和单相流模型计算 30min 后桥墩周边局部冲刷坑的地形等高线图，而图 3-28（c）为 Melville 试验 30min 后局部冲刷坑的地形等高线图。比较三者可以发现，两种数值计算结果的总体轮廓线形式均能够与试验得出的冲刷坑地形图较好吻合，其中包括桥墩后方沙脊的出现。但是无论是多相流模型还是单相流模型，在桥墩迎水面的冲刷坑形态均发展得不够充分，冲刷坑最大深度位置位于桥墩中心偏后的位置，与试验得到的最大深度位置位于墩前迎水面存在差异。该差异主要源于：①边界条件设置时，模型顶面采

用对称边界条件模拟自由水面；②推移质输沙模型基于半经验半理论公式，与实际泥沙运动可能存在差异[11]。

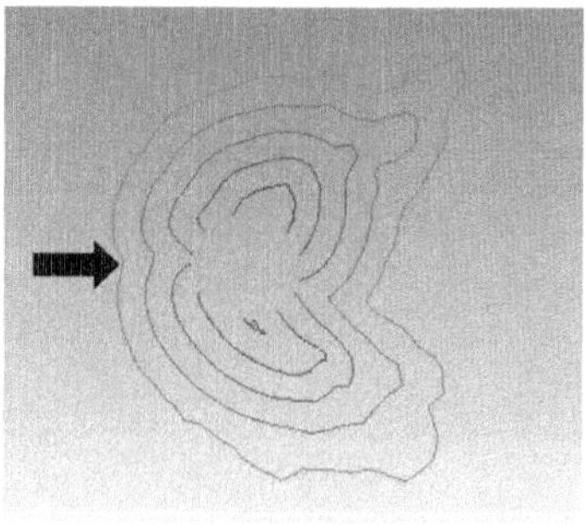

（a）多相流计算结果

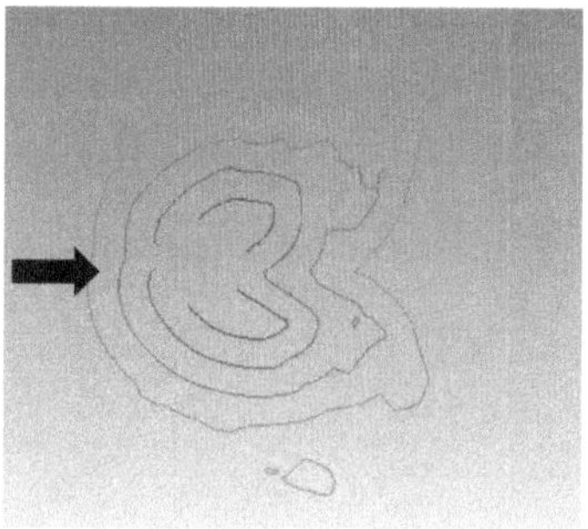

（b）单相流计算结果

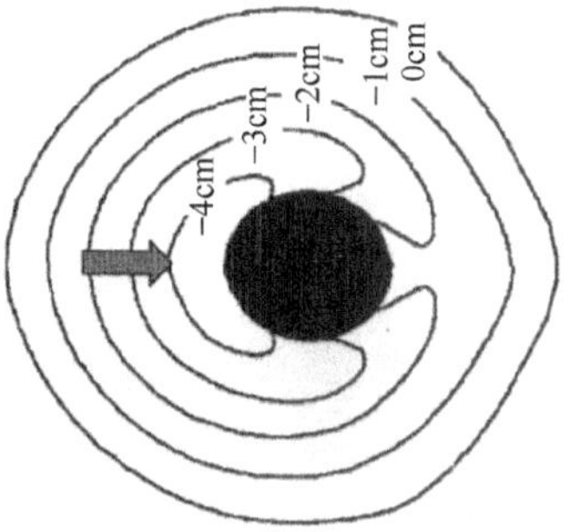

（c）Melville试验结果

图 3-28　冲刷坑地形等高线图比较

然而在冲刷形态局部细节的计算上，欧拉多相流模型明显优于单相流模型。例如，单相流模型在桥墩周边冲刷坑外出现小幅度的局部区域独立冲刷坑［图 3-29（a）］；而多相流模型却没有出现这一现象［图 3-29（b）］，与试验结果完全相符。另外，比较图 3-29（a）、（b）可以看出，在局部冲刷坑内，多相流计算结果中地形过渡显得更加平顺，并没有出现单相流模型中过多的凹凸不平现象，更加接近试验结果。

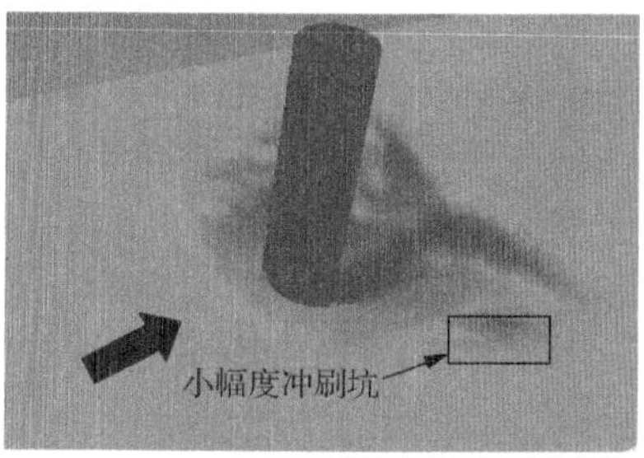

（a）单相流模型冲刷坑形态

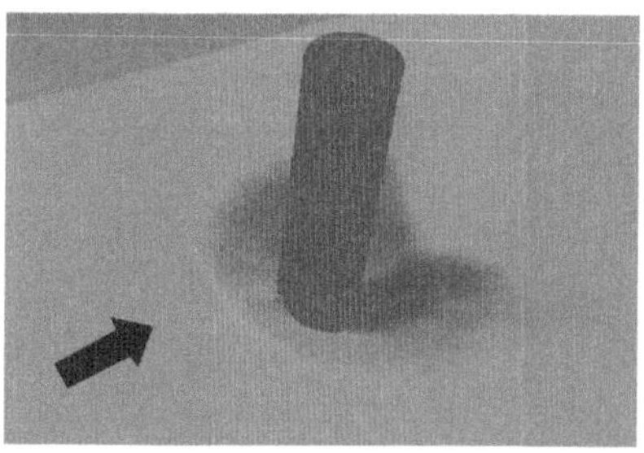

（b）多相流模型冲刷坑形态

图 3-29　冲刷坑形态比较

显然，从冲刷坑形态的角度来看，与传统单相流相比，基于多相流理论的冲刷数值模型准确性更好，计算精度更高，计算结果与实际更为贴切。图 3-30 分别为 0.5min、2min、6min、10min、20min、30min 的冲刷坑图，由此也能看出冲刷坑随时间发展的过程。

（a）0.5min 时冲刷坑形态

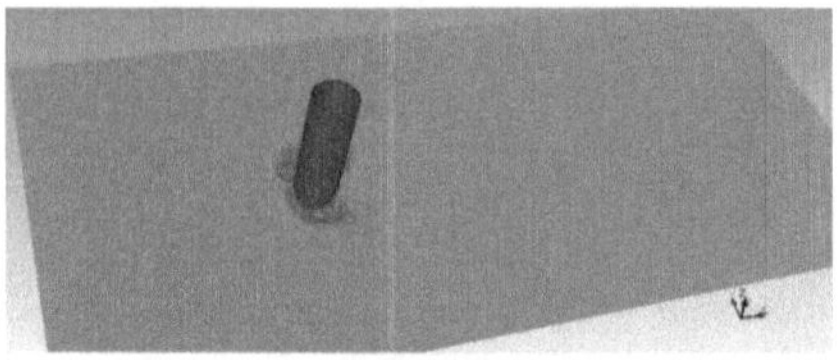

（b）2min 时冲刷坑形态

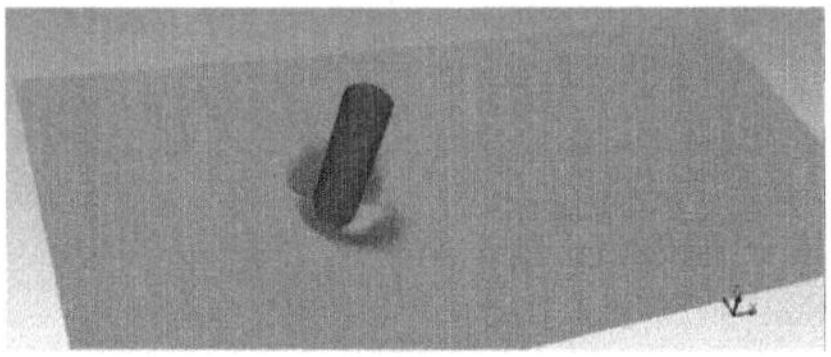

（c）6min 时冲刷坑形态

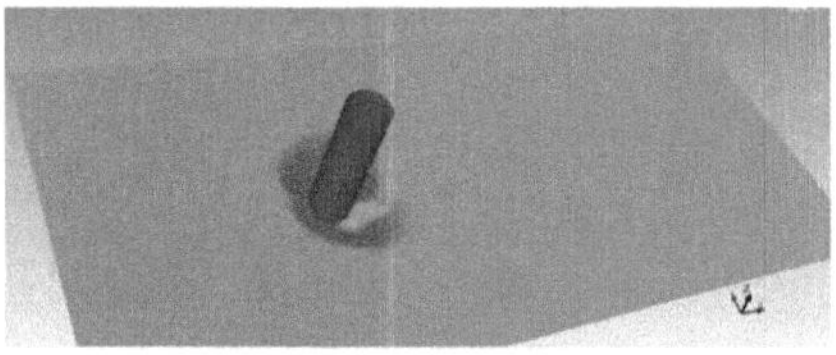

（d）10min 时冲刷坑形态

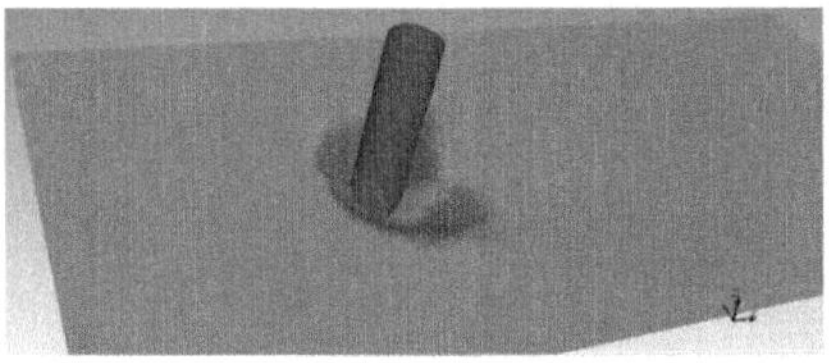

（e）20min 时冲刷坑形态

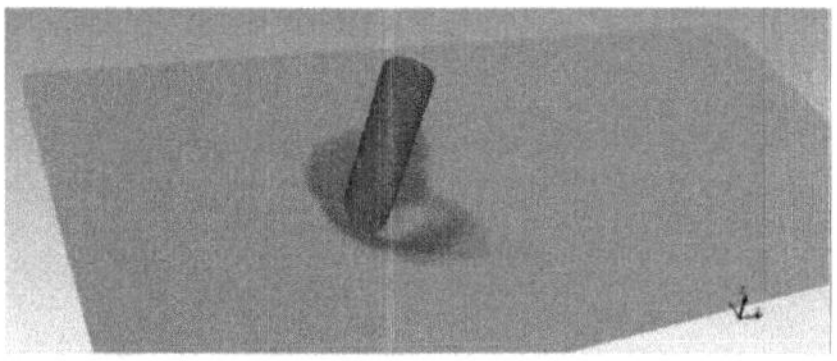

（f）30min 时冲刷坑形态

图 3-30　不同时刻的局部冲刷坑形态

图 3-31（a）、（b）分别为多相流模型和单相流模型 30min 时刻桥墩中心 y 方向平面的速度等值线分布图，图 3-31（c）为 Melville 试验以平均速度 0.25m/s 归一化处理后的速度等值线分布图。从图 3-31（c）中可以看到，由于水流遇到桥墩阻挡而转向河床面运动，强劲的下潜水流与桥墩附近的流场冲突，在河床面底部形成少量反向水流，从而在冲刷坑内形成漩涡。

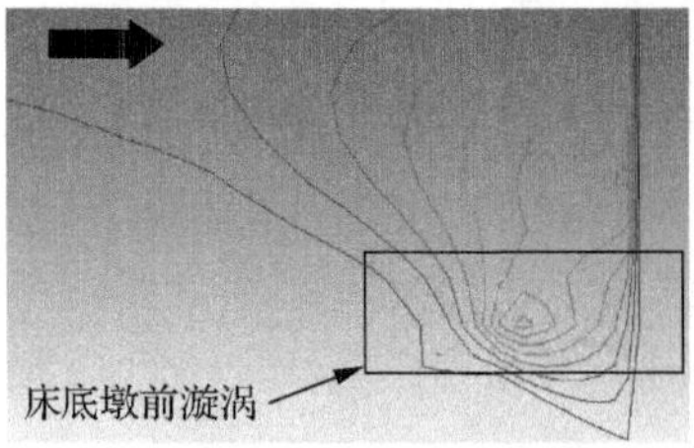

（a）多相流模型速度等值线分布图

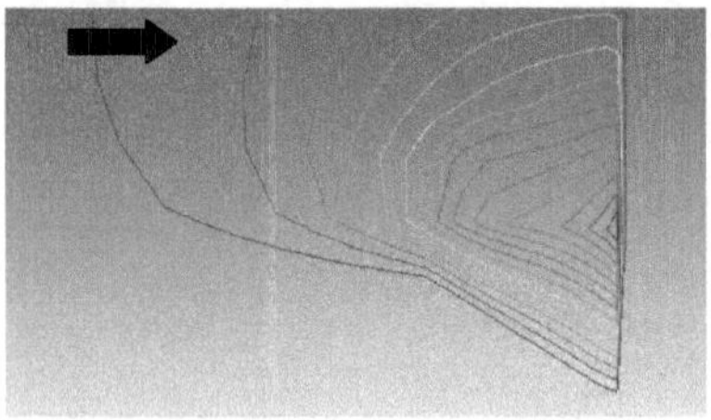

（b）单相流模型速度等值线分布图

图 3-31　墩前迎水面流场速度等值线分布比较

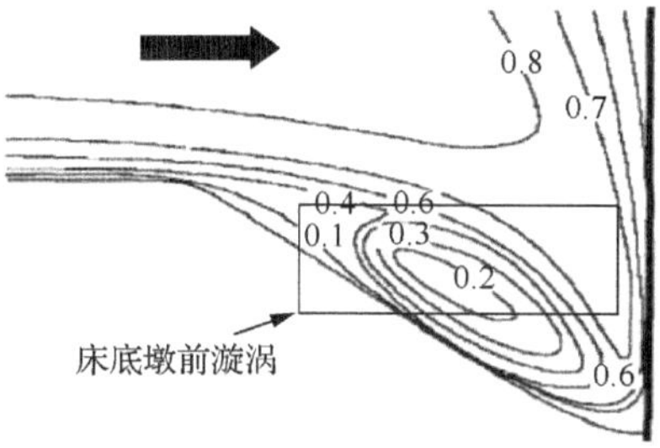

（c）Melville试验速度等值线分布图（单位：m/s）

图 3-31（续）

经过比较可以发现，试验中出现的这一墩前迎水面床底漩涡能够较好地被多相流模型数值模拟实现［图 3-31（a）中框内］，其形式与 Melville 试验结果完全一致［图 3-31（c）中框内］，并且水流速度等值线的分布和形式也与试验结果极为相近；而单相流计算结果中冲刷坑内并未出现漩涡，与试验结果差别明显。

欧拉多相流模型由于在计算中涉及各主相、次相动量方程的单独求解，其运算量远大于单相流模型。因此本次计算考虑到计算机硬件及计算时间，对于欧拉多相流模型和单相流模型同样仅模拟前 30min 的冲刷情况，并将此时间段内 CFD 计算冲刷深度与试验结果进行比较。

表 3-8 是根据本次欧拉两相流模型冲刷数值模拟与相应时间点对应的最大冲刷深度。图 3-32 给出了基于多相流模型与单相流模型的计算冲刷坑最大深度随时间发展的变化趋势。从图 3-32 中两条曲线可以看出，无论采用哪种模型，在冲刷发展初期，冲刷速度很快，最大冲刷深度随时间的推移急剧增大；而后期冲刷变缓，并且图中曲线将分别趋近于某一稳定数值，即平衡冲刷深度。显然，整个冲刷过程的数值模拟与 Melville 试验所描述现象完全相符。

表 3-8　欧拉两相流模型冲刷数值模拟前 30min 的最大冲刷深度随时间变化的数据表

冲刷时间/min	0.5	1	1.5	2	2.5	3	4
最大冲刷深度/cm	1.036	1.605	1.891	2.163	2.592	2.763	2.965
冲刷时间/min	5	6	8	10	12	14	16
最大冲刷深度/cm	3.159	3.298	3.485	3.648	3.717	3.769	3.801
冲刷时间/min	18	20	22	24	26	28	30
最大冲刷深度/cm	3.831	3.863	3.896	3.921	3.958	3.983	4.020

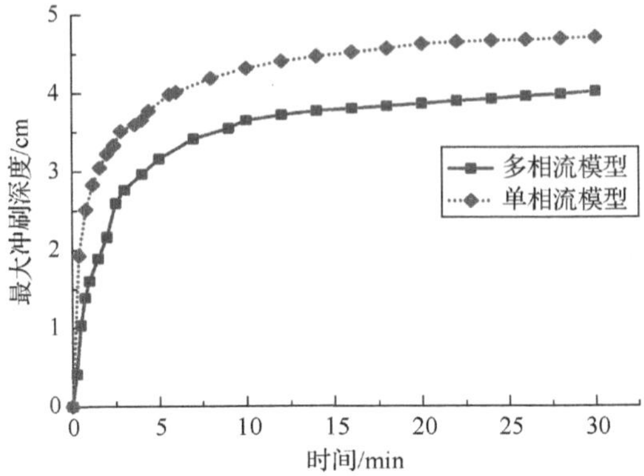

图 3-32　最大冲刷深度随时间变化的曲线

但是需要说明的是，采用欧拉多相流模型计算 30min 时刻得到的最大冲刷深度为 4.02cm，与 Melville 试验结果 4.0cm 已相差无几；而单相流模型 30min 时刻得到的最大冲刷深度为 4.704cm。采用多相流模型计算得到的冲刷深度与采用单相流模型计算得到的冲刷深度相比，减小的原因在于：流固两相流中考虑了水流与泥沙之间的相互作用，即泥沙以推移质形式在床面表面跃移运动需要从水流中获得能量；而泥沙颗粒跃移后撞击床面除了将一部分能量传递给静止沙粒，另外将损失一部分能量转化为热能，这将造成水流、泥沙系统总能量的降低。因此在对 Ansys Fluent 进行二次开发时，获得的混合体系底部切应力将减小，最后计算得到的局部冲刷深度也将变小，更接近于试验结果。显然，多相流模型可以更好地模拟实际流场中水流与泥沙的相互作用，具有更高的计算精度。

3.5.3　动床冲刷三维数值模拟分析

动床冲刷过程与清水冲刷过程的根本区别在于桥墩周围被绕流漩涡带走而形成的冲刷坑内有没有上游来沙的补给。由于在冲刷过程中，局部冲刷坑内泥沙的损失和补给是同时发生的，直到达到平衡状态，因此很难直观地从计算结果中反映冲刷坑内泥沙补给的现象。但是上游来沙在局部冲刷坑内沉积的原因在于随着局部冲刷坑的不断下切，流场空间逐渐增大，水流强度和水流流速均下降，导致水流挟沙能力减弱，悬移质逐渐沉降。因此，可以得出结论，在桥墩周围水流流动强度和速度较低的区域，将出现悬移质的堆积。

图 3-33 是本次动床冲刷计算 90s 时刻桥墩中心垂直 y 轴方向的剖面图，图 3-34 为 90s 时刻桥墩局部冲刷形态。从图 3-34 中可以明显看出，桥墩前后分别出现了高于床面高程的凸起区域。桥墩前方悬移质堆积是由于水流遇到桥墩阻挡而转向河床面运动，强劲的下潜水流与桥墩附近的流场冲突，在河床面底部形成少量反向水流，从而在冲刷坑内形成漩涡（图 3-35），该漩涡将少量坑内泥沙带至

冲刷坑外侧上游处，从而形成了图 3-34 中桥墩前方泥沙的堆积。桥墩后方泥沙的堆积是由于桥墩的阻挡作用，桥墩后方水流的流速减小，水流挟沙能力降低，悬移质和少量推移质在桥墩后方沉积[12]。

图 3-33　动床冲刷计算 90s 时刻桥墩中心垂直 y 轴方向剖面图

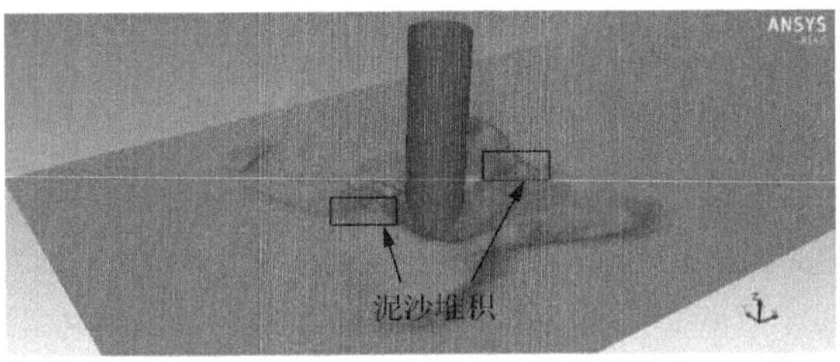

图 3-34　90s 时刻桥墩局部冲刷形态

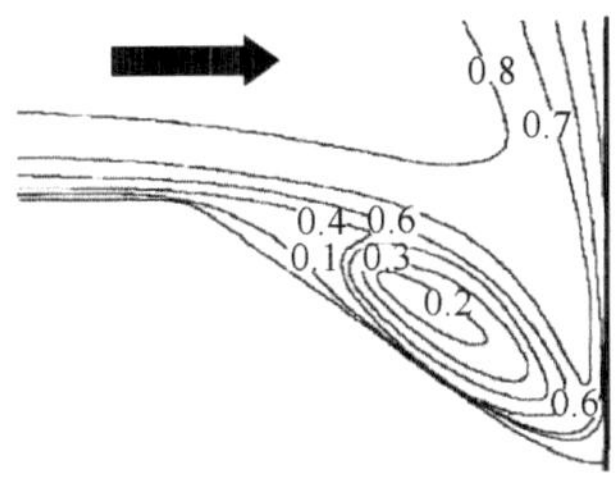

图 3-35　墩前水流形态（单位：m/s）

根据以上现象，可以说明，在局部冲刷坑内，由于水流流速的降低，悬移质也将存在少量沉积（补给），直至达到平衡状态时，动床冲刷停止。这种悬移质泥沙沉积的现象一方面说明了本章对悬移质考虑方案的正确性，另一方面也说明了本章建模思路和方法的精确性。

3.6　本 章 小 结

1）建立了基于单相流模型、多相流模型以及动床冲刷模型的桥墩基础局部冲刷仿真模型，并基于动态网格方法进行深入的分析。

2）具体介绍了 CFD 理论基础，泥沙运动理论的 C 语言编程方法及 UDF 函数和动态网格更新方法。

3）对 CFD 计算软件 Ansys Fluent 进行泥沙模块的二次开发，通过引入动边界网格的更新策略和网格划分、加密方案，给出了基于 Melville 试验参数的精细化建模方法并给予验证。

参 考 文 献

[1] Melville B W. Local scour at bridge sites[D]. Auckland, New Zealand :University Of Auckland, 1975.

[2] 熊文，汪吉豪，叶见曙．结构形式对桥墩局部冲刷三维性态发展的影响[J]．东南大学学报（自然科学版），2014，44（1）：155-161．

[3] 熊文，姚浩，Cai C S，等．冲刷环境对桥墩冲刷空间形态影响的仿真分析[J]．哈尔滨工业大学学报，2016，48（3）：108-114．

[4] 陈小莉．局部绕流冲刷机理及数值模拟研究[D]．北京：清华大学，2008．

[5] 赵凯．桥墩局部冲刷模拟试验研究[D]．南京：南京水利科学研究院，2009．

[6] Wang Z B, Zhang Y C, Xu C M. Effect of drag model and restitution coefficient on gas-solids flow field in quick-contact cyclone reactors[J]. CIESC Journal, 2014, 65: 2034-2041.

[7] 武生智，任春勇．基于欧拉双流体模型的风沙运动模拟[J]．兰州大学学报（自然科学版），2012，48（1）：104-107．

[8] Debnath K, Chaudhuri S. Effect of suspended sediment concentration on local scour around cylinder for clay-sand mixed sediment beds[J]. Engineering Geology, 2011, 117(3-4): 236-245.

[9] 熊文，姚浩，Cai C S，等．考虑悬移质效应的桥墩动床冲刷精细化分析方法[J]．湖南大学学报（自然科学版），2016，43（5）：52-60．

[10] Xiong W, Cai C S, Kong B, et al. CFD Simulations and analyses for bridge-scour development using a dynamic-mesh updating technique[J]. Journal of Computing in Civil Engineering, 2016, 30(1): 04014121.

[11] Xiong W, Tang P ,Kong B, et al.Reliable bridge scour simulation using eulerian two-phase flow theory[J]. Journal of Computing in Civil Engineering, 2016, 30(5): 04016009.

[12] Xiong W, Tang P, Kong B, et al. Computational simulation of live-bed bridge scour considering suspended sediment loads[J]. Journal of Computing in Civil Engineering, 2017, 31(5): 04017040.

第 4 章　基于体积分数法的流场演变数值模型构建方法

基于流体体积分数（volume of fluid，VOF）法构建流场演变数值模型的基本思路是在 N-S 方程中引入体积分数 F，这能够准确地标识自由表面所在的单元并跟踪流体表面的位置。在流场求解过程中，采用自由表面的边界条件，从而实现对自由表面的精确模拟。Flow-3D 作为一个基于 VOF 方法进行流体计算的软件，采用有限差分法求解 N-S 方程，其独特的分数面积/体积障碍物（fractional area/volume obstacle representation，FAVOR）网格处理技术允许用户在结构化网格内部定义独立复杂的几何体，这使得可以用简单的矩形网格来表示任意复杂的几何形状。此外，由于 VOF 方法可以通过各个网格单元内的流相体积分数来模拟自由表面，因此它允许进行流体和固体的耦合计算，能够直观反映周围环境中的冲刷发展情况。以下将使用 Flow-3D 来详细介绍基于 VOF 方法的流场演变数值模型构建方法。

4.1　VOF 法基本原理

VOF 方法的基本原理涉及对网格单元内的流体体积以及与网格的体积比函数 F 进行分析，以准确确定自由面的位置，并跟踪流体状态的演化。该方法的核心概念在于利用 F 来描述在每个网格单元中不同流相的分布，从而实现对自由面和界面的精确建模。该方法能够有效处理自由面重构等高度非线性现象，而且计算所需的时间较短，占用的存储资源也相对较少。具体来说，当网格单元完全由特定相流体充填时，$F=1$；而当单元没有包含指定相流体时，$F=0$；当网格单元为交界面单元时，F 介于 0 和 1 之间，这时网格内混合了多种相。假定流场中任意点 (x,y)，定义函数 $F(x,y,t)$ 如下：

$$F(x,y,t)=\begin{cases}1 & \text{在}(x,y)\text{点有该相流体质点}\\0 & \text{在}(x,y)\text{点无该相流体质点}\end{cases} \tag{4-1}$$

$U=(u,v)$ 为坐标系 $X=(x,y)$ 下的流体速度，守恒形式的传输方程表示为

$$\frac{\partial F}{\partial t}+\frac{\partial uF}{\partial x}+\frac{\partial vF}{\partial y}=0 \tag{4-2}$$

采用图 4-1 所示的正交网格，阴影表示液体部分，时间采用一阶差分格式，方程（4-2）差分形式为

$$\frac{F_{i,j}^{n+1}-F_{i,j}^{n}}{\Delta t}+\frac{\delta F_{i+1/2,j}-\delta F_{i-1/2,j}}{\Delta x_i}+\frac{\delta F_{i,j+1/2}-\delta F_{i,j-1/2}}{\Delta y_i}=0 \tag{4-3}$$

其中，$\delta F_{i\pm1/2,j}$ 和 $\delta F_{i,j\pm1/2}$ 为通过网格单元边界的流通量（图 4-1 中箭头方向表示流通量方向），其积分形式为

$$\begin{cases}\delta F_{i\pm1/2,j}=\dfrac{1}{\Delta t\Delta y_j}\int \mathrm{d}t\int (uf)_{i\pm1/2,j}\,\mathrm{d}y\\ \delta F_{i,j\pm1/2}=\dfrac{1}{\Delta t\Delta x_i}\int \mathrm{d}t\int (vf)_{i,j\pm1/2}\,\mathrm{d}x\end{cases} \tag{4-4}$$

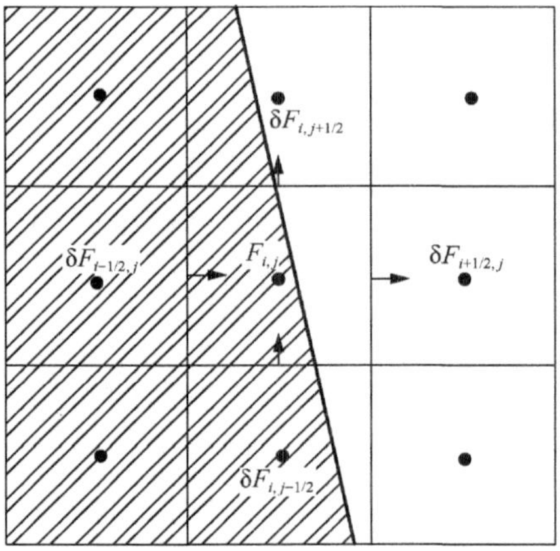

图 4-1　网格单元上的变量表示

4.2　流 场 模 型

计算流体力学的根本在于求解 N-S 方程，根据 N-S 方程中对湍流处理尺度的不同，可将数值模拟分为三类：直接数值模拟、雷诺平均模拟和大涡模拟。直接数值模拟是一种用于获取湍流场的详细信息的方法，但由于其高计算需求，尤其是对于高雷诺数流动，因此应用受到了一定的限制。雷诺平均模拟虽然可以处理高雷诺数的复杂流动，但它提供的是平均结果，缺乏对湍流细节的揭示。大涡模拟通过直接模拟大尺度的湍流涡旋，同时使用模型来描述小尺度湍流的影响，从而既能够获得有关大尺度湍流结构和动态特性的信息，又能够在计算资源利用方面更为高效。这使得大涡模拟在湍流研究领域得到广泛应用和发展。

4.2.1　直接数值模拟

湍流直接数值模拟是一种计算流体力学的高级方法，它不依赖于湍流模型，而是通过直接求解三维非定常的 N-S 方程组来模拟湍流现象。这意味着 DNS 能够精确地描述湍流中所有时刻的瞬时速度、压力以及其他相关运动量的演变，包括湍流的脉动特性。

1. 控制方程

用非稳态的 N-S 方程对湍流进行直接计算，控制方程形式如下：

$$\frac{\partial u_i}{\partial t}+\frac{\partial u_i u_j}{\partial x_j}=-\frac{1}{\rho}\frac{\partial p}{\partial x_i}+\frac{\partial \tau_{ij}}{\partial x_j}+F_i \tag{4-5}$$

$$\frac{\partial u_i}{\partial x_i}=0 \tag{4-6}$$

2. 主要数值方法

（1）谱方法或伪谱方法

谱方法或伪谱方法是当前广泛用于直接数值模拟的一种方法。简而言之，它涉及将所有未知函数在空间上使用一组特定的基函数进行展开。具体形式如下：

$$V(x,t)=\sum_m\sum_n\sum_p a_{mnp}(t)\psi_m(x_1)\varphi_n(x_2)\chi_p(x_3) \tag{4-7}$$

式中：ψ_m、φ_n 和 χ_p 是已知的正交完备的特征函数。在具有周期性或统计均匀性的空间方向，一般都采用傅里叶（Fourier）级数展开，这是精度与效率最高的特征函数。在其他情形中，较多选用切比雪夫（Chebyshev）多项式展开，它实质上是在非均匀网格上的 Fourier 展开。将上述展开式代入 N-S 方程组，就得到一组 $a_{mnp}(t)$ 所满足的常微分方程组，对时间的微分可用通常的有限差分法求解。

在计算非线性项［如 $\vec{V}\times\vec{\omega}$ ，$\vec{V}$ 表示速度矢量场，用于描述流体的速度分布，通常表示为 $\vec{V}=(u,v,w)$ ；$\vec{\omega}$ 表示涡度矢量场，是速度场的旋度，$\vec{\omega}=\vec{\nabla}\times\vec{V}$ ，它表示流体的局部旋转性质。$\vec{V}\times\vec{\omega}$ 描述了速度场如何沿涡度方向拉伸或压缩］的 Fourier 系数时，通常采用伪谱方法替代谱方法直接进行卷积计算。伪谱方法本质上是谱方法与配置法的结合。具体操作包括将这些项首先转换回物理空间，然后在离散的物理空间配置点上计算这些项的乘积，最后再将结果通过离散 Fourier 变换到谱空间。由于存在快速傅里叶变换（fast Fourier transform，FFT）算法，伪谱方法在计算速度上明显优于直接计算两个 Fourier 级数的卷积。然而，这种方法可能引入混淆误差，即在卷积计算过程中，高波数分量可能会误入截断范围之外，导致数值误差。尽管这可能在某些情况下会导致计算不准确甚至不稳定，但在大多数情况下，这个问题不会太严重。此外，有一些标准方法可用于减少混淆误差，但可能会增加计算的复杂性和工作量。

（2）高阶有限差分法

高阶有限差分法的核心在于通过离散点上函数值 f_j 的线性组合来逼近离散点上的导数值。设 F_j 为函数 $(\partial f / \partial x)_j$ 的差分逼近式，则

$$F_j = \sum \alpha_j f_j \tag{4-8}$$

式中：系数 α_j 由差分逼近式的精度确定，将导数的逼近式代入控制流动的 N-S 方程，就得到流动数值模拟的差分方程。差分离散方程必须满足相容性和稳定性要求。

3. 优点

1）无须湍流模型：这种方法完全基于 N-S 方程组，无须使用湍流模型，因此不包含人为的假设或经验常数。

2）无封闭性问题：由于直接模拟 N-S 方程组，因此不存在封闭性问题，原则上可以应对各种湍流情况。

3）可以提供详细信息：它能够提供每个瞬时时刻三维流场内任何物理量（如速度和压力）的时间和空间演化，包括一些目前难以通过试验测量的参数。

4）具有完整湍流结构：通过使用大量的计算网格和高精度流体力学方法，该方法能够完全模拟湍流流场中从最大尺度到最小尺度的流动结构，捕捉湍流的各种涡旋结构的时间演变，同时结合计算机图形显示，使湍流结构能够清晰而生动地展示。

4. 缺点

直接数值模拟的主要不足在于它对庞大计算资源的需求，包括大内存容量和长时间的计算机运行时间。根据相关研究，即使在模拟雷诺数只有 3300 的槽流时，所需的网格点数量 N 就达到了大约 2×10^6，并需要在矢量计算机上运行 250h 才能完成计算。

4.2.2 雷诺平均模拟

雷诺平均模拟采用湍流统计理论，通过对时间进行平均来解决非定常的 N-S 方程，以获得在工程应用中所需的时间平均结果。湍流模型理论是基于湍流理论知识、试验数据或直接数值模拟结果建立各种假设，包括关于雷诺应力的假设，即采用经验或半经验的本构关系，实现湍流雷诺方程的封闭。

1. 控制方程

对非稳态的 N-S 方程作时间演算，并采用布西内斯克假设，得到雷诺方程：

$$\frac{\partial \overline{u}_i}{\partial t}+\overline{u}_j\frac{\partial \overline{u}_i}{\partial x_j}=\overline{f}_i-\frac{\partial \overline{p}}{\partial x_j}+\nu\frac{\partial^2 \overline{u}_i}{\partial x_j \partial x_j}-\frac{\partial \overline{u_i' u_j'}}{\partial x_j} \tag{4-9}$$

$$\frac{\partial \overline{u}_i}{\partial x_i}=0 \tag{4-10}$$

式中：$\overline{u}_i$ 为平均速度的第 i 分量；$\overline{u}_j$ 为平均速度的第 j 分量；$\overline{f}_i$ 为外力在第 i 个方向的分量；$\overline{p}$ 为平均压力；ν 为分子黏性系数；$\overline{u_i' u_j'}$ 为涡流在各方向流速。

RANS 方法通常专注于计算大尺度的平均流动，而湍流中所有的脉动效应都以雷诺应力（τ_{ij}）的形式体现在平均流动中。由于雷诺应力对控制方程的影响，方程出现不完全封闭的情况，因此必须引入模型来解决这一问题，以使方程组能够完全封闭。

2. 主要方法

工程计算中常用的湍流模型可以根据其处理湍流模式的方法分为两大类。第一类模型引入了二阶脉动项的控制方程，形成了二阶矩封闭模型，也称为雷诺应力模型。第二类模型基于布西内斯克的涡黏性假设，构建了涡黏性封闭模型，包括零方程模型、一方程模型和二方程模型等。这些模型用于描述湍流行为，每种类型的模型都有其适用的情境和局限性。

（1）雷诺应力模型

雷诺应力模型从雷诺应力满足的方程出发，直接建立以 u_i'、u_j' 为因变量的偏微分方程，将方程右端未知的项（生成项、扩散项、耗散项等）用平均流动的物理量和湍流的特征尺度表示出来，并通过模化封闭。封闭目标是雷诺应力输运方程：

$$\frac{\partial \overline{u_i' u_j'}}{\partial t}+\overline{u}_k\frac{\partial \overline{u_i' u_j'}}{\partial x_k}=-\overline{u_i' u_k'}\frac{\partial \overline{u_j'}}{\partial x_k}-\overline{u_j' u_k'}\frac{\partial \overline{u_i'}}{\partial x_k}+\phi_{ij}+D_{ij}-\varepsilon_{ij} \tag{4-11}$$

式中：$\overline{u}_k$ 为平均速度；x_k 表示空间坐标分量，索引 k 用来指代坐标的方向；ϕ_{ij} 是雷诺应力再分配项；D_{ij} 是雷诺应力扩散项；ε_{ij} 是雷诺应力耗散项。

平均流动中的经典变量包括平均速度和平均温度的空间导数。这种模式理论因为保留了满足雷诺应力的方程，可以有效地反映雷诺应力在空间和时间上的变化规律，从而更准确地表达湍流运动规律。因此，二阶矩模式是一种较高级的模式，但由于其保留了雷诺应力方程，整个方程组包含 15 个方程，因此是一个庞大的方程组。使用这种庞大的方程组解决实际工程问题需要大量计算资源，严重限制了二阶矩模式在工程中的应用。

（2）涡黏性模型

工程湍流问题中常使用的另一种模型是涡黏性模型，该模型的构想受到布西内斯克提出的分子黏性模型的启发。该模型在工程应用中被广泛采用，用于描述湍流的特性和湍流流动。设雷诺应力为

$$\overline{u_i u_j} = -\nu_{\mathrm{T}}\left(U_{i,j} + U_{j,i} + \frac{2}{3}U_{k,k}\delta_{ij}\right) + \frac{2}{3}k\delta_{ij} \tag{4-12}$$

式中：U_i、U_j、U_k 表示雷诺平均后的流体速度分量，是时间平均值，通常定义在笛卡儿坐标系中，U_i 表示第 i 个方向（通常是 x、y、z 轴方向）的平均速度，U_j 表示第 j 个方向的平均速度（用于张量表示，和 i 配合进行张量操作），U_k 表示第 k 个方向的平均速度（具体视公式的结构而定，通常在更高阶描述中出现），$U_{i,j}$ 表示 U_i 在方向 j 上的偏导，$U_{j,i}$ 表示 U_j 在方向 i 上的偏导，$U_{k,k}$ 表示 U_k 在方向 k 上的偏导；δ_{ij} 是克罗内克 δ 符号；$k = \frac{1}{2}\frac{1}{u_i u_j}$ 为湍动能；ν_{T} 为涡黏性系数。这是最早提出的基准涡黏性模型，即假设雷诺应力与平均速度应变率呈线性关系，当平均速度应变率确定后，六个雷诺应力只需要通过确定一个涡黏性系数 ν_{T} 就可完全确定，且涡黏性系数各向同性，可以通过附加的湍流量来模化，如湍动能 k、耗散率 ε、比耗散率 ω 以及其他湍流量（如 $\tau = k/\varepsilon$、$l = k^{3/2}/\varepsilon$、$q = \sqrt{k}$）。根据引入的湍流变量的不同，可以得到不同的涡黏性模型，如常见的 k-ε 模型、k-ω 模型，以及后来不断发展的 k-τ 模型、q-ω 模型、k-l 模型等，每个模型都有相应的涡黏性系数来描述，分别表述如下：

$$\nu_{\mathrm{T}} = C_\mu k^2/\varepsilon,\ \nu_{\mathrm{T}} = C_\mu \frac{k}{\omega},\ \nu_{\mathrm{T}} = C_\mu k\tau,\ \nu_{\mathrm{T}} = C_\mu \frac{q^2}{\omega},\ \nu_{\mathrm{T}} = C_\mu \sqrt{k}l \tag{4-13}$$

在圆柱绕流问题中最常采用的涡黏性模型有：标准 k-ε 模型、重正化群（renormalization group，RNG）k-ε 模型、标准 k-ω 模型、剪切应力输运（shear stress transport，SST）k-ω 模型等。具体来说，标准 k-ε 模型适用性最广泛且计算精度合理，但是该模型忽略了分子黏度的因素，假定流体流动是完全湍流状态，在低雷诺数情况下，数值模拟精度会降低；RNG k-ε 模型不考虑控制方程中的小尺度运动而使用湍流黏性项来代表，以获得大尺度运动方程，与标准 k-ε 模型相比，RNG k-ε 模型能更准确地对曲面流动进行模拟，提高了计算精度，针对低雷诺数和近壁面流动的问题，通过给定控制项来解决，应用更加广泛，同时对计算资源的要求也更高；标准 k-ω 模型主要针对低雷诺数、压缩性以及剪切流动进行修正，其优势在于可以准确模拟尾流、混合流或圆柱绕流等，应用非常广泛，对计算资源的需求低，其应用主要针对低雷诺数的模拟，否则对于计算精度的把控不够；SST k-ω 模型基本原理是在近壁面和较远区域分别采用标准 k-ω 模型和标准 k-ε 模型，其优势在于计算精度及效率高，应用较为广泛，但其对壁面网格划分要求高，难以较好地解决自由剪切流的相关问题。

3. 优点

针对不同的问题，雷诺平均模拟可采用与问题相匹配的雷诺应力模型，通过较小的计算量即可获得符合要求的计算结果。

4. 缺点

1）针对不同类型的运动，需要采用不同的雷诺应力模型，甚至对于相同类型的问题，根据不同的边界条件需要修改模型的参数。对流场形状和边界条件敏感，具有较低的通用性，计算结果在很大程度上依赖于经验。

2）由于不区分漩涡的大小和方向，对于漩涡的运动学和动力学问题考虑不足，难以描述流体流动的机理。

3）在非定常流动、大分离流动、逆压力梯度数值模拟等问题中，由于受湍流模型条件的限制，难以获得令人满意的计算结果。

4.2.3　大涡数值模拟

大涡数值模拟是一种与直接数值模拟和雷诺平均模拟截然不同的数值模拟方法。它利用亚网格尺度模型来模拟小尺度湍流结构对大尺度湍流运动的影响。具体而言，LES 方法直接模拟大尺度湍流结构，同时在小的空间区域内对 N-S 方程进行平均（或滤波），这样可以从流场中去除小尺度湍流结构，从而导出描述大涡的方程。这种方法使得在湍流模拟中更好地理解不同尺度湍流结构之间的相互作用。

1. 基本思想

湍流是流体力学中的复杂现象，通常涉及大量大小不同的漩涡和涡旋结构。这些漩涡导致流体的不规则混合运动，难以直接数值模拟每个细节。LES 是一种湍流模拟方法，旨在通过分离大尺度运动和小尺度运动来更有效地模拟湍流流场。大尺度运动通常指的是在湍流中相对较大且对流场的平均特性有明显影响的漩涡和涡旋结构。小尺度运动是相对较小的漩涡，它们通过非线性相互作用对大尺度运动产生影响，并在湍流中导致能量耗散。大尺度运动通常由数值求解流体动力学方程直接计算，而小尺度运动则需要使用模型来估计其影响。在 LES 中，大尺度运动的控制方程通常是 N-S 方程的一个滤波版本；而小尺度运动的封闭模型通常用来代表它们对大尺度运动的影响，通常表现为亚格子应力或亚格子雷诺应力，通过将小尺度脉动过滤掉，并建立模型来描述其影响。LES 使得湍流数值模拟变得可行，特别是在涉及高雷诺数的流动问题中。它允许研究湍流的统计特性和动力学行为，同时减少计算成本，因为不需要模拟所有小尺度细节。要实现大涡数值模拟，首先要把小尺度脉动过滤掉，然后再导出大尺度运动的控制方程和小尺度运动的封闭方程。

2. 过滤函数

在大涡数值模拟中，首要步骤是将流动变量分解为大尺度和小尺度成分，这一过程称为滤波。滤波操作涉及对流场的空间或时间细节进行一种特定条件下的加权平均，以去除高波数（小尺度）成分，仅保留低波数（大尺度）成分。滤波函数的特征尺度决定了能够截断的最大波长。通常，常用的滤波函数包括迪尔多夫（Deardorff）的盒式滤波函数、富氏截断滤波函数和高斯（Gauss）滤波函数。

不可压常黏性系数的湍流运动控制方程为

$$\frac{\partial \boldsymbol{u}_i}{\partial t}+\frac{\partial \boldsymbol{u}_i\boldsymbol{u}_j}{\partial x_j}=-\frac{1}{\rho}\frac{\partial \boldsymbol{P}}{\partial x_i}+\frac{\partial(\gamma\cdot 2\boldsymbol{S}_{ij})}{\partial x_j} \tag{4-14}$$

式中：$\boldsymbol{u}$ 为流体真实速度，$\boldsymbol{u}_i$ 为流体速度的第 i 个分量，$\boldsymbol{u}_j$ 为流体速度的第 j 个分量，$\partial\boldsymbol{u}_i/\partial t$ 为瞬态项，用于描述流体速度随时间的变化率，$\partial\boldsymbol{u}_i\boldsymbol{u}_j/\partial x_j$ 为对流项，用于描述流体速度的空间传输效应；γ 为分子黏性系数；ρ 为流体密度；$\boldsymbol{P}$ 为流体压力；$\boldsymbol{S}_{ij}$ 为拉伸率张量，$\boldsymbol{S}_{ij}=\frac{1}{2}\left(\frac{\partial \boldsymbol{u}_i}{\partial x_j}+\frac{\partial \boldsymbol{u}_j}{\partial x_i}\right)$，$\partial\boldsymbol{u}_i/\partial x_j$ 为第 i 个速度分量对 j 方向坐标的空间变化率，$\partial\boldsymbol{u}_j/\partial x_i$ 为第 j 个速度分量对 i 方向坐标的空间变化率。将变量 $\boldsymbol{u}_i$ 分解为 $\bar{\boldsymbol{u}}_i$ 和次网格变量 $\boldsymbol{u}_i'$，即 $\boldsymbol{u}_i=\bar{\boldsymbol{u}}_i+\boldsymbol{u}_i'$，可以采用伦纳德（Leonard）提出的算式表示为

$$\bar{\boldsymbol{u}}_i(x)=\int_{-\infty}^{+\infty}G(x-x')\boldsymbol{u}_i(x')\mathrm{d}x' \tag{4-15}$$

式中：$G(x-x')$ 称为过滤函数，显然 $G(x)$ 满足：

$$\int_{-\infty}^{+\infty}G(x)\mathrm{d}x=1 \tag{4-16}$$

3. 控制方程

将过滤函数作用于 N-S 方程的各项，得到过滤后的湍流控制方程：

$$\frac{\partial \bar{\boldsymbol{u}}_i}{\partial t}+\frac{\partial\left(\overline{\boldsymbol{u}_i\boldsymbol{u}_j}\right)}{\partial x_j}=-\frac{1}{\rho}\frac{\partial \boldsymbol{P}}{\partial x_i}+\frac{\partial\left(\gamma\cdot 2\overline{\boldsymbol{S}_{ij}}\right)}{\partial x_j} \tag{4-17}$$

式中：$\overline{\boldsymbol{S}_{ij}}$ 为解析尺度平均应变率。

由于无法同时求解出变量 $\bar{\boldsymbol{u}}_i$ 和 $\overline{\boldsymbol{u}_i\boldsymbol{u}_j}$，所以将 $\overline{\boldsymbol{u}_i\boldsymbol{u}_j}$ 分解成 $\overline{\boldsymbol{u}_i\boldsymbol{u}_j}=\bar{\boldsymbol{u}}_i\cdot\bar{\boldsymbol{u}}_j+\boldsymbol{\tau}_{ij}$,$\boldsymbol{\tau}_{ij}$ 称为次网格剪切应力张量（亦称为亚格子应力）。

由此，动量方程又可写成

$$\frac{\partial \bar{\boldsymbol{u}}_i}{\partial t}+\frac{\partial\left(\bar{\boldsymbol{u}}_i\cdot\bar{\boldsymbol{u}}_j\right)}{\partial x_j}=-\frac{1}{\rho}\frac{\partial \boldsymbol{P}}{\partial x_i}+\frac{\partial\left(\gamma\cdot 2\overline{\boldsymbol{S}_{ij}}\right)}{\partial x_j}-\frac{\partial \boldsymbol{\tau}_{ij}}{\partial x_j} \tag{4-18}$$

式中：$\boldsymbol{\tau}_{ij}$ 表示小涡对大涡的影响。

4. 常用亚格子模型及其特点

在大涡数值模拟中，有多种亚格子模型可供选择，具体模型选择取决于具体的模拟问题和条件。这些模型包括标准的斯马戈林斯基（Smagorinsky）模型、动态涡黏性模型、动态混合模型、尺度相似模型、梯度模型以及选择函数模型等。其中，Smagorinsky 模型是被广泛应用的亚格子模型之一。

（1）亚格子涡黏和涡扩散模型

不可压缩流体的亚格子涡黏和涡扩散模型采用分子黏性和分子热扩散形式，即

$$\boldsymbol{\tau}_{ij} = 2\nu_t \overline{\boldsymbol{S}_{ij}} + \frac{1}{3}\delta_{ij}\boldsymbol{\tau}_{kk} \tag{4-19}$$

$$T_i = \kappa_t \frac{\partial \overline{\theta}}{\partial x_i} \tag{4-20}$$

式（4-19）和式（4-20）中，ν_t 和 κ_t 分别称为亚格子涡黏性系数和亚格子涡扩散系数；$\overline{\boldsymbol{S}_{ij}} = \frac{1}{2}\left(\frac{\partial \overline{\boldsymbol{u}}_i}{\partial x_j} + \frac{\partial \overline{\boldsymbol{u}}_j}{\partial x_i}\right)$ 是可接尺度的形率张量。式（4-19）中等号右侧第 2 项是为满足不可压缩的连续方程所增加的项，当 $\overline{\boldsymbol{S}_{ij}}$ 收缩时，$\overline{\boldsymbol{S}_{ij}} = \boldsymbol{0}$，等式两边可以相等。

将亚格子应力的涡黏模型公式代入 N-S 方程，变形得

$$\frac{\partial \overline{\boldsymbol{u}}_i}{\partial t} + \overline{\boldsymbol{u}}_j \frac{\partial \overline{\boldsymbol{u}}_i}{\partial x_i} = -\frac{\partial}{\partial x_i}\left(\frac{\overline{\boldsymbol{p}}}{\rho} + \frac{\boldsymbol{\tau}_{kk}}{3}\right) + \frac{\partial}{\partial x_i}\left[\left(\nu + \nu_t\right)\left(\frac{\partial \overline{\boldsymbol{u}}_i}{\partial x_j} + \frac{\partial \overline{\boldsymbol{u}}_j}{\partial x_i}\right)\right] \tag{4-21}$$

$$\frac{\partial \overline{\boldsymbol{u}}_i}{\partial x} = 0 \tag{4-22}$$

式中：$\boldsymbol{\tau}_{kk}$ 为亚格子应力张量的迹，即应力张量对角线上三个分量的总和，反映了张量的体积变化分量。

（2）Smagorinsky 模型

Smagorinsky 模型是由 Smagorinsky 于 1963 年提出来的，该模型是第一个广泛用于大涡数值模拟中的亚格子模型，亚格子应力的表达式如下：

$$\boldsymbol{\tau}_{ij} - \frac{1}{3}\delta_{ij}\boldsymbol{\tau}_{kk} = -2\nu_{\mathrm{T}}\overline{\boldsymbol{S}_{ij}} \tag{4-23}$$

式中：$\overline{\boldsymbol{S}_{ij}}$ 为经过滤波的大尺度变形率张量，$\overline{\boldsymbol{S}_{ij}} = \frac{1}{2}\left(\frac{\partial \overline{\boldsymbol{u}}_i}{\partial x_j} + \frac{\partial \overline{\boldsymbol{u}}_j}{\partial x_i}\right)$；$\nu_{\mathrm{T}}$ 为涡黏性系数，1963 年 Smagorinsky 定义了涡黏性系数：

$$\nu_{\mathrm{T}} = (C_{\mathrm{S}}\varDelta)^2 |\overline{\boldsymbol{S}}| \tag{4-24}$$

式中：$|\overline{\boldsymbol{S}}|$ 为变形率张量的大小，$|\overline{\boldsymbol{S}}| = \left(2\overline{\boldsymbol{S}_{ij}\boldsymbol{S}_{ij}}\right)^{1/2}$；$\varDelta$ 为过滤尺度；C_{S} 为无量纲参数，称为 Smagorinsky 系数。

（3）动态亚格子模型

1991 年，Germano 等[1]提出了一种动态亚格子模式的湍流模型，用于模拟流体力学中的湍流现象。与传统的 Smagorinsky 模型不同，动态亚格子模型旨在更准确地描述湍流，并克服了 Smagorinsky 模型的一些限制。该模型的核心思想是根据湍流场的实际情况来动态确定亚格子模型的系数。为了实现这一目标，模型首先对湍流场进行两次过滤操作。第一次过滤是细过滤，用于捕捉小尺度湍流结构；第二次过滤是粗过滤，用于捕捉大尺度湍流结构。紧接着，根据过滤后的湍流场数据，计算湍流应力张量，其中包括一个模型系数。与传统模型不同，这里的模型系数不是一个固定值，而是根据模拟过程中湍流场的演化动态确定的。具体而言，模型使用在网格尺度和检验滤波器尺度条件下计算得到的应力差来自适应地调整模型系数，使其成为空间和时间的函数。这一方法的优势在于，它允许模型根据实际湍流情况的变化来调整自身，从而更准确地捕捉湍流的特性，而不需要事先固定系数值。这使得动态亚格子模型比传统的 Smagorinsky 模型更为合理和适用。

（4）相似性模型

1980 年，Bardina 等[2]提出了尺度相似模型，用于解释湍流中动量输运的机制。这一模型的基本假设是，从大尺度脉动到小尺度脉动的动量输运主要是由大尺度脉动中的最小尺度脉动所驱动的。此外，模型还假定，经过滤波后的最小尺度脉动速度与被滤波掉的小尺度脉动速度具有相似性。通过采用这一模型，可以较好地预测靠近壁面的湍流特性，因为该模型在这些条件下表现良好。然而，在涉及复杂的室内空气流动，尤其是各向不均匀流动的情况下，尺度相似模式的准确性较差，难以提供精确的预测。这表明该模型在特定湍流场景下可能存在一些限制。

（5）混合模型

混合模型的特点是将尺度相似模型和 Smagorinsky 模型结合使用来确定亚格子应力。这种模型的优势在于它既考虑了与实际亚格子应力相关性的因素，又确保了足够的湍动能耗散的考虑。通过将这两个不同的模型结合在一起，混合模型旨在在湍流模拟中取得更好的平衡，以更准确地捕捉湍流现象的特性。

5. 优点

1）LES 是一种能够有效描述湍流流动中小尺度细节的方法，其计算成本远低于直接数值模拟，因此在科学研究和工程应用中更具潜力。

2）使用非均匀网格可以减少计算资源的消耗，同时仍能够保持足够的模拟精度，这对于节省计算资源至关重要。

3）LES 使用比湍流尺度更小的网格，以便模拟湍流的一些微观细节和发展过程。

4）相较于 RANS 方法，LES 能够模拟更多的湍流大尺度运动，而且其湍流亚网格应力模型对边界的几何形状和流动类型的影响较小，因此在不同流动情境下更具普适性。与之相反，RANS 方法使用 Reynolds 应力模型，其性能可能会受到具体流动情况的影响，因此相对不太通用。这使得 LES 在模拟多种湍流流动时更有优势。

6. 缺点

1）LES 的网格节点划分需要非常密集，这意味着计算机需要有巨大的存储能力来存储网格数据。除此之外，因为 LES 涉及大规模数据的处理和复杂方程的求解，需要高性能的数值处理能力。

2）目前，LES 主要用于相对简单的流动情况，如剪切流动和管流动等，使用场景可能受到一定限制。

4.2.4　LES、DNS、RANS 三种模拟模型计算量比较

在 LES、DNS 和 RANS 这三种模拟模型中，DNS 的计算复杂度最高，LES 的复杂度介于 DNS 和 RANS 之间，而 RANS 的计算复杂度最低。这一复杂度的差异受到三个主要因素的影响：网格数量、时间步进长度（与计算时间长度相关）和最小漩涡时间步进长度（与时间步长相关），其中网格数量是一个重要的因素。为了获得湍流问题的高精度解，直接数值模拟要求计算每个漩涡的运动，因此需要使用足够精细的网格分辨率，以匹配最小尺度的涡旋。即使采用子域技术，DNS 的网格规模仍然庞大。为了模拟各个尺度的漩涡运动，每个方向上的网格节点数量通常与雷诺数 $Re^{3/4}$ 成比例。考虑一个三维问题，网格节点数量则与 $Re^{9/4}$ 成比例。通常的估计是，在湍流中存在多个不同尺度的漩涡。为了模拟最小尺度的涡旋运动，计算网格的分辨率应足以区分柯尔莫哥洛夫（Kolmogorov）耗散尺度（通常表示为η，$\eta = \nu^3 / \varepsilon$，其中$\nu$是动力黏度，$\varepsilon$是湍流能量耗散率）。此外，计算区域的尺寸应足以容纳大尺度的涡旋，其最大尺度通常表示为L。因此在一个空间方向上的网点数目至少应与L/η同量阶，根据统计理论得到此比值：

$$\frac{L}{\eta} \sim Re_L^{3/4} \text{或} Re_\lambda^{3/2} \tag{4-25}$$

于是整个三维空间所需的网点总数至少为

$$N \sim \left(\frac{L}{\eta}\right)^3 \sim Re_L^{9/4} \text{或} Re_\lambda^{9/2} \tag{4-26}$$

式中：Re_L 为基于湍流的大尺度（能量输入尺度）定义的雷诺数，用于衡量湍流

中惯性力与黏性力的比值，反映了湍流整体的强弱；Re_{λ} 为基于湍流中的泰勒微尺度 λ 定义的雷诺数，用于描述中小尺度湍流的细节特征。

定义的雷诺数也是根据非线性动力系统理论估算湍流吸引子维度的上限。所需的内存容量应该与此数字成正比。计算的时间步长应小于最小涡旋的时标 η / u'（u' 为速度脉动的均方根值，反映速度的波动强度），而总计算时间应大于最大涡旋的特征时间 L / u'，因此所需的计算步数至少应为 L / η。如果假设每个时间步的计算工作量，即使采用最低估计，与 N 成正比，那么总的计算工作量至少应与 Re_L^3 或 Re_{λ}^6 成正比。假设每个时间步的每个网格点都需要执行 100 条机器指令，那么对于一个 $Re_L = 10^5$ 的湍流问题，就需要执行大约 10^{17} 条指令。这意味着即使在每秒执行 1 亿次计算的超级计算机上，也需要大约 30 年的时间才能完成这么大的计算任务。即使是模拟雷诺数仅为 3300 的横流湍流，所需的网格点数量也接近 2×10^6，在向量计算机上需要运行 250h。在当前计算机计算能力的限制下，即使具有世界上最大的超级计算机的国家，也只能模拟中等以下雷诺数且带有简单几何边界条件的湍流流动。

与直接数值模拟相比，湍流大涡数值模拟能够显著减少计算负担。它将湍流分为大尺度和小尺度脉动，采用直接数值模拟来模拟大尺度结构，同时利用亚格子尺度模型来模拟小尺度脉动的影响。理想的湍流直接数值模拟需要涵盖各种尺度的湍流脉动，通常最小脉动尺度等于 Kolmogorov 耗散尺度 η，而流动的最大尺度 L 则受流动的几何条件所限。直接数值模拟的一维网格数应为 $N_{\mathrm{DNS}} \sim L / \eta$，而大涡数值模拟的一维网格数为 $N_{\mathrm{LES}} \sim \eta/\varDelta$，LES 可以节省网格数 $(N_{\mathrm{DNS}})^3 - (N_{\mathrm{LES}})^3 = [1-(\eta / \varDelta)^3](N_{\mathrm{DNS}})^3$，如果过滤尺度等于 2 倍 Kolmogorov 耗散尺度的话，则可以比 DNS 节省 87.5%的网格。这里可以看到完全的湍流直接数值模拟中，绝大部分的计算量花费在耗散尺度中，对于高雷诺数流动，这是很不经济的。

雷诺时均方程法首先将湍流中的物理量（如速度和浓度）分为扰动分量和平均分量，然后通过对控制方程进行时间平均来模拟流场，同时采用湍流模型来模拟湍流效应，从而显著减少计算量。但需要注意的是，该方法的结果受湍流模型的影响很大。

4.3 泥 沙 模 型

泥沙冲刷模型假定不同泥沙具有不同的性质，包括粒度、质量密度、临界剪应力、休止角以及夹带和输运参数。例如，在模拟中，中砂、粗砂和细砾石可以分为三种不同的种类。

泥沙夹带是湍流涡流将颗粒从河床顶部带走并将其悬浮的过程，当床面剪应力超过阈值（临界剪应力）时发生。颗粒被夹带后，在河床以上一定高度内被水流携带，称为悬移质输运。当悬浮颗粒在重力、浮力和摩擦力的共同作用下沉降到河床上时，就会发生沉积。推移质输运则描述了颗粒在流体流动所施加的剪切应力作用下沿河床表面的滚动、跳跃和滑动运动。

4.3.1　床面剪应力

床面剪应力是流体作用于河床表面的剪切应力，它是根据三维湍流的壁函数来计算的：

$$u = u_\tau \left[\frac{1}{\kappa} \ln \left(\frac{Y}{\dfrac{v}{u_\tau} + k_s} \right) \right] \tag{4-27}$$

式中：u_τ 为剪切速度，$u_\tau = \sqrt{\tau / \rho}$，$\tau$ 是床面剪应力，ρ 为水流和泥沙混合的堆积密度；Y 为单元到壁面的距离；v 为对应法向距离 Y 处的切向速度；κ 为卡门常数，$\kappa = 0.4$；k_s 为粗糙度。在此模型中，k_s 与粒度的关系为

$$k_s = c_s d_{50} \tag{4-28}$$

式中：d_{50} 为泥沙的中值粒径；c_s 为用户自定义的系数，推荐取值为 2.5。

在浅水流动中，采用二次摩擦定律计算河床剪应力：

$$\tau = \rho_f C_D \bar{u} |\bar{u}| \tag{4-29}$$

式中：$\bar{u}$ 为深度平均流体速度；ρ_f 为流体密度；C_D 为阻力系数，阻力系数可以根据具体流体选用，也可以根据粗糙度 k_s 局部确定。

$$C_D = \left[\frac{K}{B + \ln \dfrac{z_0}{h}} \right]^2 \tag{4-30}$$

式中：K 为反映流动状态（如雷诺数或相对粗糙度）的常数，需结合试验或数值拟合确定；h 为水深；$B = 0.71$；$z_0 = \dfrac{k_s}{30}$。

4.3.2　临界希尔兹数

希尔兹数是床面剪切应力的无量纲形式，定义为

$$\theta_n = \frac{\tau}{g d_n (\rho_n - \rho_f)} \tag{4-31}$$

式中：g 为重力的绝对值；ρ_n 为泥沙颗粒的质量密度；d_n 为颗粒直径。

临界希尔兹数$\theta_{\mathrm{cr},n}$用于定义临界床面剪切应力$\tau_{\mathrm{cr},n}$，在此位置，泥沙运动开始进行夹带和输运：

$$\theta_{\mathrm{cr},n}=\frac{\tau_{\mathrm{cr},n}}{gd_n(\rho_n-\rho_{\mathrm{f}})} \tag{4-32}$$

$\theta_{\mathrm{cr},n}$的基本值适用于粒径大小相同水平的沙粒床。通常可以根据泥沙的性质确定，也可以由索尔斯比-怀特豪斯（Soulsby-Whitehouse）方程确定：

$$\theta_{\mathrm{cr},n}=\frac{0.3}{1+1.2d_{*,n}}+0.055(1-\mathrm{e}^{-0.02d_{*,n}}) \tag{4-33}$$

式中：$d_{*,n}$为无量纲粒度，计算式为

$$d_{*,n}=d_n\left[\frac{g(s_n-1)}{\nu_{\mathrm{f}}^{2}}\right]^{1/3} \tag{4-34}$$

其中，$s_n=\rho_n/\rho_{\mathrm{f}}$；$\nu_{\mathrm{f}}$是流体的运动黏度。

在倾斜的床层界面，重力产生切向力，使河床层根据流动方向或多或少保持稳定。这导致当流体沿坡向上流动时，临界剪应力增大；当流体沿坡向下流动时，临界剪应力减小。对于用户来说，$\theta_{\mathrm{cr},n}$可以考虑倾斜床效应（图 4-2）进行修正：

$$\theta'_{\mathrm{cr},n}=\theta_{\mathrm{cr},n}\frac{\cos\psi\sin\beta+\sqrt{\cos^2\beta\tan^2\phi_n-\sin^2\psi\sin^2\beta}}{\tan\phi_n} \tag{4-35}$$

式中：β为充填层的斜坡角；ϕ_n为泥沙休止角，定义为颗粒自身滑动前最陡的斜坡角；ψ为上坡方向与斜坡层附近流体流动之间的夹角，如图 4-2 所示，ψ在0°～180°之间，0°对应上坡流，180°对应下坡流。

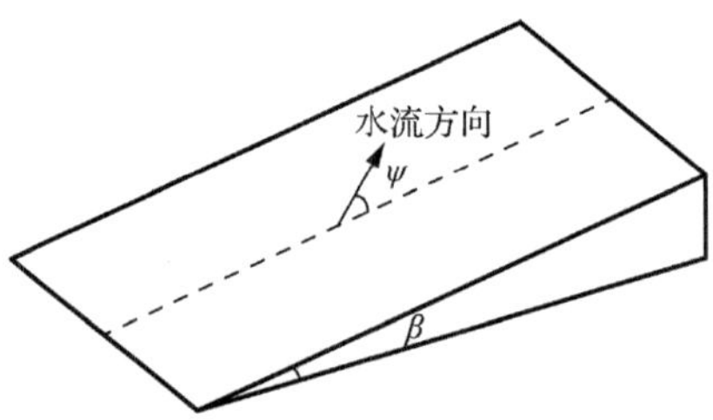

图 4-2　倾斜的床层与水流方向示意图

4.3.3　泥沙夹带和沉积

泥沙的夹带和沉积被视为同时发生的两个相反微过程，将它们结合起来就可确定推移质和悬移质之间的净交换速率。

泥沙夹带速度：

$$\boldsymbol{u}_{\mathrm{lift},n}=\alpha_n\boldsymbol{n}_{\mathrm{b}}d_{*,n}^{0.3}(\theta_n-\theta_{\mathrm{cr},n})^{1.5}\sqrt{gd_n(s_n-1)} \tag{4-36}$$

式中：α_n为第n种泥沙的夹带系数；$\boldsymbol{n}_{\mathrm{b}}$为床面向外法向量。

泥沙的沉降速度：

$$u_{\mathrm{settle},n}=\frac{g}{g}\left[\left(10.36^{2}+1.049d_{*,n}^{3}\right)^{1/2}-10.36\right]\frac{\nu_{\mathrm{f}}}{d_{n}} \tag{4-37}$$

式中：g 为重力加速度。假设 $u_{\mathrm{settle},n}$ 的方向与 g 方向相同。

4.3.4　推移质运动

第 n 层的泥沙输运率的无量纲形式定义为

$$q_{\mathrm{b},n}^{*}=\frac{q_{\mathrm{b},n}}{[gd_{n}(s_{n}-1)^{3}]^{1/2}} \tag{4-38}$$

式中：$q_{\mathrm{b},n}$ 为第 n 层的实际泥沙输运率。床面单宽体积推移质输沙率为

$$\Phi_{n}=B_{n}(\theta_{n}-\theta_{\mathrm{cr},n})^{1.5}c_{\mathrm{b},n} \tag{4-39}$$

式中：B_n 为第 n 层泥沙输运系数，低速输运系数通常取值为 5.0～5.7，中等输运速率时约取 8.0，高输运速率最高可取 13.0（如沙片在波浪和水流下流动）；$c_{\mathrm{b},n}$ 为床质中第 n 种物质的体积分数：

$$c_{\mathrm{b},n}=\frac{\text{第}n\text{种泥沙的体积分数}}{\text{泥沙总体积分数}} \tag{4-40}$$

$$\sum_{n=1}^{N}c_{\mathrm{b},n}=1.0 \tag{4-41}$$

Van Rijn[3]提出估计推移质层厚度 h_n 的关系式如下：

$$h_{n}=0.3d_{n}d_{*,n}^{0.7}\left(\frac{\theta_{n}}{\theta_{\mathrm{cr},n}}-1\right)^{0.5} \tag{4-42}$$

层载速度 $u_{\mathrm{b},n}$ 计算如下：

$$u_{\mathrm{b},n}=\frac{q_{\mathrm{b},n}}{h_{n}c_{\mathrm{b},n}f_{\mathrm{b}}} \tag{4-43}$$

式中：f_{b} 为沉积物的总堆积分数；$u_{\mathrm{b},n}$ 和 $q_{\mathrm{b},n}$ 均位于靠近床层界面的流体流动方向。

4.3.5　悬移质运动

悬移质是指悬浮于水中，并在水流方向与水流以同样速度前进的泥沙。悬移质浓度是通过求解其自身的运输方程来计算的：

$$\frac{\partial C_{\mathrm{s},n}}{\partial t}+\nabla(C_{\mathrm{s},n}u_{\mathrm{s},n})=\nabla\nabla(DC_{\mathrm{s},n}) \tag{4-44}$$

式中：$C_{\mathrm{s},n}$ 为悬沙质量浓度，定义为单位体积流沙混合物的泥沙质量；D 为扩散系数；$u_{\mathrm{s},n}$ 为泥沙运动速度。值得注意的是，悬浮中的每种沉积物都以自己的速度移动，这种速度与流体和其他种类的速度不同。这是因为不同质量密度和尺寸的颗粒具有不同的惯性，受到不同的阻力。

相应地，悬沙体积浓度 $C_{\mathrm{s},m}$ 定义为悬浮泥沙颗粒所占体积与流体总体积的比值。

$$C_{s,m} = \frac{C_{s,n}}{\rho_n} \tag{4-45}$$

流体-悬移质混合物的质量密度计算如下：

$$\bar{\rho} = \sum_{m=1}^{N} C_{s,m}\rho_{s,m} + (1 - C_{s,tot})\rho_f \tag{4-46}$$

式中：$\rho_{s,m}$ 为沉积物的质量密度，通常为沉积物颗粒的固体密度；$C_{s,tot}$ 为总悬浮泥沙体积浓度：

$$C_{s,tot} = \sum_{m=1}^{N} C_{s,m} \tag{4-47}$$

要求解 $C_{s,n}$，必须先计算 $u_{s,n}$。假设：①悬浮颗粒之间相互作用不强；②悬浮泥沙与流沙混合体的速度差主要是泥沙的沉降速度 $u_{settle,n}$，因此，$u_{s,n}$ 计算如下：

$$u_{s,n} = \bar{u} + u_{settle,n} C_{s,n} \tag{4-48}$$

式中：$\bar{u}$ 为流体-悬移质混合物的速度，

$$\bar{u} = \sum_{m=1}^{N} C_{s,m} u_{s,m} + (1 - C_{s,tot}) u_f \tag{4-49}$$

通常 $\bar{u}$ 可以通过求解具有湍流闭合模型的连续性方程和 N-S 方程得到。

4.4 Flow-3D 分析软件中 VOF 法应用

4.4.1 Flow-3D 中流场演变控制方程

考虑运动流体为牛顿流体，控制方程采用连续性方程和不可压缩黏性流体运动的 N-S 方程，Flow-3D 软件中的这两个控制方程均加入了体积参数项和面积参数项，具体表达式如下。

连续性方程：

$$\frac{\partial(\rho u A_x)}{\partial x} + \frac{\partial(\rho v A_y)}{\partial y} + \frac{\partial(\rho w A_z)}{\partial z} = 0 \tag{4-50}$$

动量方程：

$$\frac{\partial u}{\partial t} + \frac{1}{V_F}\left(u A_x \frac{\partial u}{\partial x} + v A_y \frac{\partial u}{\partial y} + w A_z \frac{\partial u}{\partial z}\right) = -\frac{1}{\rho}\frac{\partial p}{\partial x} + G_x + f_x \tag{4-51}$$

$$\frac{\partial v}{\partial t} + \frac{1}{V_F}\left(u A_x \frac{\partial v}{\partial x} + v A_y \frac{\partial v}{\partial y} + w A_z \frac{\partial v}{\partial z}\right) = -\frac{1}{\rho}\frac{\partial p}{\partial y} + G_y + f_y \tag{4-52}$$

$$\frac{\partial w}{\partial t} + \frac{1}{V_F}\left(u A_x \frac{\partial w}{\partial x} + v A_y \frac{\partial w}{\partial y} + w A_z \frac{\partial w}{\partial z}\right) = -\frac{1}{\rho}\frac{\partial p}{\partial z} + G_z + f_z \tag{4-53}$$

式中：ρ 为流体密度；V_F 为可流动的体积分数；A_x、A_y、A_z 分别为 x、y、z 三个方向可流动的面积分数；u、v、w 分别为对应 x、y、z 方向的速度分量；G_x、G_y、G_z 分别为物体在 x、y、z 三个方向的重力加速度；f_x、f_y、f_z 分别为三个

方向的黏滞力加速度，

$$
\begin{cases}
f_x = -\dfrac{1}{\rho V_{\mathrm{F}}}\left[\dfrac{\partial}{\partial x}(A_x\tau_{xx}) + \dfrac{\partial}{\partial y}(A_y\tau_{xy}) + \dfrac{\partial}{\partial z}(A_z\tau_{xz})\right] \\
f_y = -\dfrac{1}{\rho V_{\mathrm{F}}}\left[\dfrac{\partial}{\partial x}(A_x\tau_{xy}) + \dfrac{\partial}{\partial y}(A_y\tau_{yy}) + \dfrac{\partial}{\partial z}(A_z\tau_{yz})\right] \\
f_z = -\dfrac{1}{\rho V_{\mathrm{F}}}\left[\dfrac{\partial}{\partial x}(A_x\tau_{xz}) + \dfrac{\partial}{\partial y}(A_y\tau_{yz}) + \dfrac{\partial}{\partial z}(A_z\tau_{zz})\right]
\end{cases}
\tag{4-54}
$$

其中，τ_{ij} 为液体剪应力，i 为作用面，j 为作用方向。τ_{ij} 的表达式如下（其中 μ 为动力黏滞系数）：

$$
\tau_{xx} = -2\mu\left[\frac{\partial u}{\partial x} - \frac{1}{3}\left(\frac{\partial u}{\partial x} + \frac{\partial v}{\partial y} + \frac{\partial w}{\partial z}\right)\right] \tag{4-55}
$$

$$
\tau_{yy} = -2\mu\left[\frac{\partial v}{\partial y} - \frac{1}{3}\left(\frac{\partial u}{\partial x} + \frac{\partial v}{\partial y} + \frac{\partial w}{\partial z}\right)\right] \tag{4-56}
$$

$$
\tau_{zz} = -2\mu\left[\frac{\partial w}{\partial z} - \frac{1}{3}\left(\frac{\partial u}{\partial x} + \frac{\partial v}{\partial y} + \frac{\partial w}{\partial z}\right)\right] \tag{4-57}
$$

$$
\tau_{xy} = \tau_{yx} = -\mu\left(\frac{\partial v}{\partial x} + \frac{\partial u}{\partial y}\right) \tag{4-58}
$$

$$
\tau_{xz} = \tau_{zx} = -\mu\left(\frac{\partial u}{\partial z} + \frac{\partial w}{\partial x}\right) \tag{4-59}
$$

$$
\tau_{yz} = \tau_{zy} = -\mu\left(\frac{\partial v}{\partial z} + \frac{\partial w}{\partial y}\right) \tag{4-60}
$$

4.4.2 Flow-3D 中 VOF 方法计算思路

因为 F 函数图像呈阶梯状，而非连续函数，因此不能简单地使用传统差分方法来进行离散求解。使用常规差分方法可能会平滑处理 F 函数中的间断点，或在这些间断点产生数值振荡，从而失去了 F 函数的本来定义，需要采用自由表面重构的方法来处理这类问题。Hirt 和 Nichols[4]提出的施主–受主方法使用平行于坐标轴的直线段来表示自由表面，具体平行于哪个网格边界，要根据该网格及其相邻的流体体积函数分布来确定。这种方法现在已成为 Flow-3D 中标准 VOF 法的一部分。通过网格边界的速度信息确定相邻网格之间的关系。上游的网格称为施主网格，下游的网格称为受主网格（图 4-3）。将二维输运方程在 δt 时间内和在一个网格控制节点 $P_{i,j}$ 的单元空间上（图 4-4）进行积分：

$$
\int \mathrm{d}t \iint \left(\frac{\partial F}{\partial t} + \frac{\partial uF}{\partial x} + \frac{\partial vF}{\partial y}\right)\mathrm{d}x\mathrm{d}y = 0 \tag{4-61}
$$

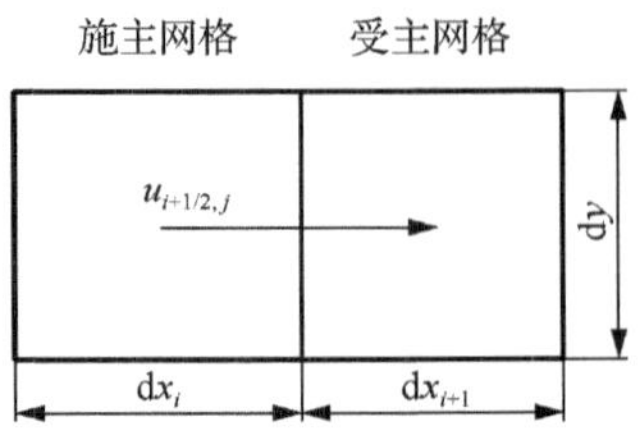

图 4-3　施主网格和受主网格示意图

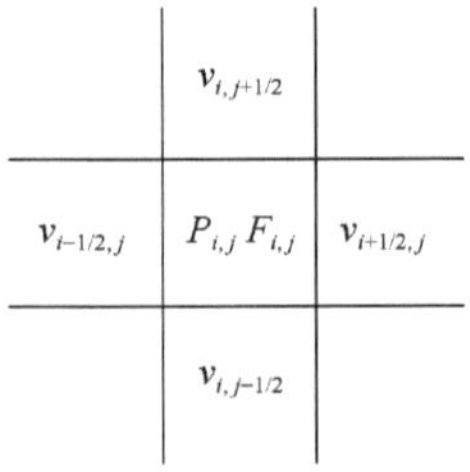

图 4-4　控制单元示意图

积分以后有

$$\left(F_{i,j}^{n+1}-F_{i,j}^{n}\right)\delta x\delta y+\left(F_{i,j}^{n}u_{i+1/2,j}-F_{i,j}^{n}u_{i-1/2,j}\right)\delta t\delta y+\left(F_{i,j}^{n}v_{i,j+1/2}-F_{i,j}^{n}v_{i,j-1/2}\right)\delta t\delta x=0 \quad (4\text{-}62)$$

式中：左边第一项表示在 δt 时间内通过单元网格内流量的总变化量；后两项分别表示通过单元网格的垂直边和水平边的变化量。对方程（4-62）的后两项作了如下处理：令 $F_{i,j}^{n}v_{i,j+1/2}\delta t\delta x=(F_{i,j}^{n}V_y)\delta x$，则在时间 δt 内通过网格水平边的流量变化可以表示为

$$F_{i,j}^{n}V_y=\min(F_{\rm AD}\left|V_y\right|+{\rm CF},F_{\rm D}\delta_{y\rm D}) \quad (4\text{-}63)$$

式中：${\rm CF}=\max((1.0-F_{\rm AD})\left|V_y\right|-(1.0-F_{\rm D})\delta_{y\rm D},0.0)$。在方程中，使用不同下标来表示施主网格和受主网格，下标 D 表示施主，下标 A 表示受主，下标 AD 则根据单元中自由面的位置和速度方向选择性地表示施主或受主。具体来说，当速度方向与界面近似垂直时，$F_{\rm AD}=F_{\rm A}$；当流动方向与流体表面方向平行时，$F_{\rm AD}=F_{\rm D}$；如果受主单元或施主单元的上游单元为空单元，那么无论流体表面方向如何，都有 $F_{\rm AD}=F_{\rm A}$。通过单元网格上的其他边界的流量计算方法类似。

式（4-62）中的 δt 应满足如下条件：

$$\delta t<\min\left(\frac{\delta x}{|u|},\frac{\delta y}{|u|}\right) \quad (4\text{-}64)$$

一般情况下，选择将时间步长 δt 设置为最小值的三分之一或四分之一。通过对输运方程进行相应的变换，可以确定新时刻流体体积函数的分布，这是通过确定每个单元格的边界流量变化来实现的。然而，仅仅获得每个网格中的离散体积函数数值是不足以确定自由表面的具体位置和形状的。因此，需要采用重构技术方法，基于流体体积函数值分布和特定算法的假设，来重构自由表面。Hirt 和 Nichols 提出的施主-受主方法使用平行于坐标轴的直线段来表示自由表面，具体平行于哪个网格边界，要根据该网格及其相邻的流体体积函数分布来确定。在二维自由表面的重构中，将网格内的自由表面视为局部单值函数 $Y(x)$ 和 $X(y)$，并采用一个包含 9 个网格的模板（图 4-5）计算 $i-1$、$i+1$ 网格列的 Y_l 值和 $j-1$、$j+1$ 网格列的 X_l 值，以估算每个网格上自由表面的斜率 $\mathrm{d}Y/\mathrm{d}x$ 和 $\mathrm{d}X/\mathrm{d}y$。然后，根据流体体积函数和斜率的大小，确定网格 (i,j) 上自由表面的位置和方向。

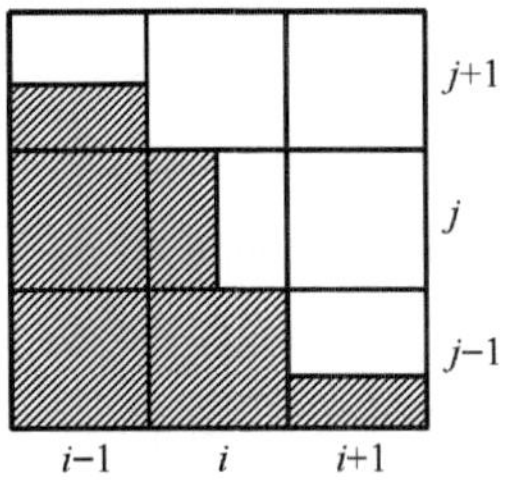

图 4-5　模板

$$\begin{cases} Y_l = \sum_{k=j-1}^{j+1} F_{lk}\delta_{yk}, l = i-1, i, i+1 \\ \dfrac{\mathrm{d}Y}{\mathrm{d}x} = \dfrac{2(Y_{i+1} - Y_{i-1})}{\delta x_{i+1} + 2\delta x_i + \delta x_{i-1}} \\ X_l = \sum_{k=i-1}^{i+1} F_{lk}\delta_{xk}, l = j-1, j, j+1 \\ \dfrac{\mathrm{d}X}{\mathrm{d}y} = \dfrac{2(X_{j+1} - X_{j-1})}{\delta y_{j+1} + 2\delta y_j + \delta y_{j-1}} \end{cases} \tag{4-65}$$

若按式（4-65）计算出的 $\mathrm{d}Y/\mathrm{d}x$ 值小于 $\mathrm{d}X/\mathrm{d}y$，则自由面定义为水平面，否则为垂直面。以上说明的是二维网格单元中的自由表面重构，对于三维情况，采用平行于单元体表面的平面来重新构建自由表面。每个单元的周围有 26 个相邻单元将其包围在内，这些相邻单元在 x、y 和 z 三个方向上分成三层，每层包含 9 个单元。通过计算比较每个方向的单元左侧、右侧、前侧、后侧、下侧、上侧的 6 个单元的流体体积函数 F 的总和大小，将其中最大的那个单元面定义为自由表面。一旦自由表面的方向确定，可以使用控制体积函数值 F 来计算其位置。例如，如果计算后发现自由表面应该平行于单元的左侧面，那么自由表面距离左侧面的距离 X_s 可以通过以下公式计算得到：

$$F(i,j,k)\Delta x\Delta y\Delta z = \Delta y\Delta z X_\mathrm{s} \tag{4-66}$$

在三维情况下，F 的输运方程表达式虽有所不同，但求解方法还是一样的。

$$\frac{\partial F}{\partial t} + \frac{1}{V_\mathrm{F}}\left[\frac{\partial}{\partial x}(FA_x u) + \frac{\partial}{\partial y}(FA_y v) + \frac{\partial}{\partial z}(FA_z w)\right] = 0 \tag{4-67}$$

4.4.3 Flow-3D 基于 VOF 方法对控制方程的离散和求解

在求解控制方程之前，需要进行计算区域的离散化。具体来说，即将空间上的连续计算区域切分为多个子区域，并确定每个区域中的节点，以生成一个网格。通过在这个网格上对控制方程进行离散化处理，可以将原本的偏微分方程以及其边界条件转化为一个代数方程组，其中包含各个网格节点上变量之间的关系。通过求解这个代数方程组，可以获得物理量的近似值，而原始意义上的含义不会有变化。

1. 方程的离散

Flow-3D 使用有限差分法将控制方程离散成矩形的正交网格结构以处理三维问题，如图 4-6 所示。在离散网格上，标量（如压力 P、

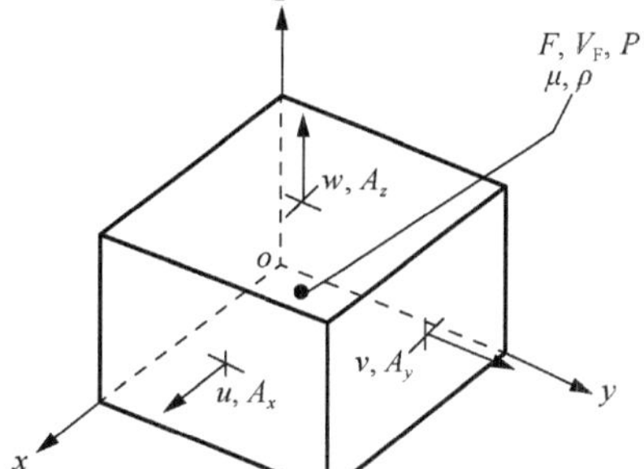

图 4-6　网格变量定义示意图

流体体积函数 F 、密度 ρ 以及可流动的体积分数 V_{F}、流体动力黏度 μ 等）被定义在控制体的中心位置，而速度和面积分数则被定义在网格边界的中心点上。采用正交网格的优势之一是在标量输运计算中，可以直接获得压力控制体界面上的速度，无须进行额外的插值操作。此外，压力节点与速度控制体积界面一致，因此可以通过压力差来计算压力梯度。例如，在 x 方向的动量方程中，可以通过 x 方向相邻两个节点之间的压力差来获得 $\partial P/\partial x$ ，而不是通过两个节点之间的压力差。通过正交网格离散化后的动量方程有助于检测不合理的压力场分布，这是使用常规网格（其中所有变量都定义在网格中心）无法实现的。因此，正交网格方法在科学计算中应用广泛，它构成了解决这类方程的基础。

对于网格中第 (i,j,k) 个差分中心的控制体，其网格尺度为 $(\delta x,\delta y,\delta z)$ 。在某一时间层 n 上，控制体的中心包含了流体体积函数 $F_{i,j,k}^{n}$ 、压力 $P_{i,j,k}^{n}$ 、可流动的体积分数 $V_{F_{i,j,k}^{n}}$ ，以及其他相似定义的标量。同时，位于单元体边界面上 $i+\dfrac{1}{2}$ 、$j+\dfrac{1}{2}$ 、$k+\dfrac{1}{2}$ 位置处的三个方向速度为 $u_{i,j,k}^{n}$ 、 $v_{i,j,k}^{n}$ 、 $w_{i,j,k}^{n}$ ，对应的面积分数为 $\mathrm{AFR}_{i,j,k}^{n}$ 、 $\mathrm{AFB}_{i,j,k}^{n}$ 、 $\mathrm{AFT}_{i,j,k}^{n}$ 。基于这些变量的定义，差分离散后的动量方程可以表示为

$$\begin{cases} u_{i,j,k}^{n+1}=u_{i,j,k}^{n}+\delta t^{n+1}\left[-\dfrac{P_{i+1,j,k}^{n+1}-P_{i,j,k}^{n+1}}{\left(\rho\delta x\right)_{i+\frac{1}{2},j,k}^{n}}+G_x-\mathrm{FUX}-\mathrm{FUY}-\mathrm{FUZ}+\mathrm{VISX}\right] \\ v_{i,j,k}^{n+1}=v_{i,j,k}^{n}+\delta t^{n+1}\left[-\dfrac{P_{i+1,j,k}^{n+1}-P_{i,j,k}^{n+1}}{\left(\rho\delta y\right)_{i,j+\frac{1}{2},k}^{n}}+G_y-\mathrm{FUX}-\mathrm{FUY}-\mathrm{FUZ}+\mathrm{VISY}\right] \\ w_{i,j,k}^{n+1}=w_{i,j,k}^{n}+\delta t^{n+1}\left[-\dfrac{P_{i+1,j,k}^{n+1}-P_{i,j,k}^{n+1}}{\left(\rho\delta z\right)_{i,j,k+\frac{1}{2}}^{n}}+G_z-\mathrm{FUX}-\mathrm{FUY}-\mathrm{FUZ}+\mathrm{VISZ}\right] \end{cases} \tag{4-68}$$

$$\begin{cases} \left(\rho\delta x\right)_{i+\frac{1}{2},j,k}^{n}=\dfrac{1}{2}(\rho_{i,j,k}^{n}\delta x_i+\rho_{i+1,j,k}^{n}\delta x_{i+1}) \\ \left(\rho\delta y\right)_{i,j+\frac{1}{2},k}^{n}=\dfrac{1}{2}(\rho_{i,j,k}^{n}\delta y_j+\rho_{i,j+1,k}^{n}\delta y_{j+1}) \\ \left(\rho\delta z\right)_{i,j,k+\frac{1}{2}}^{n}=\dfrac{1}{2}(\rho_{i,j,k}^{n}\delta z_k+\rho_{i,j,k+1}^{n}\delta z_{k+1}) \end{cases} \tag{4-69}$$

式中：FUX、FUY、FUZ 表示速度 u、v、w 在 x、y、z 方向的对流项；VISX、VISY、VISZ 表示三个方向的黏滞项； G_x 、 G_y 、 G_z 表示三个方向的重力加速度。

在均匀的网格上，选择适当的方法来处理动量方程中的对流项、黏滞项以及重力加速度项等相对不太关键，因为它们的主要作用是提高数值计算的稳定性。然而，在不均匀的网格上，离散方法的选择将对计算结果的准确性产生显著影响。以前的做法是在 MAC 格式中将对流项写成守恒形式，即 $\partial u^2/\partial^2 x$，并在均匀网格上进行离散化，这样 MAC 格式在均匀网格上能够表现出良好的守恒性和准确性。但一旦应用于不均匀网格，守恒形式的离散方法将不具备在均匀网格上所具备的准确性，主要原因是在不均匀网格中，动量方程的离散控制体的中心不再位于速度的位置。图 4-7 中虚线显示了非均匀网格中 x-z 平面上 x 方向动量方程离散的控制体积。

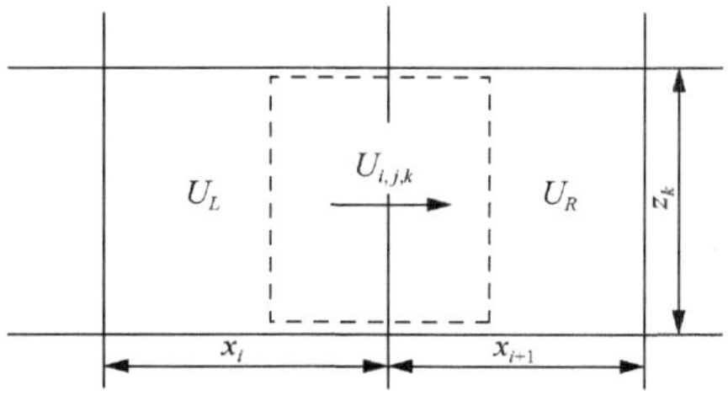

图 4-7　x 方向动量离散控制体积示意图

为了确保在非均匀网格上守恒形式的对流项离散结果的准确性，Flow-3D 采用了非守恒形式的 $u\nabla u$ 来进行对流项的离散处理，同时结合了中心差分格式和迎风格式。通过参数 α 的值来决定使用哪种差分格式，以保证计算结果的准确性和稳定性。例如，x 方向对流项 $\mathrm{FUX}=(A_x/V)\dfrac{u\partial u}{\partial x}$ 经差分离散后可以写成

$$\mathrm{FUX}=\frac{0.5}{\mathrm{VFC}}[(\mathrm{UAR}-\alpha|\mathrm{UAR}|)\cdot\mathrm{DUDR}+(\mathrm{UAL}+\alpha|\mathrm{UAL}|)\cdot\mathrm{DUDL}] \tag{4-70}$$

式中：

$$\begin{cases}\mathrm{DUDL}=\dfrac{u_{i,j,k}-u_{i-1,j,k}}{\delta x_i}\\ \mathrm{DUDR}=\dfrac{u_{i+1,j,k}-u_{i,j,k}}{\delta x_{i+1}}\\ \mathrm{UAR}=0.5(u_{i+1,j,k}\mathrm{AFR}_{i+1,j,k}+u_{i,j,k}\mathrm{AFR}_{i,j,k})\\ \mathrm{UAL}=0.5(u_{i,j,k}\mathrm{AFR}_{i,j,k}+u_{i-1,j,k}\mathrm{AFR}_{i-1,j,k})\\ \mathrm{VFC}=\dfrac{\delta x_i V_{F_{i,j,k}}+\delta x_{i+1}V_{F_{i+1,j,k}}}{\delta x_i+\delta x_{i+1}}\end{cases} \tag{4-71}$$

当网格为均匀网格时，参数 $\alpha=0$，对流项的差分方程采用二阶中心差分方法，这种中心差分格式在数值计算效率上表现出色，且在稳定性方面也能与精确解较好地吻合。然而，当 $\alpha=1$ 时，差分方程被转换成了完全的迎风格式。迎风格式假设在有主导方向流动的情况下，界面上的物理量更容易受上游节点值的影响，因此在确定界面上的物理量值时会优先选择上游节点的值。Flow-3D 软件默认使用一阶迎风格式来处理动量对流项，这种方法能很好地维持计算的稳定，且计算效率高。在许多情况下，一阶格式已经足够满足需求。然而，对于某些多维问题，如流动方向与网格线斜交的情况，一阶格式可能会引入较大的

数值误差。在这种情况下，可以选择更高精度的二阶或三阶差分格式，以减小或消除数值计算中的误差。

黏滞项按照标准的中心差分格式进行离散，表达式如下：

$$\mathrm{VISX}=-\frac{\mu}{\rho}\left(\frac{u_{i+1,j,k}-2u_{i,j,k}+u_{i-1,j,k}}{\delta^2 x}+\frac{u_{i,j+1,k}-2u_{i,j,k}+u_{i,j-1,k}}{\delta^2 y}+\frac{u_{i,j,k+1}-2u_{i,j,k}+u_{i,j,k-1}}{\delta^2 z}\right) \tag{4-72}$$

黏滞项在时间层上可以根据计算需要选用显式格式或隐式格式。黏滞项采用显式格式时，连续性方程差分方程式为

$$\frac{\mathrm{AFR}_{i,j,k}^{n+1}u_{i,j,k}^{n+1}-\mathrm{AFR}_{i-1,j,k}^{n+1}u_{i-1,j,k}^{n+1}}{\delta x}+\frac{\mathrm{AFB}_{i,j,k}^{n+1}v_{i,j,k}^{n+1}-\mathrm{AFB}_{i,j-1,k}^{n+1}v_{i,j-1,k}^{n+1}}{\delta y}+\frac{\mathrm{AFT}_{i,j,k}^{n+1}w_{i,j,k}^{n+1}-\mathrm{AFT}_{i,j,k-1}^{n+1}w_{i,j,k-1}^{n+1}}{\delta z}=0 \tag{4-73}$$

差分离散后的动量方程和连续性方程中速度分量既出现在动量方程中，又出现在连续性方程中，具有强耦合性，而压力项仅在动量方程中存在，没有一个直接用来计算压力的方程。通常情况下，压力 p 也是一个待求解的物理量。因为压力可以通过连续性方程间接规定，所以最常见的方法是求解关于速度分量 (u,v,w,p) 的复杂离散方程组，这是一种可行的方法，但即使是单一因变量的离散方程组也需要大量计算内存和时间，因此效率低，实际上并不可行。为了提高计算效率并避免同时求解所有变量，流体动力学中广泛应用的方法是采用压力-速度分离式解法。这种方法的基本思想是不直接求解耦合的方程组，而是按顺序逐个解各个变量的代数方程组。Flow-3D 中提供了三种不同的压力-速度分离式解法：逐次超松弛（successive overrelaxation，SOR）迭代法、线性隐式的交替方向隐式（alternating direction implicit，ADI）算法和广义极小残差（generalized minimal residual，GMRES）算法。其中，GMRES 算法因其较快的收敛速度、高计算精度和不易发散的特点，在求解 N-S 方程等流体动力学方程时被广泛采用。

2. GMRES 算法求解离散方程

GMRES 算法是一种用于解决大规模非对称稀疏线性方程组的迭代算法。这一算法基于伽辽金（Galerkin）原理，旨在处理高维代数方程组的求解问题。其核心思想是通过在较低维度上进行求解来获得一定精度的解决方案，从而提高求解速度，并在一定程度上减少所需的存储空间。由于其在计算流体力学中的高效性，GMRES 算法在该领域得到广泛应用。Flow-3D 中先引入一个中间速度，不考虑新时刻的压力场对速度场的影响，而是引入一个当前时刻的压力修正值。求

解动量方程获得中间速度，将由动量方程离散出来的中间速度和压力修正值的关系代入连续性方程，生成含有压力修正值的压力泊松方程，再应用 GMRES 算法来求解压力泊松方程。求解控制方程的基本步骤如下。

第一步，引入中间速度$u^*_{i,j,k}$、$v^*_{i,j,k}$、$w^*_{i,j,k}$，代入到差分动量方程。如 x 方向的动量方程引入中间速度后将变成如下等价形式（为了分析简便，方程中未加入面积和体积分数，真正的程序计算中有考虑）：

$$\frac{u^*_{i,j,k}-u^n_{i,j,k}}{\delta t}=fx^n_{i,j,k}-(\mathrm{FUX}+\mathrm{FUY}+\mathrm{FUZ})^n_{i,j,k}-\frac{1}{\rho}\frac{p^n_{i+1,j,k}-p^n_{i,j,k}}{\delta x}$$
$$-\frac{\mu}{\rho}\left[\frac{u^n_{i+1,j,k}-2u^n_{i,j,k}+u^n_{i-1,j,k}}{\delta^2 x}+\frac{u^n_{i,j+1,k}-2u^n_{i,j,k}+u^n_{i,j-1,k}}{\delta^2 y}\right.$$
$$\left.+\frac{u^n_{i,j,k+1}-2u^n_{i,j,k}+u^n_{i,j,k-1}}{\delta^2 z}\right] \tag{4-74}$$

$$\frac{u^{n+1}_{i,j,k}-u^*_{i,j,k}}{\delta t}=-\frac{1}{\rho}\frac{p'_{i+1,j,k}-p'_{i,j,k}}{\delta x} \tag{4-75}$$

式中：p'表示当前时刻 n 的压力修正值，则下一时刻的压力$p^{n+1}=p^n+p'$。通过求解方程（4-74）可得中间速度值$u^*_{i,j,k}$，但是所得到的中间速度不一定满足连续性方程。

第二步，将方程（4-75）代入到差分后的连续性方程（4-73）中，可得包含压力修正值的压力泊松方程：

$$\nabla u^*-\frac{\delta t}{\rho}\nabla^2 p'=0 \tag{4-76}$$

使用 GMRES 算法求解带有压力修正项的线性方程以获得修正后的压力值p'，然后计算下一个时间步$n+1$的压力值p^{n+1}。接着，将压力修正值代入方程（4-76）以计算下一个时间步$n+1$的速度场。最后，进行速度场的收敛检查。如果速度场不收敛，程序将自动调整时间步长，直到获得一个收敛的解。

第三步，求出新时刻的收敛的速度场和压力场后，再利用 Hirt 和 Nichols 的施主-受主方法计算每个单元体的$n+1$时刻的流体体积函数F值，并重构出新时刻的自由面形状和位置，形成新的自由表面和边界条件，同时更新其余的变量。整个求解流程如图 4-8 所示。在整个计算过程中，还需考虑边界条件，如确保在求解$n+1$时刻的压力值时满足自由表面的动力学边界条件，并满足模拟所需的稳定性条件。此外，时间步长通常会根据稳定性和收敛性条件自动调整，以确保模拟的准确性和稳定性。如果压力迭代过程不收敛，时间步长会自动减小，以促使压力迭代最终达到收敛。这确保了模拟的可靠性和准确性。

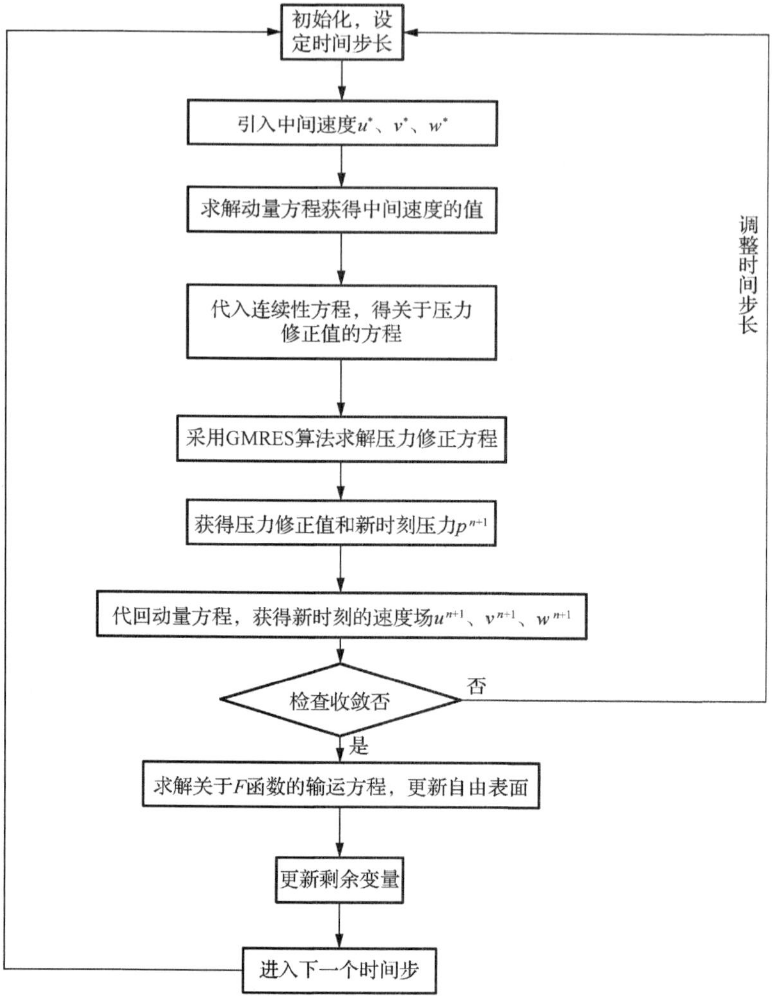

图 4-8　控制方程求解流程图

4.5　基于 Flow-3D 软件的 VOF 法实例分析

选取 Melville[5]的经典冲刷试验资料作为案例分析。

4.5.1　模型试验概况

模型布置见图 4-9，水槽长 19m，宽 0.456m，水深 0.15m，平均来流流速为 0.25m/s，泥沙休止角 $\varphi=32^\circ$（经计算，$\dfrac{U^2}{360g}=0.0177\text{mm}<0.385\text{mm}$，故该案例分析研究对象以推移质为输沙主体）。由于 Melville 的试验中前 30min 冲刷坑发

展较为迅速，随后冲刷坑随时间发展缓慢，因此，本案例取前 30min 进行数值模拟对比分析。

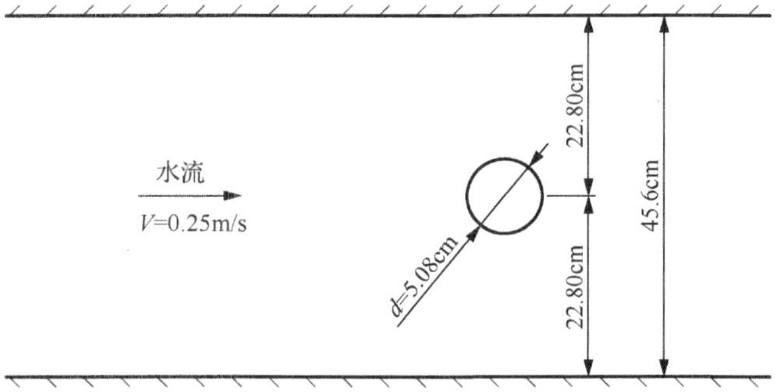

图 4-9　Melville 经典试验模型布置图

4.5.2　计算域及网格划分

根据模型试验布置和数值模拟要求，将计算域高度设置为 25cm（其中床沙厚度为 5cm），宽度设置为 3*d*（即 15.24cm），为使上游来流和下游尾流充分发展，进口和出口距桥墩中心均为 15*d*（即 76.2cm）。为使水流平顺，上下游河床均设置 5*d*（即 25.4cm）的定床。数值计算模型布置及边界条件如图 4-10 和图 4-11 所示。

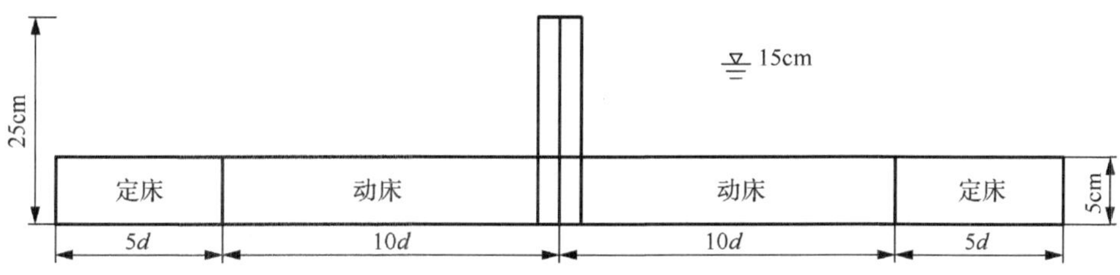

图 4-10　数值计算模型

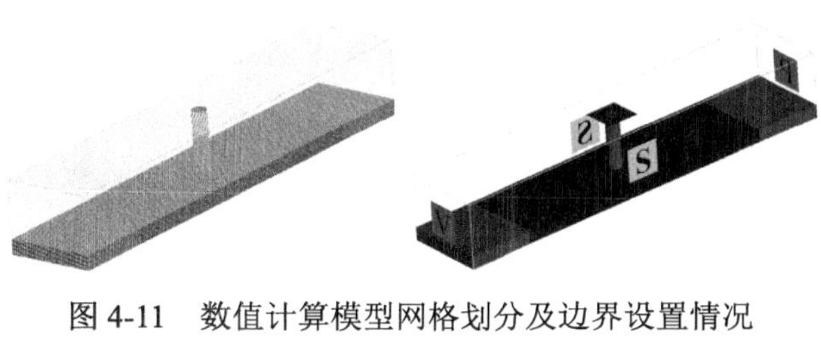

图 4-11　数值计算模型网格划分及边界设置情况

进口边界条件为速度边界，*V*=0.25m/s；下游出口边界条件为压力边界，设置水位 0.15m；底面采用无滑移边界条件，粗糙高度取 $2.5d_{50}$，其余为对称边界。选取圆柱竖向为 *z* 轴方向，床面为 *x*-*y* 面，水流方向为 *x* 轴正方向。计算域全部采用结构化正交网格，为提高计算精度，准确模拟圆柱体周围的水流湍动，单元网格尺寸设置为 0.004m×0.004m×0.004m，网格总数约为 200 万。模型计算采用基于

VOF 的有限差分法离散控制方程，湍流模型选用 LES 模型，动量对流离散选用二阶离散格式，压力迭代项采用 GMRES 算法，在保证计算精度的前提下，提高收敛速度。

4.5.3 模拟结果分析

1. 流速分析

在数值模拟冲刷过程中，垂直水流方向桥墩两侧的流速分布如图 4-12 所示，桥墩周围平面流速分布如图 4-13 所示。观察图可发现，在初始时刻（t=18s），由于桥墩压缩过水面积，两侧水流的流速显著增加，尤其是靠近河底的流速增幅更为明显，致使床面剪应力急剧上升，超过了床沙的起动剪应力，从而引发了冲刷现象，与此同时，水流在桥墩迎流面下形成了横轴漩涡。随着时间的推移，t=600s 时，这些漩涡开始向两侧扩散，形成了桥墩两侧的漩涡，同时，桥墩周围的马蹄形漩涡也逐渐发展壮大，导致桥墩两侧的冲刷深度增加。当时刻来到 t=1200s 时，桥墩两侧的漩涡进一步扩大，冲刷现象愈发严重。最终，在 t=1800s 时，桥墩两侧的漩涡趋于稳定状态。

彩图 4-12

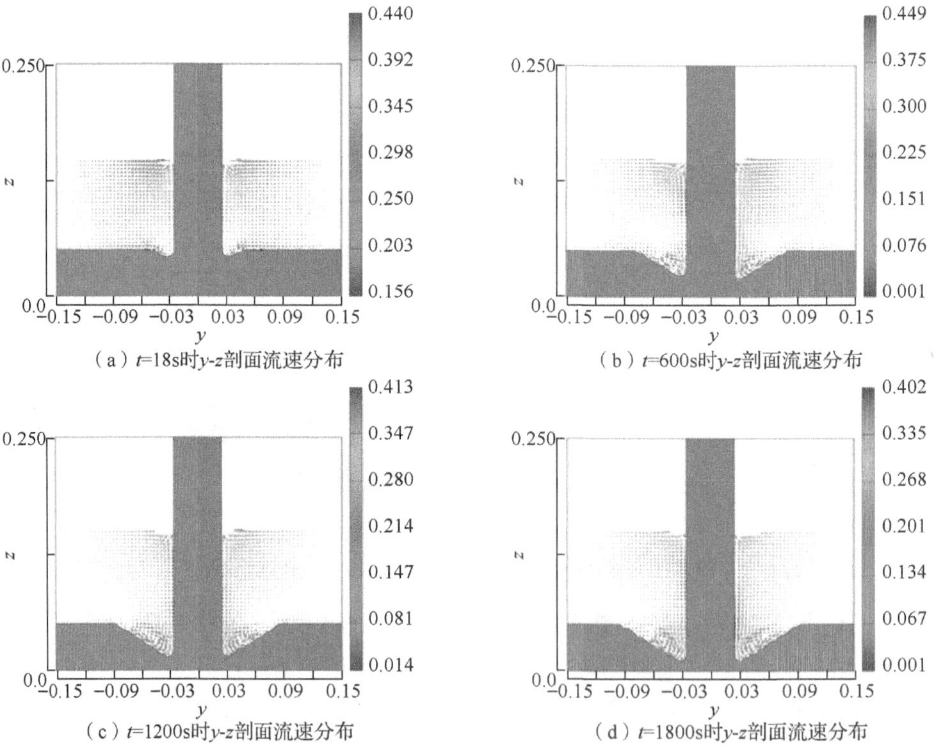

（a）t=18s时y-z剖面流速分布
（b）t=600s时y-z剖面流速分布
（c）t=1200s时y-z剖面流速分布
（d）t=1800s时y-z剖面流速分布

图 4-12　不同时刻 y-z 剖面流速分布图

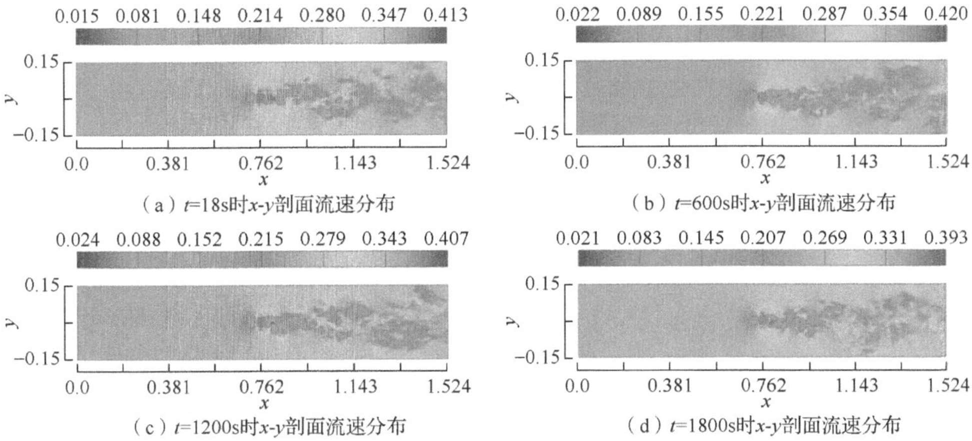

（a）t=18s时x-y剖面流速分布　（b）t=600s时x-y剖面流速分布

（c）t=1200s时x-y剖面流速分布　（d）t=1800s时x-y剖面流速分布

图 4-13　不同时刻 x-y 剖面流速分布图

彩图 4-13

2. 床面剪应力分析

数值模拟过程中，床面剪应力分布如图 4-14 所示。床面剪应力的分布情况与床面冲刷坑的发展情况接近，可以认为床面剪应力可以作为冲刷预测的一个指标。

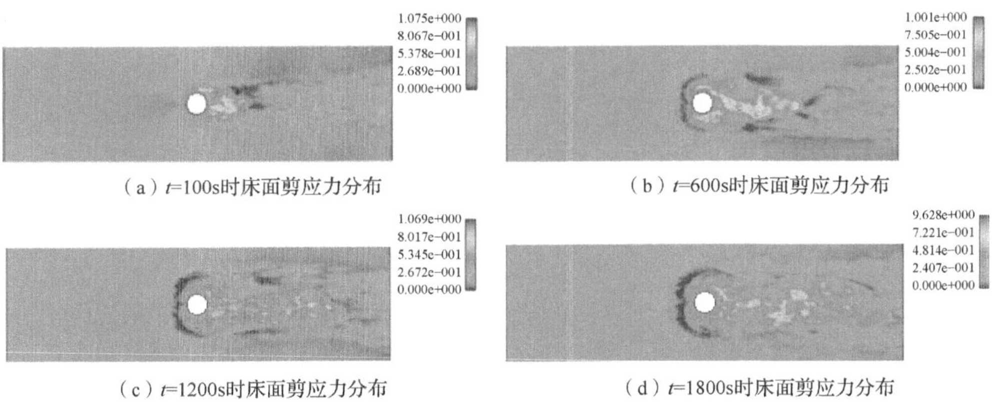

（a）t=100s时床面剪应力分布　（b）t=600s时床面剪应力分布

（c）t=1200s时床面剪应力分布　（d）t=1800s时床面剪应力分布

图 4-14　不同时刻床面剪应力分布图

彩图 4-14

3. 冲刷深度分析

由最大冲刷坑深度随时间的变化曲线（图 4-15）可知，冲刷深度在前 300s 内发展较快，之后在 300～1800s 内发展放缓。

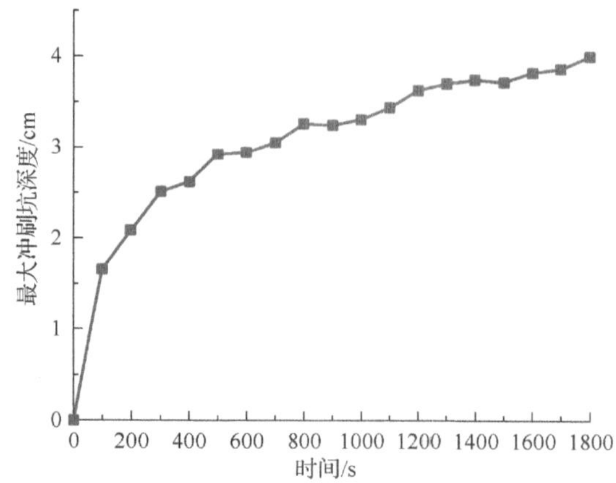

图 4-15　最大冲刷坑深度随时间的变化曲线

本案例基于 LES 模拟得到的经典试验冲刷前 30min 冲刷深度分布如图 4-16 所示，冲刷坑形态如图 4-17 所示，冲刷 30min 后最大冲刷坑深度为 4.003cm，与经典试验结果（4cm）较为接近。

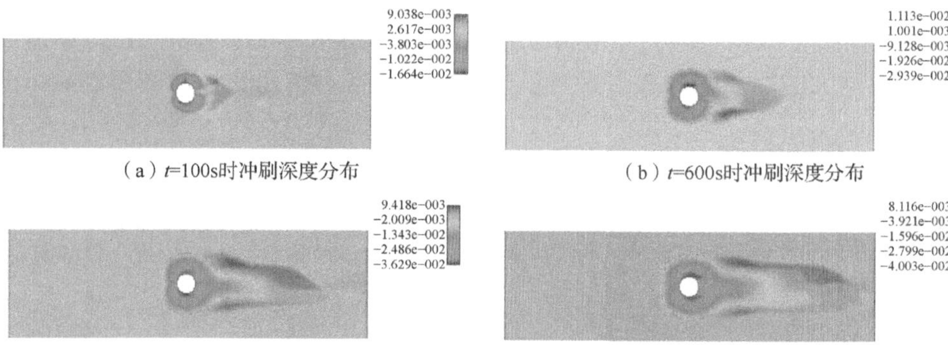

（a）t=100s时冲刷深度分布　　（b）t=600s时冲刷深度分布

（c）t=1200s时冲刷深度分布　　（d）t=1800s时冲刷深度分布

图 4-16　不同时刻最大冲刷坑深度分布图

彩图 4-16

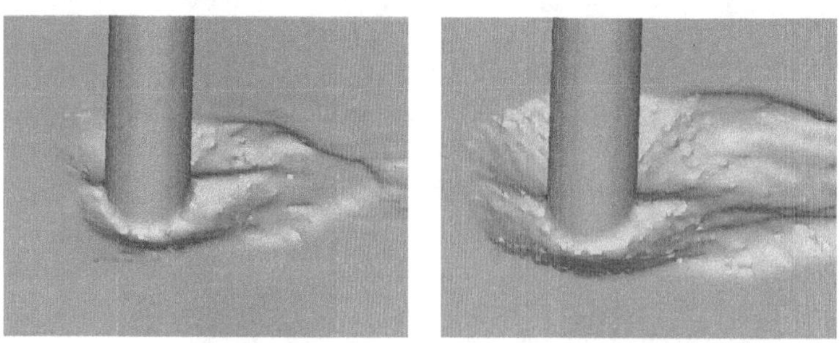

（a）t=100s 时冲刷坑形态　　（b）t=600s 时冲刷坑形态

图 4-17　不同时刻冲刷坑形态图

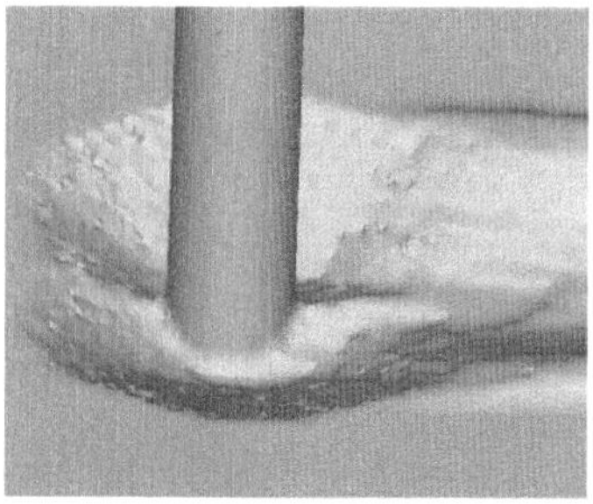

（c）t=1200s 时冲刷坑形态

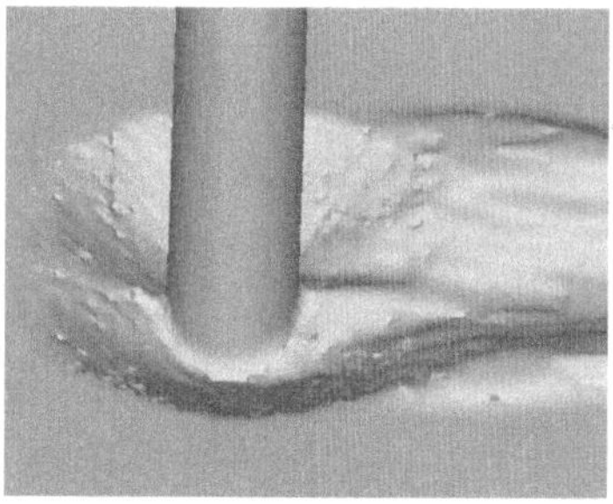

（d）t=1800s 时冲刷坑形态

图 4-17（续）

4.6　本 章 小 结

1）VOF 方法的基本原理是通过研究网格单元中流体体积和网格体积比函数 F 来确定自由面，追踪流体的变化，VOF 方法可以处理自由面重构等强非线性现象，所需计算时间短、存储量少。

2）流场模型常用的有 LES、DNS、RANS 三种，其中，DNS 模型的计算量最大，LES 的计算量介于另外两者之间，而 RANS 的计算量最小。实际模拟分析中最为常用的是根据不同的需求选择不同的 RANS 模型，在计算能力允许的情况下，也可采用 LES 模拟来提升模拟分析的精度。

3）Flow-3D 中基于 VOF 方法的桩基冲刷仿真分析流程为：首先根据流场计算分析求解得到基础周围的速度场和压力场，由此确定床面切应力，然后与床面泥沙的临界起动切应力相比，如泥沙满足起动条件，计算泥沙的运动情况，进而得到河床底面冲刷量和高程变化，再根据变化的高程更新计算域和网格，并进行下一轮流场求解和泥沙输运计算。当冲刷坑表面的切应力等于临界切应力时，冲刷坑不再发展，由此得到平衡（最大）冲刷坑深度和冲刷坑形态。

参 考 文 献

[1] Germano M, Piomelli U, Moin P, et al.A dynamic subgrid-scale eddy viscosity model[J]. Physics of Fluids, 1991, 3(3): 1760-1765.

[2] Bardina J, Ferziger J H, Reynolds W C. Improved subgrid-scale models for large-eddy simulation[C]//AIAA. Proceedings of the 13th Fluid and Plasma Dynamics Conference. Snowmass, Colorado, 1980: 1357.

[3] Van Rijn L C. Sediment transport, part II: suspended load transport[J]. Journal of Hydraulic Engineering, 1984, 110(11): 1613-1641.

[4] Hirt C W, Nichols B D. Volume of fluid (VOF) method for the dynamics of free boundaries[J]. Journal of Computational Physics, 1981, 39(1): 201-225.

[5] Melville B W. Local scour at bridge sites[D]. Auckland, New Zealand :University Of Auckland, 1975.

第 5 章　基于显式积分法的桥梁失效过程仿真技术

桥梁水毁仿真分析中，为确保桥梁水毁仿真与失效机理分析的准确性与合理性，连续倒塌分析与流体动力学两者必须交互耦合，即将桥梁倒塌的结构域计算纳入流-固-土耦合场内进行分析。

目前，对于桥梁倒塌问题的分析主要采用数值模拟方法，国内外桥梁结构倒塌的数值模拟方法主要分为离散元法、无网格法、有限元法和边界元法 4 种[1]。其中，有限元法起源于 20 世纪 60 年代，该方法能够有效地解决诸如应力分析中所使用的各向异性材料、非均匀性材料、非线性应力应变和复杂边界状况等问题[2]，故在桥梁倒塌机制的研究中应用较多[3-4]。常用的有限元软件包括 LS-DYNA、ABAQUS 和 SAP2000 等[4]，本章的理论分析与仿真分析均基于 LS-DYNA 软件。

具体而言，对于显式积分法，首先需建立有限元模型及合理的边界条件，再通过显式单元积分的方法，对其进行数值积分，并确定合理的单元失效准则，来控制桥梁的倒塌与破坏过程，最后获取桥梁的倒塌时程。

5.1　显式积分法简介

5.1.1　非线性有限元法控制方程

采用有限元法进行数值分析的控制方程可采用拉格朗日法和欧拉法建立。一般采用拉格朗日法建立固体倒塌碰撞问题的非线性控制方程。拉格朗日法的坐标系原点位于移动的质点，当系统位形改变时，坐标随质点一起运动[5]。

根据连续介质理论，运动系统需满足质量守恒方程、动量守恒方程及能量守恒方程三大方程。质量守恒采用下列方程描述：

$$\rho V = \rho_0 \tag{5-1}$$

式中：ρ 为质量密度；ρ_0 为参照密度；V 为相对体积，即变形梯度矩阵的行列式 F_{ij}：

$$F_{ij} = \frac{\partial x_i}{\partial X_j} \tag{5-2}$$

动量守恒采用下列方程描述：

$$\sigma_{ij,j} + \rho f_i = \rho \ddot{x}_i \tag{5-3}$$

式中：$\sigma_{ij,j}$ 为应力张量分量；f_i 为单位质量体积力；$\ddot{x}_i$ 为加速度。式（5-3）应满足以下边界条件：

$$\sigma_{ij} n_j = t_i(t) \tag{5-4}$$

$$x_i(X_\alpha, t) = D_i(t) \tag{5-5}$$

$$(\sigma_{ij}^+ - \sigma_{ij}^-) n_i = 0 \tag{5-6}$$

式中：σ_{ij} 为应力张量分量；x_i 为结构位移；D_i 为时间的位移函数。

式（5-4）～式（5-6）分别为应力边界、位移边界和接触面间断处跳跃条件。

能量守恒采用下列方程描述：

$$\dot{E} = VS_{ij}\dot{\varepsilon}_{ij} - (p+q)\dot{V} \tag{5-7}$$

式中：$\dot{E}$ 为当前构形能量；V 为当前构形体积；$\dot{\varepsilon}_{ij}$ 和 S_{ij} 分别为应变率张量分量及偏应力张量分量，S_{ij} 计算式为

$$S_{ij} = \sigma_{ij} + (p+q)\delta_{ij} \tag{5-8}$$

其中，

$$p = -\frac{1}{3}\sigma_{ij}\delta_{ij} - q = -\frac{1}{3}\sigma_{kk} - q \tag{5-9}$$

式中：p 为压力；q 为体积黏性阻力；δ_{ij} 为克罗内克 δ 符号。

由虚功原理，得

$$\int_V (\rho\ddot{x}_i - \sigma_{ij,j} - \rho f_i)\delta x_i \mathrm{d}V + \int_{\partial b_1} (\sigma_{ij} n_j - t_i)\delta x_i \mathrm{d}S + \int_{\partial b_a} (\sigma_{ij}^+ - \sigma_{ij}^-) n_j \delta x_i \mathrm{d}S = 0 \tag{5-10}$$

此处，δx_i 在 ∂b_1 上满足应力边界和位移边界条件。根据散度定理有

$$\int_V (\sigma_{ij}\delta x_i)_{,j} \mathrm{d}V = \int_{\partial b_1} (\sigma_{ij} n_j)\delta x_i \mathrm{d}S + \int_{\partial b_3} (\sigma_{ij}^+ - \sigma_{ij}^-) n_j \delta x_i \mathrm{d}S \tag{5-11}$$

且有

$$(\sigma_{ij}\delta x_i)_{,j} - \sigma_{ij,j}\delta x_i = \sigma_{ij}\delta x_{i,j} \tag{5-12}$$

故可得倒塌碰撞系统中的控制方程如下：

$$\delta\pi = \int_V \rho\ddot{x}_i \delta x_i \mathrm{d}V + \int_V \sigma_{ij}\delta x_{i,j} \mathrm{d}V - \int_V \rho f_i \delta x_i \mathrm{d}V - \int_{\partial b_1} t_i \delta x_i \mathrm{d}S \tag{5-13}$$

式（5-13）中各积分项分别表示单位时间系统惯性力、内力、体力、面力所做的虚功；V 为单元体积；∂b_1 为面力的作用面。

单元内任意一点坐标可采用节点坐标插值描述：

$$x_i(X_\alpha, t) = x_i(X_\alpha(\xi,\eta,\zeta), t) = \sum_{j=1}^{k} N_j(\xi,\eta,\zeta) x_i^j(t) \tag{5-14}$$

将式（5-14）写成矩阵形式：

$$(x_i(\xi,\eta,\zeta,t)) = [N](x)^e \tag{5-15}$$

将式（5-15）代入式（5-13），有

$$\delta\pi=\sum_{m=1}^{n}\delta\pi_m=\sum_{m=1}^{n}\delta x^{e\mathrm{T}}\Big[\int_{V_m}^{\cdot}\rho\boldsymbol{N}^{\mathrm{T}}\boldsymbol{N}\ddot{x}_i^e\mathrm{d}V$$

$$+\int_{V_m}^{\cdot}\boldsymbol{B}^{\mathrm{T}}\boldsymbol{\sigma}\mathrm{d}V-\int_{V_m}^{\cdot}\rho\boldsymbol{N}^{\mathrm{T}}f\mathrm{d}V-\int_{\partial b_1}^{\cdot}\boldsymbol{N}^{\mathrm{T}}t\mathrm{d}S\Big]=0 \tag{5-16}$$

式中：$\boldsymbol{N}$ 为插值矩阵；$\boldsymbol{\sigma}$ 为应力矢量；$\boldsymbol{B}$ 为应变–位移矩阵；f 为体力；t 为面力。

式（5-16）可写成

$$\delta x^{\mathrm{T}}\left[\boldsymbol{M}\ddot{\boldsymbol{x}}(t)+\boldsymbol{F}(x,\dot{x})-\boldsymbol{P}(x,t)\right]=0 \tag{5-17}$$

或

$$\boldsymbol{M}\ddot{\boldsymbol{x}}(t)=\boldsymbol{P}(x,t)-\boldsymbol{F}(x,\dot{x}) \tag{5-18}$$

式（5-18）即为对式（5-13）离散后得到的系统控制方程。其中 $\boldsymbol{M}$ 为总质量矩阵，$\ddot{\boldsymbol{x}}(t)$ 为总体加速度矢量，$\boldsymbol{P}$ 为总荷载矢量，$\boldsymbol{F}$ 由单位应力场的等效节点向量组集而成。

考虑黏性阻尼，可将式（5-18）改写为

$$\boldsymbol{M}\ddot{\boldsymbol{x}}(t)=\boldsymbol{P}(x,t)-\boldsymbol{F}(x,\dot{x})-c\dot{x} \tag{5-19}$$

式（5-19）和材料的本构方程、边界条件一起构成倒塌碰撞问题的体系控制方程。

5.1.2　显式中心差分法

上述建立倒塌碰撞问题的非线性有限元控制方程采用了拉格朗日法，而系统控制方程的求解方法主要分为 3 类：时域方法、频域方法、响应谱法（冲击谱方法）。根据解法不同，时域方法又可分为直接积分法、模态叠加法、状态空间法。直接积分法可分为显式中心差分法、侯博特（Houbolt）法（隐式）、威尔逊（Wilson）$-\theta$ 法（隐式）、纽马克（Newmark）$-\beta$ 法（隐式）等。其中显式中心差分法[5]具有快速、计算简单、无须迭代等优点，下面对显式中心差分法的一般计算过程进行介绍。

假设已知 $0,t^1,t^2,\cdots,t^n$ 时刻的节点位移、速度、加速度，欲求解 $t^{n+1}(t+\Delta t)$ 时刻的结构响应。中心差分法采用中心差分代替速度、加速度对时间的导数，列式如下：

$$\begin{cases}\ddot{x}_t=\dfrac{1}{\Delta t^2}\left(x_{t-\Delta t}-2x_t+x_{t+\Delta t}\right)\\ \dot{x}_t=\dfrac{1}{2\Delta t}\left(-x_{t-\Delta t}+x_{t+\Delta t}\right)\end{cases} \tag{5-20}$$

将式（5-20）代入式（5-19），即可求解 $x_{t+\Delta t}$，将 $x_{t+\Delta t}$ 代回几何方程与物理方程即可获得 $(t+\Delta t)$ 时刻的单元应力与单元应变。

可以看出，若已求得 t^{n-1}、t^{n} 时刻的节点位移、速度、加速度，则可求出 t^{n+1} 时刻的位移。因此，可根据上述公式在时域范围内递推得到各时间点上结构的位移。上述通过 t^{n} 时刻的平衡方程来获取 t^{n+1} 时刻位移的解法称为显式算法，因此中心差分法又称为显式直接积分法。

然而，需要求解 t^{-1} 步的位移，以便在第 0 步时能够进行递推计算，即显式积分法存在起步问题，该类问题的详细处理方法可参阅相关文献。

综上所述，因采用集中质量矩阵，显式积分法的方程组为非耦合形式，故无须组装总刚度矩阵和总体质量矩阵，亦无须求解联立方程组，只需保证稳定的时间步长即可求解，故每个时步的计算成本较低，然而单元应力、应变、内力等过程的确定需要消耗大部分的计算资源。

5.1.3　显式分析方法优点

LS-DYNA 以显式分析为主，又可进行隐式分析，还可进行显式-隐式或隐式-显式转换连续求解[6]。在显式分析中，第 $n+1$ 个时间步的量可由第 n 个时间步的量直接求得，而在隐式分析中，无法直接由第 n 个时间步的量求第 $n+1$ 个时间步的量。

显式分析为条件稳定型，收敛较慢，其时间步长必须小于柯朗（Courant）时间步长（声波传播通过单元的时间）。隐式分析为无条件稳定型，收敛速度较快，对时间步长的大小无固定限制。因此，显式分析的时间步长通常比隐式分析的时间步长小。

此外，与隐式分析相比，显式分析处理材料非线性和接触非线性等非线性问题相对容易。在非线性隐式分析中，每一步都要对平衡方程进行反复迭代求解。在载荷/时间步内，隐式分析需将刚度矩阵转置一次甚至多次。对于大型模型，该类矩阵转置为耗时操作，而显式分析无须该步。在显式动态分析中，节点加速度等于对角线质量矩阵转置乘以净节点力矢量，可无须迭代直接求解。

5.2　结构/构件非线性行为仿真

5.2.1　网格划分

LS-DYNA 中通过模型网格中的最小单元尺寸来定义时间步长。单元网格尺寸越小，模型计算时间越长，即使模型中仅包含少数网格尺寸细小的单元，亦会严重影响模拟时间[7]。有限元模型的网格划分既需要考虑分析运算的时间成本，又需要考虑计算分析的精度，从而确保真实再现构件的变形断裂等局部破坏特征。因此，在网格划分中应尽量避免产生尺寸较小的单元，同时应合理地控制网格大小以兼顾时间成本与分析精度。

由上述分析可知，建模的核心工作为网格划分，模型的合理性在较大程度上由网格划分形式所体现。研究发现，对于固体间的碰撞问题，材料失效应变的取值与网格尺寸间存在相关性。王君杰等[8]通过试验结果与数值模拟对比研究发现，材料的计算失效应变随网格尺寸而变化，小的网格尺寸应取较大的失效应变，大的网格尺寸应取较小的失效应变。该现象可解释为：大的单元尺寸减小了高应力点的数值，以致破坏无法及时发生，由此提高了结构抗力。

网格划分时需注意以下 4 点：①尽量避免退化的实体和壳体单元；②单元大小尽量均匀；③当使用降阶单元算法或可能遭受沙漏变形的单元时，避免使用粗网格；④若出现沙漏现象，尽量在局部模型或整体模型中使用全积分单元。

对于实际问题，问题的特征将直接影响网格尺寸效应，即便已进行缩尺模型的网格尺寸效应分析，应用到实际结构时亦未必适用。实际问题一般规模较大，需在总结经验的基础上，有针对性地进行收敛分析，以考虑网格尺寸效应，从而选取较合理的网格尺寸和材料失效应变值[9]。

5.2.2 单元类型

LS-DYNA 中有丰富的单元库，包括三维杆单元（LINK160）、三维梁单元（BEAM161）、实体单元（SOLID164）、薄壳单元（SHELL163）、弹簧阻尼单元（COMBI165）、质量单元（MASS166）、杆单元（LINK167）、十节点四面体单元（TET-SOLID168），另外还提供 SPH 单元及其他用途的单元。

如图 5-1 所示，LINK160 单元仅考虑轴力效应，未考虑弯矩、剪力等，通过输入实常数来定义杆件截面面积，该单元由 I 、J 两个节点所定义，每个节点有 3 个自由度(UX、UY、UZ)，L 为杆件长度。

如图 5-2 所示，BEAM161 单元为显式动力分析单元，可采用各向同性弹性、黏弹性、塑性随动强化、双线性随动等材料模型。该单元由 3 个节点(n_1,n_2,n_3)所定义，其中 n_1 和 n_2 分别为单元的起始点和终点，n_3 作为方向点用于定义包含单元 s 轴的平面，以确定截面的方向，r 轴与 n_1、n_2 所在直线平行。每个节点均有 12 个自由度，分别为 UX、UY、UZ、VX、VY、VZ、AX、AY、AZ、$ROTX$、$ROTY$、$ROTZ$，即节点位移、速度、加速度和旋转角度的自由度，但真实自由度仅包括位移和旋转角度。该单元包含贝利奇科-施韦尔（Belytschko-Schwer）积分（显式积分）和休斯-刘（Hughes-Liu）积分（传统积分）两种算法。

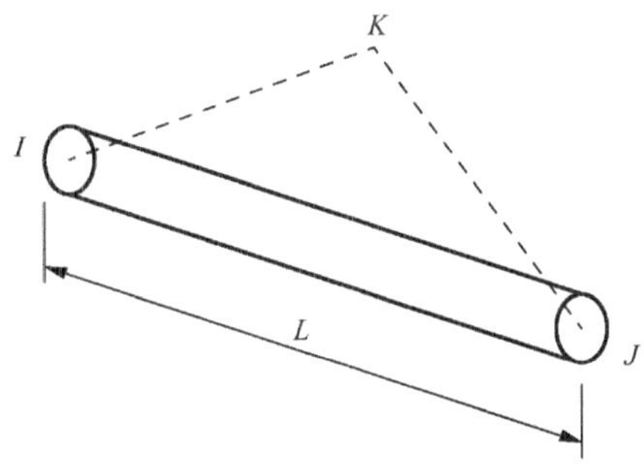

图 5-1　LINK160 单元

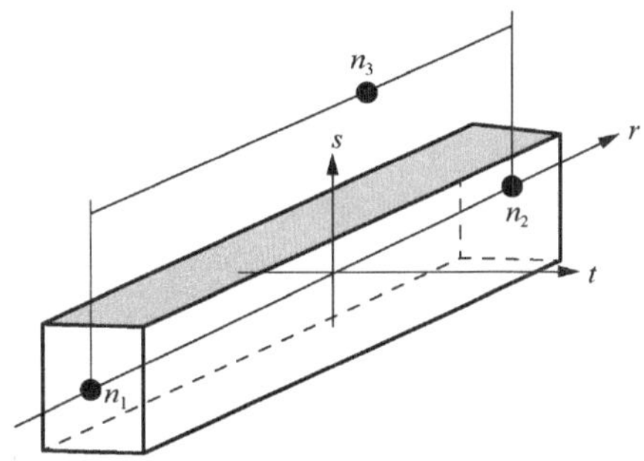

图 5-2　BEAM161 单元

SOLID164 单元为八节点六面体单元，可采用各向同性、正交各向异性、塑性随动强化等大部分材料模型，仅适用于动力显式分析。该实体单元的每个节点均有 9 个自由度，分别为 *UX*、*UY*、*UZ*、*VX*、*VY*、*VZ*、*AX*、*AY*、*AZ*，即节点位移、速度、加速度沿节点坐标轴 *X*、*Y*、*Z* 的自由度，但真实自由度仅为位移。图 5-3 为典型的八节点六面体单元，该单元拥有单点（缩减）积分和多点积分（全积分）两种算法，其中单点积分适用于结构大变形且节省计算时间。划分网格时应避免 SOLID164 单元的退化，退化单元会通过相同节点重复出现来满足 SOLID164 单元的八节点要求。此外，节点的重复将对计算造成极大影响，导致四面体、棱锥体、棱柱体的退化单元在弯曲时十分僵硬。

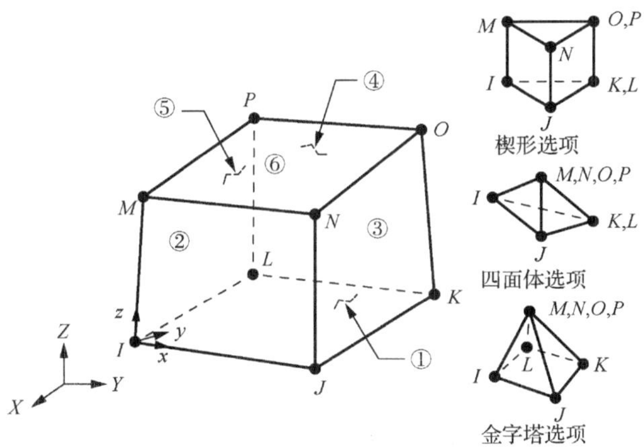

图 5-3　SOLID164 单元

SHELL163 单元（图 5-4）为四节点显式分析薄壳单元，每个节点拥有 9 个平移自由度，即 *UX*、*UY*、*UZ*、*VX*、*VY*、*VZ*、*AX*、*AY*、*AZ*；有 3 个扭转自由度，即 *ROTX*、*ROTY*、*ROTZ*。其中位移和转动是实际意义的物理量。该单元支持显式动力学分析的所有非线性特性，可施加法向荷载及面荷载，具有膜特性和弯曲特性。

SHELL163 单元设置有 12 种不同的算法，默认算法为贝利奇科-蔡（Belytschko-Tsay）单点积分壳单元算法，面内有 4 个积分点。所有壳单元算法沿厚度方向都可包含任意多个积分点。通常，对于弹性材料，沿厚度方向需 2 个积分点；而对于塑性材料，则需要 3 个或更多的积分点。

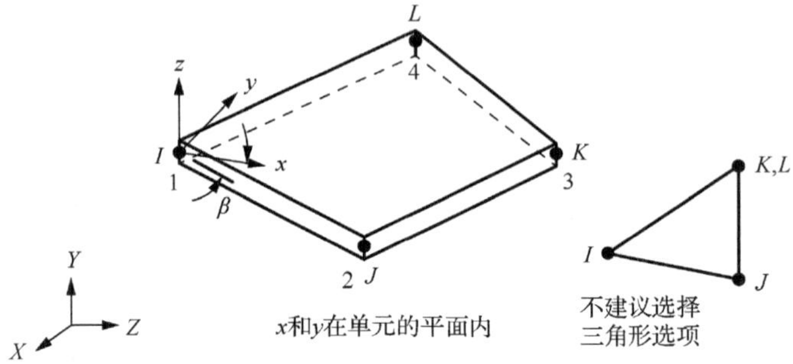

图 5-4　SHELL163 单元

综上所述，LS-DYNA 中每种单元均适用于大部分材料模型，且每种单元可同时具有多种算法，因此 LS-DYNA 非常适用于任意大位移、转动及应变分析。

需要注意的是，由于单个积分点的单元容易形成零能模式，若在有限元模型中使用薄壳单元（SHELL163），则将产生一种较所有结构响应周期要短的自然振荡，且网格发生变形而成锯齿状，该情况称为沙漏变形。可采取以下措施控制沙漏变形，以保证模拟分析的有效性。

1）网格划分时尽量采用均匀单元。通常情况下，对整体网格进行细化处理可在一定程度上降低沙漏变形的影响。

2）避免在模型单点上集中加载。由于产生沙漏的单元会将此模式传递至周围单元，故荷载应当分散至相邻的节点，通过体荷载的方式将荷载均匀施加于特定的节点组元。

3）提高模型的局部刚度。选取基于刚性的沙漏控制模式，通过调整沙漏系数可提高模型的弹性刚度。

5.2.3　材料模型

LS-DYNA 具有丰富的材料本构模型，可考虑材料的弹性、弹塑性等力学性质，个别材料还可考虑失效、损伤等情况。其中，混凝土损伤模型（concrete-damage model）、霍姆奎斯特-约翰逊-库克（Holmquist-Johnson-Cook，HJC）模型、动力硬化帽模型（kinematic hardening cap model）、连续面帽盖模型（continuous surface cap model）等混凝土本构模型，在倒塌、碰撞等问题的研究中得到较好应用。此外，针对混凝土材料，LS-DYNA 还提供了弹性及塑性动力学模型等相对简单的本构模型。

土木工程材料中，钢材的本构相对简单，可使用 LS-DYNA 提供的线性随动强化、双线性等向强化、多线性随动强化、多线性等向强化等模型[10]。

下面分别介绍常用的混凝土本构模型和钢材本构模型。

1. 混凝土本构模型

（1）混凝土损伤模型

马尔瓦尔（Malvar）等将 LS-DYNA 材料库中的伪张量模型体积响应和偏量响应解耦后提出混凝土损伤模型。体积响应利用状态方程描述压力和体积应变间的关系，在压力已知的情况下，失效面对应力张量的第二不变量进行限制。在受压作用下，混凝土的塑性流动性按普朗特–罗伊斯（Prandtl-Reuss）法则处理。在初始加载时偏应力保持弹性，直至达到初始屈服面，此时偏应力继续增加，最终达到最大屈服面。在此阶段以外，响应为理想塑性或软化至残余屈服面。

混凝土损伤模型中对 3 个失效面进行定义，分别为最大失效面、屈服失效面和残余失效面。

最大失效面为

$$\Delta\sigma_{\mathrm{m}} = a_0 + \frac{p}{a_1 + a_2 p} \tag{5-21}$$

屈服失效面为

$$\Delta\sigma_{\mathrm{y}} = a_{0\mathrm{y}} + \frac{p}{a_{1\mathrm{y}} + a_{2\mathrm{y}} p} \tag{5-22}$$

残余失效面为

$$\Delta\sigma_{\mathrm{r}} = a_{0\mathrm{f}} + \frac{p}{a_{1\mathrm{f}} + a_{2\mathrm{f}} p} \tag{5-23}$$

式中：a_0、a_1、a_2、$a_{0\mathrm{y}}$、$a_{1\mathrm{y}}$、$a_{2\mathrm{y}}$、$a_{0\mathrm{f}}$、$a_{1\mathrm{f}}$、$a_{2\mathrm{f}}$ 为与各失效面相关的系数；p 为静水压力，$p = -(\sigma_1 + \sigma_2 + \sigma_3)/3$，其中 σ_1、σ_2、σ_3 分别表示第一、第二、第三主应力。

当前失效面由 $\Delta\sigma_{\mathrm{m}}$、$\Delta\sigma_{\mathrm{y}}$、$\Delta\sigma_{\mathrm{r}}$ 插值确定：

$$\Delta\sigma = \eta(\Delta\sigma_{\mathrm{m}} - \Delta\sigma_{\min}) + \Delta\sigma_{\min} \tag{5-24}$$

其中，

$$\Delta\sigma_{\min} = \begin{cases} \Delta\sigma_{\mathrm{y}}, & \lambda \leqslant \lambda_{\mathrm{m}} \\ \Delta\sigma_{\mathrm{r}}, & \lambda > \lambda_{\mathrm{m}} \end{cases} \tag{5-25}$$

式中：λ_{m} 为应力限值。

λ 为修正后的等效应变：

$$\lambda=\begin{cases}\displaystyle\int_0^{\overline{\varepsilon^p}}\frac{\mathrm{d}\overline{\varepsilon^p}}{\left(1+\dfrac{p}{r_\mathrm{f}f_\mathrm{t}}\right)^{b_1}}, & p\geqslant 0\\ \displaystyle\int_0^{\overline{\varepsilon^p}}\frac{\mathrm{d}\overline{\varepsilon^p}}{\left(1+\dfrac{p}{r_\mathrm{f}f_\mathrm{t}}\right)^{b_2}}, & p<0\end{cases} \tag{5-26}$$

式中：b_1、b_2 为系数；$\overline{\varepsilon^p}$ 为有效塑性应变；r_f 为单轴压缩试验的速率增强因子；f_t 为混凝土抗拉强度。

混凝土损伤模型采用拉伸与压缩子午线的方法：

1）压力大于 $f_3'/3$（f_3' 为轴心抗压强度）时，压缩子午线作为已知量；

2）压力介于 $f_3'/3$ 和 $-f_\mathrm{t}$ 之间时，拉伸子午线为：$\Delta\sigma=3(p+f_\mathrm{t})/2$。

（2）HJC 模型

HJC 模型由 Holmquist、Johnson 和 Cook 于 1993 年提出，是针对混凝土在大应变、高应变率、高压强下的一种本构关系模型。此模型考虑混凝土的损伤、压力对屈服的影响及应变率效应。屈服面表达式为

$$\sigma^*=[A(1-D)+Bp^{*N}][1+C\ln\dot{\varepsilon}^*]\leqslant S_{\max} \tag{5-27}$$

式中：$\sigma^*=\sigma/f$ 为标准化的等效应力；$p^*=p/f$ 为标准化的静水压力；A 为材料的初始屈服强度系数；D 为损伤变量，表示材料的损伤程度；B 为与压力相关的系数，用于描述压力对材料屈服强度的影响；C 为应变率敏感性系数，用于描述应变率对屈服面的影响；$\dot{\varepsilon}^*$ 为等效应变率，即在给定的压力下，材料能够承受的最大应变率；$S_{\max}$ 为材料的最大承载能力。

HJC 模型利用损伤度描述材料的损伤累积，即

$$D=\sum\frac{\Delta\varepsilon+\Delta u_\mathrm{p}}{\varepsilon^\mathrm{f}+u_\mathrm{p}^\mathrm{f}} \tag{5-28}$$

式中：$\Delta\varepsilon$ 为等效塑性应变增量；Δu_p 为塑性体积应变增量；$\varepsilon^\mathrm{f}+u_\mathrm{p}^\mathrm{f}$ 为 p 作用下的断裂塑性应变：

$$\varepsilon^\mathrm{f}+u_\mathrm{p}^\mathrm{f}=D_1(p^*+T^*)^{D_2} \tag{5-29}$$

式中：D_1 为材料属性系数，用于描述材料在不同压力下的损伤行为；D_2 为损伤系数，用于描述损伤增长的速率；T^* 为混凝土能承受的最大标准化拉伸压力。

静水压力和体积应变之间的关系采用 3 段状态方程描述，如图 5-5 所示[11]。第一段为线弹性区；第二段为过渡区，混凝土内部气体逐渐排出，混凝土开始产生裂纹；第三段为混凝土无气孔密实区，混凝土基本完全破碎。

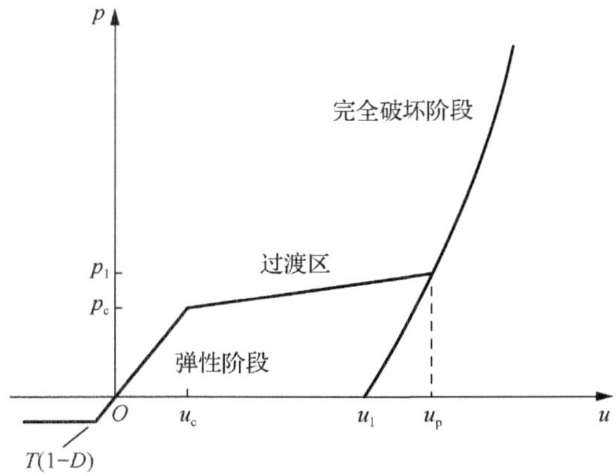

p_1—弹性阶段结束时的压力值，即材料开始进入塑性变形阶段的压力；
p_c—混凝土的临界压力，即材料开始出现裂纹和损伤的压力；
u_c—初始体积应变，即材料在弹性阶段结束时的体积应变；
u_1—过渡区结束时的体积应变，即材料在裂纹开始扩展前的体积应变；
u_p—完全破坏阶段的体积应变，即材料完全破碎时的体积应变。

图 5-5　HJC 模型状态方程

（3）动力硬化帽模型

动力硬化帽模型的$\sqrt{J_{2D}}$-J_1压力空间由 3 个失效面组成，利用应力张量不变量进行描述，如图 5-6 所示。其中f_1为破坏面，表达式如下：

$$f_1=\sqrt{J_{2D}}-\min(F_e(J_1),T_{mises}) \tag{5-30}$$

其中，

$$F_e(J_1)=\alpha-\gamma\exp(-\beta J_1)+\theta J_1 \tag{5-31}$$

$$T_{mises}=|X(k_n)-L(k_n)| \tag{5-32}$$

式中：α、β、θ为材料模型参数，用于描述材料的应力-应变行为；$X(k_n)$为与材料的内在属性或外部条件相关的函数；$L(k_n)$为与材料的损伤或失效相关的函数，用于描述材料在损伤过程中的行为。

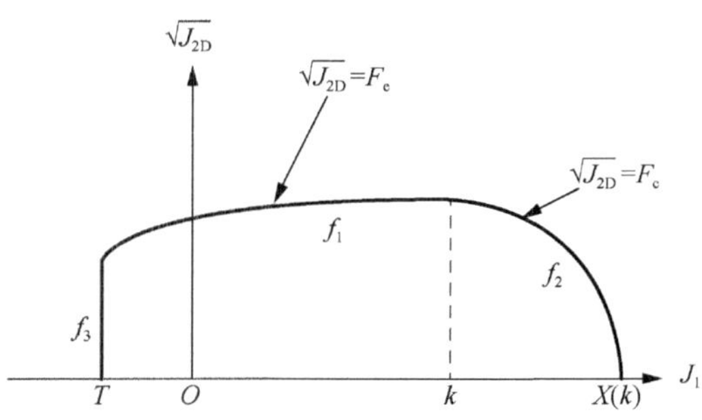

F_e—有效应力；
F_c—帽盖面对应的应力值，表示材料在待定条件下的应力上限。

图 5-6　动力硬化帽模型

破坏面 f_1 在 $\sqrt{J_{2D}}$ - J_1 空间的位置不变，无动力硬化时 f_1 未出现硬化现象。图 5-6 中 f_2 为帽盖面，表达式如下：

$$f_2=\sqrt{J_{2D}}-F_c(J_1,k) \tag{5-33}$$

其中，

$$F_c(J_1,k)=\frac{1}{R}\sqrt{[X(k)-L(k)]^2-[J_1-L(k)]^2} \tag{5-34}$$

$$X(k)=k+RF_e(k) \tag{5-35}$$

式中：R 为材料属性系数；k 为硬化系数。塑性体积应变表达式为

$$\varepsilon_v^p=W\{1-\exp[-D(X(k)-X_0)]\} \tag{5-36}$$

式中：W 为塑性体积应变的权重系数；X_0 为材料在未受损时的参考值或初始值。

第三个面为拉伸截断面 f_3，表达式为

$$f_3=T-J_1 \tag{5-37}$$

动力硬化帽模型的屈服条件如下：

$$\left.\begin{aligned}&f_1(\sigma)\leqslant 0\\&f_2(\sigma,k)\leqslant 0\\&f_3(\sigma)\leqslant 0\end{aligned}\right\} \tag{5-38}$$

相比于其他模型，动力硬化帽模型具有更好地模拟塑性压缩的能力。此外，该模型可以较好地控制由剪切产生的膨胀变形。

混凝土在动力作用下的本构关系模型比较复杂，上述 3 种模型也各有适用性。欧碧峰等[12]通过数值试验对混凝土损伤模型、HJC 模型、动力硬化帽模型在侧向撞击、单轴拉伸、单轴压缩下的响应特征进行分析。结果表明，对于撞击速度不大的侧向撞击，3 种模型计算得到的撞击力基本一致；混凝土损伤模型未能有效地控制拉伸变形，有可能造成位移过大；HJC 模型可以较好地模拟应变率效应，且预测的单轴压缩强度与实际较符合；HJC 模型和动力硬化帽模型未考虑压缩和拉伸子午线的区别，HJC 模型计算的拉应力可能偏离材料强度，而动力硬化帽模型在受拉极限状态下容易发散。

（4）连续面帽盖模型

在 LS-DYNA 中采用关键字*MAT_CSCM_CONCRETE 设置连续面帽盖模型所需的混凝土参数，其适用于易发生碰撞和破坏的细网格区域。此外，该模型可根据提供的无侧限抗压强度自动生成其他参数，较好地模拟混凝土的各种复杂行为。同时，材料的应变率效应也可被考虑在内。

连续面帽盖模型的屈服面定义如下：

$$F(J_1,J_2,J_3,\kappa)=J_2-R^2F_f^2F_c \tag{5-39}$$

式中：J_1、J_2、J_3 分别为偏应力张量的第一、第二、第三不变量；F_f 为剪切破坏面函数；F_c 为帽盖面函数；κ 为描述 F_c 的内变量；R 为角隅插值函数，由 Q_1、

Q_2 以及相似角（lode）β 确定。F_f、Q_1、Q_2 计算式如下：

$$F_f(J_1)=\alpha-\lambda e^{-\beta I_1}+\theta J_1 \tag{5-40}$$

$$Q_1(J_1)=\alpha_1-\lambda_1 e^{-\beta_1 I_1}+\theta_1 J_1 \tag{5-41}$$

$$Q_2(J_1)=\alpha_2-\lambda_2 e^{-\beta_2 I_1}+\theta_2 J_1 \tag{5-42}$$

式中：α、α_1、α_2，λ、λ_1、λ_2，θ、θ_1、θ_2 均为材料模型参数，用于描述材料的应力-应变行为；β、β_1、β_2 为相似角，用于描述材料在不同应力状态下的屈服行为。

帽盖面为椭圆曲线，曲线方程表示如下：

$$F_c(J_1)=1-\frac{[J_1-L(\kappa)]/[|J_1-L(\kappa)|+J_1-L(\kappa)]}{2[X(\kappa)-L(\kappa)]^2} \tag{5-43}$$

其中，

$$L(\kappa)=\begin{cases}\kappa, & \kappa>\kappa_0\\ \kappa_0, & \kappa\leqslant\kappa_0\end{cases} \tag{5-44}$$

式中：κ_0 为临界值。

当 $J_1=X(\kappa)$ 时，存在以下关系：

$$X(\kappa)=L(\kappa)+RF_f[L(\kappa)] \tag{5-45}$$

由式（5-43）～式（5-45）可得该曲线对长轴的归一化处理，表示如下：

$$F_c(J_1,\kappa)=\begin{cases}1-\dfrac{[J_1-L(\kappa)]^2}{[X(\kappa)-L(\kappa)]^2}, & J_1>L(\kappa)\\ 1, & J_1\leqslant L(\kappa)\end{cases} \tag{5-46}$$

该帽盖面通过移动来模拟材料的体积塑性变形，帽盖随塑性体积压缩变大，反之亦然。其运动满足硬化规则，表达式如下：

$$\varepsilon_v^p=W\left[1-e^{-D_1(X-X_0)-D_2(X-X_0)^2}\right] \tag{5-47}$$

式中：W 为最大体积塑性应变；X_0 为帽盖初始位置；D_1、D_2 分别为一次、二次形状参数。上述参数可由材料单轴压缩所得应力-体积应变曲线拟合得到。

由式（5-39）确定的模型子午面与三维屈服面如图 5-7 所示。

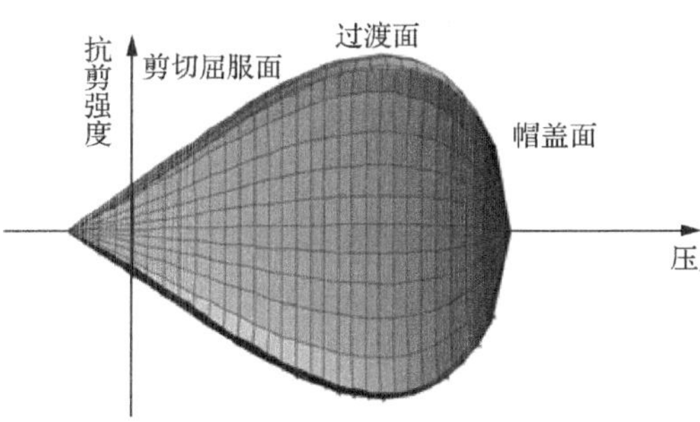

图 5-7　混凝土屈服面的一般形状

彩图 5-7

2. 钢材本构模型

（1）塑性随动硬化模型

通过定义材料的失效应变，塑性随动硬化模型可模拟结构的破坏，并可用于描述钢结构的动态特性。塑性随动硬化模型主要分为 3 种模型：一是仅各向同性的模型，二是仅有随动硬化的模型，三是同时包含各向同性和随动硬化的混合模型。可通过设置失效应变值来考虑材料失效后对结构的影响[13]。

桥梁倒塌数值模拟涉及动力作用下钢材的弹塑性本构关系，材料模型可采用塑性随动硬化模型，如图 5-8 所示。塑性随动硬化模型使用双线性折线近似模拟钢筋的弹塑性响应，根据考珀–西蒙斯（Cowper-Symonds）模型，采用应变率进行屈服应力计算，数学表达式如下：

$$\sigma_{\mathrm{y}}=\left[1+\left(\frac{\varepsilon}{c}\right)^{\frac{1}{p}}\right]\left(\sigma_0+\gamma E_{\mathrm{P}}\varepsilon_{\mathrm{P}}^{\mathrm{eff}}\right) \tag{5-48}$$

式中：σ_0 为初始屈服应力；ε 为应变率；c、p 为考虑应变率效应的参数；$\varepsilon_{\mathrm{P}}^{\mathrm{eff}}$ 为有效塑性应变；γ 为硬化参数，取 0 和 1 时分别表示随动强化和各向同性强化，这里取 0；E_{P} 为塑性强化模量，数学表达式为

$$E_{\mathrm{P}}=\frac{E_{\mathrm{t}}E}{E-E_{\mathrm{t}}} \tag{5-49}$$

式中：E 、E_{t} 分别为弹性模量和切线模量。

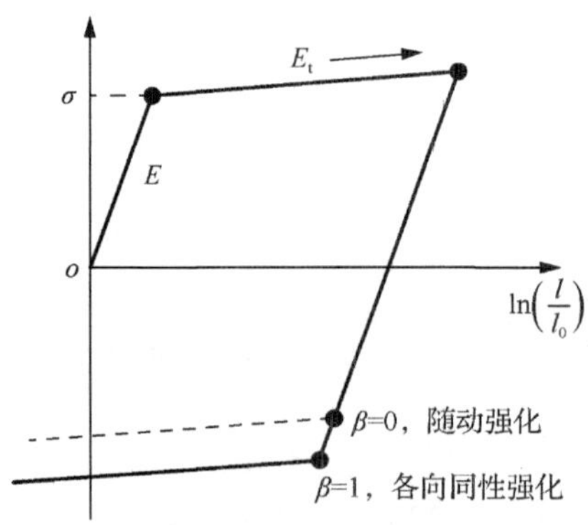

σ—应力；E—弹性模量；E_{t}—切线模量；
l_0、l—单轴拉伸试验前后试件长度；
β—描述不同硬化模型的参数。

图 5-8　塑性随动硬化模型的弹塑性响应

该模型需要输入密度、弹性模量、泊松比、屈服强度、塑性硬化模型类型、硬化参数、应变率参数和失效应变。

（2）分段线性塑性材料模型

进行倒塌动力分析时，需考虑材料的应变率效应。在建立钢材材料模型时，通常会使用多线性弹塑性本构模型，该模型可输入应力-应变曲线及应变率等相关参数。其关键字为*MAT_PIECEWISE_LINEAR_PLASTICITY。

（3）预应力筋材料模型

预应力筋的材料模型可采用 LS-DYNA 中的 CABLE_DISCRETE_BEAM（71 号）[14]，其受拉不受压，可通过在单元中设置预拉力的方式模拟预应力效果。目前，71 号材料仅用于线性或非线性的弹性本构关系。

5.2.4　边界条件

LS-DYNA 中提供多样的荷载、约束及初始条件（如节点荷载、压力荷载、体力荷载、重力荷载；循环约束、对称约束、无反射边界；初速度、初应力、初应变、初始动量等），为桥梁结构水毁倒塌分析提供便利环境。

1. 显式分析荷载类型

结构在显式分析荷载作用下的加速度响应不可忽略。应用 LS-DYNA 求解时，需定义荷载-时间曲线来施加结构模型特定受载部分（节点组元、单元组元或刚性体部件）的荷载，即定义各积分时间步上对应的荷载值。表 5-1 列出可供选择的显式分析荷载类型[15]。

表 5-1　LS-DYNA 中显式分析荷载类型

受载部分	荷载类型
节点组元	集中力（FX，FY，FZ）
	集中力矩（MX，MY，MZ）
	位移（UX，UY，UZ）
	转角（ROTX，ROTY，ROTZ）
	速度（VX，VY，VZ）
	节点加速度（AX，AY，AZ）
	体加速度（ACLX，ACLY，ACLZ）
	角速度（OMGX，OMGY，OMGZ）
	温度（TEMP）
刚性体部件	力（RBFX，RBFY，RBFZ）
	力矩（RBMX，RBMY，RBMZ）
	位移（RBUX，RBUY，RBUZ）
	转角（RBRX，RBRY，RBRZ）
	速度（RBVX，RBVY，RBVZ）
	角速度（RBOX，RBOY，RBOZ）
单元组元	压力（PRESS）

2. 施加显式分析荷载的一般步骤

表 5-2 列出 LS-DYNA 中施加荷载的关键字，施加显式分析荷载的一般步骤如下：

1）将模型的受载部分定义为组元或者部件；

2）定义包含时间及对应荷载数值的数组参数并赋值，然后定义荷载-时间历程曲线；

3）将荷载施加于结构模型特定的受载部分。

表 5-2　LS-DYNA 施加荷载的关键字

施加荷载的关键字	备注
*LOAD_BEAM_OPTION	用于向梁单元的表面施加均布荷载
*LOAD_NODE_OPTION	用于向一个节点或一系列节点施加集中节点荷载
*LOAD_RIGID_OPTION	用于向一个刚体施加集中节点力或力矩，荷载的作用位置位于刚体的质心，力矩作用方向绕总体坐标轴
*LOAD_BODY_OPTION	用于施加体力荷载，作用对象为结构模型或选定的部件
*LOAD_BODY_GENERALIZED	用于施加体力荷载，作用对象为选择的节点集合
*LOAD_DENSITY_DEPTH	用于定义由重力作用引起的深度方向的密度变化，主要应用于定义水下的结构单元积分点的初始静水压力场数值
*LOAD_MASK	用于向壳单元表面施加分布压力荷载
*LOAD_SEGMENT	用于向一个段施加均布压力，一个段是指一个壳单元的表面或者体单元的表面
*LOAD_SEGMENT_SET	用于向*SET 关键字定义的一个段的组合施加均布压力
*LOAD_SHELL_OPTION	用于向壳单元或壳单元集合施加均布压力
*LOAD_BLAST	用于施加爆炸冲击波压力荷载

3. 施加初始条件

在动力问题分析中，常需定义结构的初始条件，如初始速度等。在 LS-DYNA 中，可通过相应的关键字（表 5-3）操作完成对节点（组元）和部件初始状态的设置。

表 5-3　LS-DYNA 施加初始条件的关键字

施加初始条件的关键字	备注
*INITIAL_VELOCITY	用于定义 NODE SET ID（节点集）的节点的初始速度
*INITIAL_VELOCITY_NODE	用于定义节点的初始速度
*INITIAL_VELOCITY_GENERATION	用于定义部件或节点的初始平动和转动速度
*INITIAL_VELOCITY_RIGID_BODY	用于定义刚体重心处的初始平动和转动速度

4. 施加约束

LS-DYNA 中区分零约束与非零约束，其中，非零约束按荷载处理（伴随荷载曲线）。仅零约束可使用 D 命令，换言之，给定的值必须总为 0，其他值无效。LS-DYNA 施加约束的关键字见表 5-4。

表 5-4　LS-DYNA 施加约束的关键字

施加约束的关键字	备注
*CONSTRAINED_EXTRA_NODES_OPTION	用于将某个节点或一组节点附着至一个刚性体，需定义的参数包括刚性体的部件名和节点集名
*CONSTRAINED_GLOBAL	用于定义总体坐标系中的边界约束平面，可指定约束平面的法线方向；对于自适应网格划分的情况，建议采用该约束条件关键字，因网格细分后，针对节点的约束定义都将失效
*CONSTRAINED_JOINT_OPTION	用于定义刚体之间的各类铰链约束，如球铰链、万向铰链、柱面铰等约束
*CONSTRAINED_NODAL_RIGID_BODY_OPTION	用于将一系列节点定义为节点刚性体，可用该类刚性体连接两个不同的可变形体，使之一起运动
*CONSTRAINED_LINEAR	用于定义一个线性的自由度约束方程
*CONSTRAINED_NODE_SET	用于在总体坐标系下对一组节点的平动自由度进行耦合
*CONSTRAINED_RIGID_BODIES	用于在两个不同的刚性体之间建立约束，两个刚性体未必在空间相连，但约束后主从刚性体将一起运动
*CONSTRAINED_SHELL_TO_SOLID	用于将薄壳单元和实体单元固连起来，可将一个壳节点固连到最多 9 个实体单元的节点上

5. 施加边界条件

（1）零位移边界条件

在 LS-DYNA 中，可通过 EDLOAD 命令将非零约束条件（如节点位移、转角等）作为荷载施加于模型上。

（2）滑移或循环对称边界

当模拟滑移或循环对称的几何对象时，仅需建立一个对称部分，此时需定义滑移或循环对称边界。

（3）非反射边界条件

常用有限域模拟地理力学系统（如地面或其他大型实体），可在以 SOLID164 单元模拟的有限域表面上应用非反射边界条件。在该类模拟中，为限制模型的整体尺寸，可在模型外部使用非反射边界。非反射边界可防止在边界产生的人工应力波反射重新进入模型而破坏结果。

当模型中包含非反射边界时，LS-DYNA 将根据线性材料行为假设，计算所有边界部分的阻抗匹配函数。因此，需进行有限元网格划分，从而使所有重要的非线性行为都包含于离散模型中。

LS-DYNA 施加边界条件的关键字如表 5-5 所示。

表 5-5　LS-DYNA 施加边界条件的关键字

施加边界条件的关键字	备注
*BOUNDARY_SPC	用于向节点（组）施加固定位移约束条件，可约束任意多个三向线位移或角位移
*BOUNDARY_PRESCRIBED_MOTION_OPTION	用于向节点或刚性体施加位移、速度、加速度边界条件，OPTION 可以是 SET、RIGID、RIGID_LOCAL 等选项，是动力分析中较为常用的边界条件关键字
*BOUNDARY_NON_REFLECTING & *BOUNDARY_NON_REFLECTING_2D	用于向三维实体单元或二维单元（平面应变或轴对称单元）的表面定义无反射边界条件
*BOUNDARY_CYCLIC	用于定义循环对称边界条件
*BOUNDARY_SLIDING_PLANE	用于定义滑动的对称面边界条件

5.2.5　时间步长

时间步长 Δt 的选择涉及两方面的约束。第一，直接积分方法的实质为用差分来代替微分，对位移和加速度的变化采用外插的线性关系，为保证结果的准确性，Δt 取值不能过大。第二，数值稳定性问题。在每一步的数值计算过程中均存在舍入误差，这些误差不可避免地带入下一个时间步的计算中，若算法不具备数值稳定性，则会导致计算结果发散，最终无法正常体现出结构的真实响应，甚至无法求解。对计算误差的控制，Δt 要求的取值不应过大，这取决于算法本身构造对误差的容限。

此外，亦可证明，显式中心差分法是有条件稳定的，即时间步长应小于求解问题性质所决定的时间步临界值：$\Delta t_{\mathrm{cr}}=\dfrac{T_n}{\pi}$，其中 T_n 是系统最小固有振动周期，一般只需计算系统最小尺寸单元的 $\min(T_n^C)$ 即可。

（1）各类单元的极限时间步长计算方法

实际操作中，一般采用变时间步长法，需考虑中心差分法的稳定条件及上述时间步的两种约束，即每一时刻的 Δt 由当前结构的稳定条件所决定。首先计算每个单元的极限时间步长 $\Delta t_{ei}, i=1,2,\cdots$，再取下一时刻的时间步长 $\Delta t=\min(\Delta t_{ei})$。各类单元的 Δt_{ei} 计算方法如下。

1）杆单元、梁单元：

$$\Delta t_{\mathrm{e}}=\alpha\left(\frac{L}{c}\right) \tag{5-50}$$

式中：α 为时间步因子及安全系数，一般取 0.9 或较小的值；L 为单元长度；c 为材料声速，$c=\sqrt{\dfrac{E}{\rho}}$。

2）壳单元：

$$\Delta t_{\mathrm{e}}=\alpha\left(\frac{L_{\min}}{c}\right) \tag{5-51}$$

式中：$L_{\min}$为单元最小边尺寸；c为材料声速，$c=\sqrt{\dfrac{E}{(1-\nu^2)\rho}}$。

3）实体单元：

$$\Delta t_{\mathrm{e}}=\frac{\alpha L_{\mathrm{e}}}{Q+(Q^2+c^2)^{\frac{1}{2}}} \tag{5-52}$$

式中：Q为体积黏性阻力系数C_0和C_1的函数：

$$Q=\begin{cases}C_1c+C_0L_{\mathrm{e}}\,|\,\dot{\varepsilon}_{kk}\,|, & \dot{\varepsilon}_{kk}<c\\ 0, & \dot{\varepsilon}_{kk}\geqslant c\end{cases} \tag{5-53}$$

式中：C_0、C_1为无量纲常数，默认值分别为 1.5 和 0.06；c为材料声速，$c=\sqrt{E(1-\nu)/[(1-2\nu)(1+\nu)\rho]}$；$L_{\mathrm{e}}$为单元最小尺寸：

$$L_{\mathrm{e}}=\begin{cases}V_{\mathrm{e}}/A_{\mathrm{emax}} & \text{八节点单元}\\ L_{\min} & \text{四节点单元}\end{cases} \tag{5-54}$$

式中：V_{e}为单元体积；A_{emax}为单元最大一侧的面积。

（2）质量缩放和子循环技术

由上述时间步长Δt的计算公式可知，最小单元长度$L_{\min}$和声速c共同决定显式时间积分的最小时间步长，随着计算过程中单元变形的增大，最小时间步长$\Delta t_{\min}$不断减小，当结构变形较大时，临界时间步长将变得非常小，以至于无法完成计算。此时，可采用质量缩放技术调整最小计算时间步长。同时，可采用子循环技术，以避免整个结构计算时间步长由最小单元控制。

1）质量缩放。

LS-DYNA 中可指定一个时间步长数值$\Delta t_{\mathrm{specified}}$，通过调整$\Delta t<\Delta t_{\min}$的单元密度，实现最小计算时间步长的调整。

$$\left(\frac{\Delta t_{\mathrm{specified}}}{l_i}\right)^2=\frac{(1-\nu^2)\rho_i}{E}\Rightarrow\rho_i=\frac{E\Delta t_{\mathrm{specified}}^2}{l_i^2(1-\nu^2)} \tag{5-55}$$

在 LS-DYNA 中，质量缩放的控制可采用关键字*CONTROL_TIMESTEP 中的控制参数 DT2MS 完成。无质量缩放时，DT2MS 默认为 0；当 DT2MS>0 时，表示所有的单元采用相同的时间步长，在全部单元上施加质量缩放；当 DT2MS<0 时，表示仅在时间步长小于 DT2MS 的单元上施加质量缩放，最后一种情况更有效且建议使用。采用质量缩放会改变模型质心位置及轻微增加模型质量，但可节

省大量的计算时间。

2）子循环。

子循环又称为混合时间积分，在 LS-DYNA 中，子循环可采用关键字*CONTROL_SUBCYCLE 进行控制。系统根据时间步长大小把单元分类为多组，每一组的时间步长为最小时间步长的整数倍，该方法可避免全体单元采用小的时间步长，因此该方法可加快分析速度。

5.3 结构/构件失效全过程仿真

5.3.1 失效判断准则

LS-DYNA 中采用两种方式定义失效准则[16]：第一，采用带有失效准则的材料本构模型，可通过定义失效应变、失效应力等来定义失效；第二，通过修改关键字*MAT_ADD_EROSION，实现达到某一条件时构件发生失效。下面分别介绍两种定义方式。

实际的桥梁倒塌过程为各个构件依次破坏失效而退出工作，最终引发连锁反应。因此，需引入生死单元技术以在数值模拟中再现该过程。例如，当某个构件的主应变达到预设的失效应变时，生死单元子程序判定其失效，将失效构件删除。塑性随动材料模型破坏后对剩余结构的影响，可通过在单元材料模型中设置失效应变限值的方式来体现。在数值模拟过程中，若某单元材料的应变数值达到设定的失效应变数值，程序会自动认定该单元破坏失效，在随后的计算过程中忽略该单元的影响，即从原有结构模型中去除该单元。

LS-DYNA 常用强度失效与变形失效准则：应用前者时，单元达到最大内力或应力破坏，但无法反映屈服状态材料特性，该方法不适用于延性破坏；应用后者时，单元达到变形或应变允许值破坏，可较好地表述延性破坏时材料状态。LS-DYNA 对目标材料本构施加上述破坏准则，当达到所设定极限状态时，通过将该单元参数矩阵乘以极小因子，使其质量、刚度、应力、应变等矩阵无限接近于 0，从而退出整体参数矩阵运算，达到构件失效及“杀死”单元的目的。

除了在材料模型中定义相应失效准则外，宏观上单元失效机制的实现可采用专门定义失效准则的关键字*MAT_ADD_EROSION。利用该命令，可同时定义压力、主应力、等效应力、主应变、剪应变、极限应力、应力冲量以及失效时间 8 种失效准则，在加载过程中满足任何一种失效准则均会使材料发生破坏。

*MAT_ADD_EROSION 中有两行参数需要设置，分别代表受压破坏、受拉破坏，主要是应力、应变、失效时间三类参数的取值，当有限元计算出的相关数值

大于预设数值时，材料失效删除。因此，为模拟桥梁连续倒塌，需要设置合适的材料破坏准则，在材料达到破坏界限时“杀死”单元，使结构完成从连续性单元至离散状态的转化。

表 5-6 列出*MAT_ADD_EROSION 中主要的控制参数。应当注意，在*MAT_ADD_EROSION 关键字中，除失效时间外，其他失效模式仅适用于单点积分 2D 或者 3D 体单元。

表 5-6　单元失效控制参数含义

参数名称	说明
MID	添加失效准则的材料编号
EXCL	排除数字。该关键字所涉及的各个失效判据相互独立，当任意一个失效判据满足时，单元被删除。当某个失效判据中的失效常数设置成该排除数字时，该失效判据不起作用，这种方式可以节约计算成本。例如，为防止材料进入拉伸状态，用户指定“排除数字”为一个特殊值，如 1234，然后指定 PFAIL=0.0，而其他所有的参数（如 SIGPI…）全部设置成 1234
PFAIL	失效压力 $P_{\min}$（压缩为正），当 $P \leqslant P_{\min}$ 时材料失效
SIGPI	失效主应力 $\sigma_{\max}$，当 $\sigma_1 \geqslant \sigma_{\max}$ 时材料失效
SIGVM	失效等效应力 $\bar{\sigma}_{\max}$，当 $\sqrt{\frac{3}{2}\sigma'_{ij}\sigma'_{ij}} \geqslant \bar{\sigma}_{\max}$ 时材料失效
EPSPI	失效主应变 $\varepsilon_{\max}$，当 $\varepsilon_1 \geqslant \varepsilon_{\max}$ 时材料失效
EPSSH	失效剪应变 $\gamma_{\max}$，当 $\gamma_1 \geqslant \gamma_{\max}$ 时材料失效
SIGTH	极限应力 σ_0
IMPULSE	失效应力冲量 K_{f}，根据 Tuler-Butcher（图勒-布彻）准则材料失效： $$\int_0^t [\max(0,\sigma_1-\sigma_0)]^2 \mathrm{d}t \geqslant K_{\mathrm{f}}$$ 式中：σ_1 为最大主应力；σ_0 为指定的极限应力（SIGTH）
FAILTM	失效时间，当求解时间超过该时间时，材料失效

除上述方法外，亦可采用以下方法指定某个单元失效：当该单元满足用户设定的破坏条件时（例如，等效塑性应变大于极限应变），将该单元的应力指定为一个大数 N；同时在*MAT_ADD_EROSION 中，定义失效方式为等效应力失效，指定失效应力为一个大数 M（结构中无法达到的大数，这将保证其他单元不会出现意外失效），使 $N>M$，单元即失效。实例验证表明，将单元应力人为加大，对其他单元的计算无影响，说明采用该方法完全可行。

5.3.2　非线性大位移分析

LS-DYNA 采用三维实体单元显式积分算法，规避了传统隐式算法弊端，更适合于倒塌大位移非线性分析，其求解步骤[17]如下。

1）确定时间增量：

$$\Delta t = \frac{L^{\mathrm{e}}}{C_{\mathrm{d}}}, C_{\mathrm{d}} = \frac{E}{\rho} \tag{5-56}$$

式中：Δt 为时间增量；L^{e} 为单元长度；C_{d} 为材料波速；E 为材料弹性模量；ρ 为材料密度。

2）建立 t 时刻节点平衡方程：

$$\left.\begin{aligned} \ddot{\boldsymbol{u}}_t &= \boldsymbol{M}^{-1}(\boldsymbol{P}_t - \boldsymbol{I}_t) \\ \boldsymbol{I}_t &= \boldsymbol{C}\dot{\boldsymbol{u}} + \boldsymbol{K}\boldsymbol{u}_t \end{aligned}\right\} \tag{5-57}$$

式中：$\boldsymbol{M}$ 为质量矩阵；$\boldsymbol{P}$ 为外力向量；$\boldsymbol{I}$ 为内力向量；$\boldsymbol{C}$ 为阻尼矩阵；$\boldsymbol{K}$ 为刚度矩阵；$\ddot{\boldsymbol{u}}$、$\dot{\boldsymbol{u}}$、$\boldsymbol{u}$ 分别为对应时刻节点加速度、速度、位移向量。

3）求解单个时间增量下速度和位移向量：

$$\left.\begin{aligned} \dot{\boldsymbol{u}}_{t+\frac{\Delta t}{2}} &= \dot{\boldsymbol{u}}_{t-\frac{\Delta t}{2}} + \frac{\Delta t_{t+\Delta t}\Delta t_t}{2}\ddot{\boldsymbol{u}}_t \\ \boldsymbol{u}_{t+\Delta t} &= \boldsymbol{u}_t + \Delta t_{t+\Delta t}\dot{\boldsymbol{u}}_{t+\frac{\Delta t}{2}} \end{aligned}\right\} \tag{5-58}$$

4）建立几何方程：

$$\mathrm{d}\boldsymbol{\varepsilon}_{t+\Delta t} = \boldsymbol{B}\boldsymbol{u}_{t+\Delta t} \tag{5-59}$$

式中：$\boldsymbol{B}$ 为几何矩阵；$\boldsymbol{\varepsilon}$ 为形变矩阵。

5）由单元积分点处应力集成节点内力 $\boldsymbol{I}_{t+\Delta t}$。

6）时间 t 增至 $t+\Delta t$ 时刻，返回步骤 2），循环进行。

可以看出，单元节点位移、速度、加速度等仅与上一时刻数值相关，无须迭代与联立求解，计算过程明显简化，有效地解决了刚度矩阵奇异和计算不易收敛等难题。

5.3.3 非线性接触分析

1. 接触类型

LS-DYNA 中提供单向接触、双向接触、单面接触以及固-连接触等多种接触模型。在上述接触类型中，前三种接触类型采用的接触算法为罚函数法。固-连接触中部分采用动力约束法，部分采用罚函数法，少部分采用分布参数法。

LS-DYNA 中模拟运动物体接触作用时，需定义相应的接触表面、接触类型以及与接触有关的参数，以此避免在计算过程中接触界面之间出现穿透，并将摩擦力的作用考虑在接触界面存在相对运动时。

LS-DYNA 中不同接触类型及关键字如表 5-7 所示。

表 5-7　不同接触类型及关键字

接触类型	接触关键字	备注
ONE-WAY TREATMENT OF CONTACT 单向接触	*CONTACT_NODES_TO_SURFACE *CONTACT_AUTOMATIC NODES_TO_SURFACE *CONTACT_FROMING_NODES_TO_SURFACE *CONTACT_ERODING_NODES_TO_SURFACE *CONTACT_ONE_WAY_SURFACE_TO_SURFACE *CONTACT_ONE_WAY_AUTOMATIC_SURFACE_TO_SURFACE *CONTACT_CONSTRAINT_NODES_TO_SURFACE	单向、双向是对接触搜索而言的。单向仅检查从节点是否穿透主面，而未检查主节点，因而计算速度快。 在下列情况中适用单向接触：①主面为刚体；②相对细的网格（从）与相对平滑、粗的网格（主）接触
TWO-WAY TREATMENT OF CONTACT 双向接触	*CONTACT_SURFACE_TO_SURFACE *CONTACT_CONSTRAINT_SURFACES_TO_SURFACE *CONTACT_ERODING_SURFACE_TO_SURFACE *CONTACT_AUTOMATIC_SURFACE_TO_SURFACE *CONTACT_FROMING_SURFACE_TO_SURFACE	在双向接触中，从节点与主节点对称，从节点与主节点都被检查是否穿透相应的主面或从面。 双向接触主、从面的定义与算法处理完全对称，因此可随意定义主面、从面。绝大多数 STS 接触都为双向接触类型
SINGLE SURFACE CONTACT 单面接触	*CONTACT_AUTOMATIC_SINGLE_SURFACE *CONTACT_AUTOMATIC_GENERAL *CONTACT_GENERAL_INTERIOR *CONTACT_AIRBAG_SINGLE_SURFACE *CONTACT_SINGLE_SURFACE	单面接触在防撞设计中应用非常广泛。在该类型中，从面一般定义为部件或部件集。各部件间及自身部件间的接触都需考虑。单面接触建模时禁止存在初始穿透
TIED CONTACT 固-连接触	*CONTACT_TIED_NODES_TO_SURFACE	固-连接触用于将从节点约束限定在主面上。该类接触一般为非对称型，因此定义主、从面时需特别注意。 在该类型的接触中，主、从接触面不建议以部件名形式输入，而应采用 NODE/SEGMENT SET（节点/节段集）的形式

2. 接触处理算法

(1) 算法种类

LS-DYNA 中包含三种不同的接触处理算法：动力约束法、对称罚函数法和分配参数法。

1) 动力约束法。该方法在每一步更新构形前，检查从节点是否穿透主表面，并调整时间步长大小，使从节点无法穿透主表面，且对所有已和主表面接触的从节点施加约束条件，保持从节点和主表面接触。此外，检查与主表面接触的从节点所属单元是否存在受拉界面力，若有则采用释放条件使从节点脱离主表面。动力约束法适用于固-连接触。

2) 对称罚函数法。对称罚函数法为 LS-DYNA 中的默认接触算法。该方法在所有穿透节点和接触表面之间设置法向弹簧。每一时步首先检查各从节点是否穿透主面，未穿透则无须处理该从节点。若穿透，则需在该从节点与主表面间、主节点与从表面间放置法向弹簧以限制穿透，即引入一个与接触刚度、穿透深度成正比的界面接触力。

与动力约束法形成鲜明对比的是，由于罚函数法的对称性，其可激发少数的网格沙漏。该方法无须施加冲击和释放条件，即可保证动量完全守恒。此外，无须对交叉接口进行特殊处理，从而简化程序的实现。但该方法求解出的撞击力、撞击速度与加速度均振荡，这是其固有缺陷，振荡的程度与所选取的罚因子数值相关，可通过减小时间步长等方法降低振荡。

目前已实现三种罚函数算法：标准罚函数法；软（soft）约束罚函数法，用于处理刚度差异较大的物体（如钢和泡沫）之间的接触，其刚度计算及更新与标准罚函数法不同；基于段的罚函数法，一种强大的接触算法，其逻辑非传统的从节点-主段方法，而为从段-主段方法。

3) 分配参数法。在分配参数算法中，被覆盖的主表面区域分配得到每个接触单元的从单元质量的一半，而且接收质量的主表面区域的压力分布由每个单元中的内应力决定。完成质量和压力分配后，即可更新主表面的加速度，为确保节点沿主表面运动，需对从节点加速度和速度施加约束，程序禁止从节点穿透主表面。分配参数法适用于滑移接触。

(2) 罚函数法关于点面接触的计算步骤

下面针对罚函数法关于点面接触的计算步骤进行简单介绍[18]。

1) 如图 5-9 所示，在与主平面接触时，模型中任意从节点 n_s 会自动搜索与其最近的主节点 m_s。主节点 m_s 所处的单元面由从节点锁定后，通过式（5-60）确定两者的接触：

$$\begin{cases}(r_i \times g)\cdot(c_i \times r_{i+1}) > 0 \\ (r_i \times g)\cdot(g \times r_{i+1}) > 0\end{cases} \tag{5-60}$$

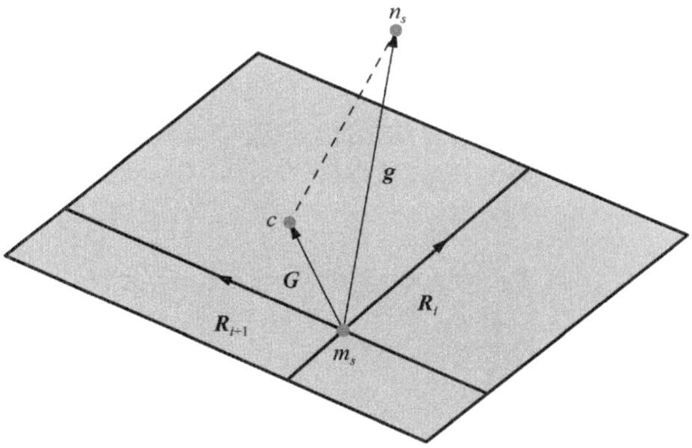

图 5-9　从节点与主平面的接触

图 5-9 给出式（5-60）中参数的空间关系。由图 5-9 可知，$\boldsymbol{R}_i$ 与 $\boldsymbol{R}_{i+1}$ 是主节点 m_s 在主平面上的两个方向矢量，主节点 m_s 指向从节点 n_s 的矢量为 $\boldsymbol{g}$，矢量 $\boldsymbol{g}$ 在主平面上的投影为矢量 $\boldsymbol{G}$。

$$\boldsymbol{G}=\boldsymbol{g}-(\boldsymbol{gm})\boldsymbol{m},\ \boldsymbol{m}=\boldsymbol{R}_i\boldsymbol{R}_{i+1}/|\boldsymbol{R}_i\boldsymbol{R}_{i+1}| \tag{5-61}$$

当 n_s 位于两个单元面交线附近时，式（5-61）无法准确表示 $\boldsymbol{G}$，此时：

$$\boldsymbol{G}=\max\left(\frac{\boldsymbol{g}\boldsymbol{R}_i}{|\boldsymbol{R}_i|}\right)\quad i=1,2,\cdots \tag{5-62}$$

2）位于主平面上任意一点且靠近从节点 n_s 的位置矢量可表示为

$$\boldsymbol{r}=f_1(\xi,\eta)\boldsymbol{i}_1+f_2(\xi,\eta)\boldsymbol{i}_2+f_3(\xi,\eta)\boldsymbol{i}_3 \tag{5-63}$$

式中：$f_i(\xi,\eta)=\sum_{j=1}^{4}\phi_j(\xi,\eta)x_i^j$，$\phi_j(\xi,\eta)=\frac{1}{4}(1+\xi_j\xi)(1+\eta_j\eta)$，$x_i^j$ 为单元第 j 号节点的 x_i 坐标值；$\boldsymbol{i}_1,\boldsymbol{i}_2,\boldsymbol{i}_3$ 为 x_1,x_2,x_3 坐标轴的单位矢量。投影点 $c(\xi_c,\eta_c)$ 的位置为下式的解：

$$\begin{cases}\dfrac{\partial\boldsymbol{r}}{\partial\xi}(\xi_c,\eta_c)\cdot[\boldsymbol{t}-\boldsymbol{r}(\xi_c,\eta_c)]=0\\[2ex]\dfrac{\partial\boldsymbol{r}}{\partial\eta}(\xi_c,\eta_c)\cdot[\boldsymbol{t}-\boldsymbol{r}(\xi_c,\eta_c)]=0\end{cases} \tag{5-64}$$

3）检查从节点 n_s 是否穿过主单元面。当两物体发生接触-碰撞时，$l=\boldsymbol{n}_i\left[\boldsymbol{t}-\boldsymbol{r}(\xi_c,\eta_c)\right]<0$，即表示从节点 n_s 穿过含有投影点 $c(\xi_c,\eta_c)$ 的主单元面。其中，$\boldsymbol{n}_i$ 为投影点处主单元面的外法线单位矢量，其计算公式如下：

$$\boldsymbol{n}_i=\frac{\partial\boldsymbol{r}}{\partial\xi}(\xi_c,\eta_c)\times\frac{\partial\boldsymbol{r}}{\partial\eta}(\xi_c,\eta_c)\bigg/\left|\frac{\partial\boldsymbol{r}}{\partial\xi}(\xi_c,\eta_c)\times\frac{\partial\boldsymbol{r}}{\partial\eta}(\xi_c,\eta_c)\right| \tag{5-65}$$

若$l \geqslant 0$，则两物体未发生接触-碰撞，即表示从节点n_s未穿过含有投影点$c(\xi_c,\eta_c)$的主单元平面，此时程序会终止对从节点n_s的计算，然后依次开始检查从节点n_{s+1}、n_{s+2}、n_{s+3}、…。图 5-10 给出了从节点与主单元面的关系。

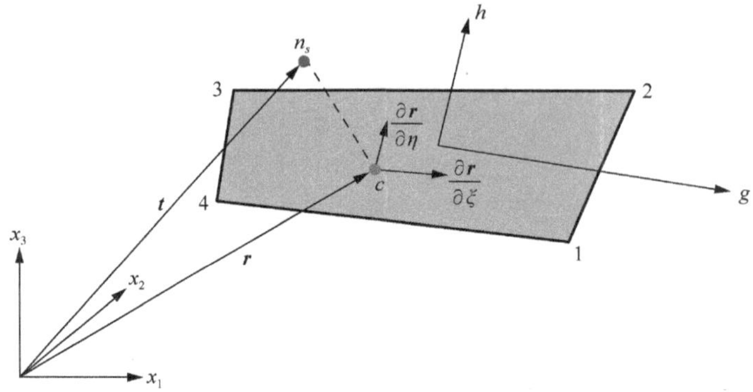

图 5-10　从节点与主单元面的关系

4）当程序确定发生接触-碰撞时，法向接触力会施加于两物体之间（即从节点n_s与投影点c之间）。

$$f_s = -lk_i n_i \tag{5-66}$$

式中：k_i为主单元面的刚度因子，其取值如下：

$$k_i = \begin{cases} \dfrac{fK_i A_i^2}{V_i}, & \text{实体单元} \\ \dfrac{fK_i A_i^2}{L_i}, & \text{板壳单元} \end{cases} \tag{5-67}$$

式中：K_i为接触单元的体积模量；A_i为单元面面积；V_i为实体单元体积；L_i为板壳单元最大对角线长度；f为接触刚度比例因子，默认值为 0.10。

两接触物穿透现象在模型计算过程中不可避免，可通过关键字 *CONTROL_CONTACT 中的 SLSFAC 选项卡尽量控制该现象，输入期望的接触刚度比例因子，注意接触刚度比例因子的取值不宜过大，否则会导致计算不稳定，因此需保持$f \leqslant 0.4$。

在从节点n_s上附加接触力矢量$\boldsymbol{f}_s$，根据牛顿第三定律，在主单元面的投影点c作用一个反方向的作用力$-\boldsymbol{f}_s$，根据下式将c点的接触力等效分配至主单元的节点上：

$$\boldsymbol{f}_{jm} = -\phi_j(\xi_c,\eta_c)\boldsymbol{f}_s, j = 1,2,3,4 \tag{5-68}$$

式中：$\phi_j(\xi_c,\eta_c)$为主单元面上的二维形函数，且在投影点c处有$\sum_{j=1}^{4}\phi_j(\xi_c,\eta_c) = 1$。

5）计算切线接触力（摩擦力）。若从节点 n_s 的法向接触力为 f_s，则最大摩擦力为 $F_Y=\mu|f_s|$，其中 μ 为摩擦系数。设在上一时刻 (t_n) 从节点 n_s 的摩擦力为 F^n，则现时刻 (t_{n+1}) 的试探摩擦力为 $F^*=F^n-k\Delta\alpha$，k 为界面刚度，$\Delta\alpha=r^{n+1}(\xi_c^{n+1},\eta_c^{n+1})-r^{n+1}(\xi_c^n,\eta_c^n)$。现时刻的摩擦力由下式确定：

$$F^{n+1}=\begin{cases}F^*, & \mu\pm|F^*|\leqslant F_Y\\ \dfrac{F_y F^*}{|F^*|}, & \mu\pm|F^*|>F_Y\end{cases} \tag{5-69}$$

当两物体出现接触–碰撞时，根据牛顿第三定律，在接触面上会出现一对大小相等且方向相反的力。当两个运动的物体接触且不产生相对滑动时，其静摩擦系数为 μ_s，当两个运动的物体接触且产生相对滑动时，其动摩擦系数为 μ_d。其主单元面上各节点的摩擦力计算公式如下：

$$\mu=\mu_d+(\mu_s-\mu_d)e^{-C|V|} \tag{5-70}$$

式中：$V=\Delta e/\Delta t$，Δe 为应变量，Δt 为时间步长；C 为衰减因子。

由上述分析可知，LS-DYNA 求解接触–碰撞问题时，要求两物体间禁止出现初始穿透，否则将得到错误的计算结果。一般在计算开始时，程序会对存在初始穿透的接触对进行提示，处理该问题一般有 3 种方法。①建模过程中尽量保持接触对中的接触空隙（如在空间位置中考虑壳单元的厚度等）。对于复杂模型，初始穿透不可避免，可根据第一次递交后程序给出的穿透信息，按照提示移动相关节点，消除穿透。②LS-DYNA 中有接触厚度的概念，对于较小的穿透，可通过减小接触厚度来解决（对应关键字*CONTACT 中的控制参数 SFST 和 SFMT）。但由于减小了接触厚度，为保持接触力的稳定，应相应增大罚函数刚度（控制参数 SFS 和 SFM）。该方法只对较小的初始穿透效果好，对于大的初始穿透，可能导致错误的结果。③在关键字*CONTROL_CONTACT 中有控制参数 IGNORE，提供多个选项，以此控制及消除初始穿透。

3. 接触分析的注意事项

在 LS-DYNA 中进行接触分析时需注意以下 5 点。①在定义材料特性时需使用协调单位，错误的单位将使结构的响应异常甚至无法计算。②多数非线性动力学问题的精度与输入材料数据的质量密切相关，故应当确保模型中使用的材料数据的精确性。③在相同的部件之间避免定义多重接触。④定义不同的接触类型导致计算效率相差较大，因此对于复杂接触问题的建模，需仔细分析。无论是简单问题还是复杂问题，推荐使用自动接触类型*CONTACT_AUTOMATIC_option。⑤由于容易引起沙漏模式，故应尽量避免使用单点加载。

5.3.4 结构失稳分析

多自由度结构体系在动力荷载作用下的运动微分方程[19]如下：

$$[M]\left\{\frac{\partial^2 x}{\partial t^2}\right\}+[C]\left\{\frac{\partial x}{\partial t}\right\}+[K]\{x\}=\{f(t)\}+\{Q(t)\} \tag{5-71}$$

式中：$[M]$为结构体系质量矩阵；$[C]$为结构体系阻尼矩阵；$[K]$为结构体系刚度矩阵；$\{f(t)\}$为荷载列阵；$\{Q(t)\}$为非线性内力项。

多自由度结构体系的小扰动传播方程如下：

$$[M]\left\{\frac{\partial^2 \varepsilon}{\partial t^2}\right\}+[C]\left\{\frac{\partial \varepsilon}{\partial t}\right\}+[K]\{\varepsilon\}=0 \tag{5-72}$$

通过方程（5-72）的稳定性来判断结构体系的稳定。令$\{\eta\}=\left\{\frac{\partial \varepsilon}{\partial t}\right\}$，则方程（5-72）可改写为

$$\left\{\frac{\partial Z}{\partial t}\right\}=[A][Z] \tag{5-73}$$

式中：$[Z]=\begin{bmatrix}\{\varepsilon\}\\ \{\eta\}\end{bmatrix}$；$[A]=\begin{bmatrix}-[M]^{-1}[K] & -[M]^{-1}[C]\\ [I] & [0]\end{bmatrix}$，$[I]$为单位矩阵，维数与$[K]$相同。

在判别方程（5-73）中要用到李雅普诺夫（Lyapunov）稳定性判据。李雅普诺夫稳定性判据具体如下。若$[A]$为常数矩阵，则方程（5-73）解的稳定条件为：$[A]$的所有特征值有非正的实部，并且实部为零的特征值所对应的若尔当（Jordan）块是一阶的。令$[K^*]=[A]$，由李雅普诺夫稳定性判据可得以下结论：对于折线型非线性结构体系，结构体系运动失稳的条件为矩阵$[K^*]$包含实部为负的特征值，或者拥有实部为零的重特征值。

在结构失稳分析中通常会涉及材料、几何和接触等非线性因素，应用 LS-DYNA 求解时，不存在收敛问题，因此无须进行非线性迭代和收敛控制。应用 LS-DYNA 进行动态屈曲分析时，在分叉点附近存在惯性力，即在后临界范围内，系统的运动荷载随着位移的增加而减小。

5.3.5 连续倒塌分析

桥梁连续倒塌分析的基本思路：首先，移除一根或几根主要的受力构件以模拟结构的初始局部失效；其次，对剩余结构进行力学分析，判断其是否会倒塌。

在 LS-DYNA 中进行桥梁连续倒塌全过程仿真分析，首要任务是建立分析模型，包括几何建模、划分单元以及施加荷载等步骤，并注意模型中各种物理量的单位应相互协调。桥梁连续倒塌分析分两步实施。第一步，去掉失效构件，并将

其端部内力向量 $\boldsymbol{p}_0$ 反向作用于剩余结构，得到的分析模型与原结构静力等效。在 LS-DYNA 中，该步可以通过动力松弛功能实现。第二步，在第一步的基础上，在失效点（即失效构件的端点）作用一随时间变化的荷载向量 $\boldsymbol{p}$ 进行动力分析。具体建模操作如下。

（1）分析环境设置

首先，指定工作名称，进入 LS-DYNA 界面后，选择菜单项 Utility Menu>File>Change Jobname（实用菜单>文件>更改作业名称），输入工作名称；然后，选择菜单项 Utility Menu>File>Change Title，指定图形显示标题。

上述步骤设置完成后，选择菜单项 Main Menu>Preprocessor（主菜单>预处理）进入前处理器 PREP7 以开始建模及其他前处理操作。

（2）定义单元类型

选择菜单项 Main Menu>Preprocessor>Element Type>Add/Edit/Delete（主菜单>预处理>元素类型>添加/编辑/删除），弹出 Element Types 对话框，单击 Add 按钮，弹出 Library of Element Types（元素类型库）对话框，在对话框左侧选择 LS-DYNA Explicit，右侧选择相应单元类型。完成上述步骤后，在 Element Types 对话框中选择相应单元，单击 Options（选项）按钮，对单元选项进行定义。

（3）定义单元实常数

选择菜单项 Main Menu>Preprocessor>Real Constants（主菜单>预处理>实常数），弹出 Real Constants 对话框，单击 Add 按钮，在弹出的对话框中选择相应单元，单击 OK 按钮，在接下来的对话框中用户需定义单元实常数。

（4）定义材料类型

选择菜单项 Main Menu>Preprocessor>Material Props>Material Models（主菜单>预处理>材料属性>材料模型），弹出 Define Material Model Behavior（定义材料模型行为）窗口，在窗口右侧依次双击 LS-DYNA→Nonlinear（非线性）→Inelastic（非弹性）→Kinematic Hardening（动力学硬化）→Plastic Kinematic（塑性动力学），在弹出的对话框中依次输入材料的参数密度 DENS、弹性模量 EX、泊松比 NUXY、屈服强度 Yield Stress、切线模量 Tangent Modulus、失效应变 Failure Strain。

（5）几何建模

由于不同研究对象建模方式存在差异，本节仅阐述一般步骤。①建立关键点。选择菜单项 Main Menu>Preprocessor>Modeling>Create>Keypoints>In Active CS（主菜单>预处理>建模>创建>关键点>在活动坐标系中），弹出 Create Keypoints in Active Coordinate System（在活动坐标系中创建关键点）对话框，依次输入点号及坐标。②建立线。选择菜单项 Main Menu>Preprocessor>Modeling>Create>Lines>Straight Line（主菜单>预处理>建模>创建>线>直线），弹出拾取对象对话框，依次选择相应的关键点创建直线。③建立面。选择菜单项 Main Menu>Preprocessor>Modeling> Create>Areas>Arbitrary>By Lines（主菜单>预处理>建模>创建>区域>任意>按线创建），弹出拾取对象对话框，选择相应的线，单击 OK 按钮，即可建立一个面。

（6）网格划分

选择菜单项 Main Menu>Preprocessor>Modeling>Mesh Attributes（主菜单>预处理>建模>网格属性），根据划分对象为线或面，选择 Picked Lines（选定线条）或 All Areas（所有区域）。

若选择 Picked Lines，弹出拾取对象对话框，选择相应直线后单击 OK 按钮，弹出 Line Attributes（线条属性）对话框，在其中输入材料编号、实常数编号及单元类型编号，单击 OK 按钮。选择菜单项 Main Menu>Preprocessor>Modeling>Mesh Tool（主菜单>预处理>建模>网格工具），弹出 Mesh Tool 面板，在 Size Controls（尺寸控制）区域中单击 Lines 后的 Set（设置）按钮，弹出拾取对象对话框，单击 Pick All（选择全部）按钮，弹出 Element Sizes on Picked Lines（识取线上的元素尺寸）对话框，输入单元尺寸，单击 OK 按钮，回到 Mesh Tool 面板，在 Mesh 下拉列表中选择 Lines，单击 Mesh（网格）按钮，弹出拾取对象对话框，单击 Pick All 按钮，即可完成线单元的网格划分。

若选择 All Areas，弹出 Lines Attributes 对话框，在其中输入材料编号、实常数编号及单元类型编号，完成设置后单击 OK 按钮退出。选择菜单项 Main Menu>Preprocessor>Modeling>Mesh Ctrls>Manual Size>Global>Size（主菜单>预处理>建模>网格控制>手动尺寸>全局>尺寸），弹出 Global Element Sizes（全局元素尺寸）对话框，输入单元尺寸 SIZE，单击 OK 按钮退出。完成上述设置后，选择菜单项 Main Menu>Preprocessor>Modeling>Mesh Tool，弹出 Mesh Tool 面板，在 Mesh 下拉列表中选择 Areas，网格划分方式选择 Mapped（映射），单击 Mesh 按钮，弹出 Mesh Areas 对象拾取对话框，单击 Pick All 按钮，程序即开始对该面进行网格划分。单击 Mesh Tool 面板中的 Close（关闭）按钮，退出对话框。

（7）建立部件

选择菜单项 Main Menu>Preprocessor>LS-DYNA Options>Part Options（主菜单>预处理>LS-DYNA 选项>部件选项），弹出 Parts Date Written for LS-DYNA（LS-DYNA 中部件的编写日期）对话框，选择 Create All Parts（创建所有部件），单击 OK 按钮，弹出建立的 PART 信息文本窗口。

（8）定义接触信息

选择菜单项 Main Menu>Preprocessor>LS-DYNA Options>Contact>Define Contact（主菜单>预处理>LS-DYNA 选项>接头>定义接头），弹出 Contact Parameter Definitions（接头参数定义）对话框，在 Contact Type（接头类型）对话框中选择相应接触类型。

选择菜单项 Main Menu>Preprocessor>LS-DYNA Options>Contact>Advanced Controls（主菜单>预处理>LS-DYNA 选项>接头>高级控制），弹出 Advanced Controls 对话框，单击 OK 按钮。

（9）施加边界条件

选择菜单项 Main Menu>Preprocessor>LS-DYNA Options>Constraints>Apply>On Nodes（主菜单>预处理>LS-DYNA 选项>约束>应用>在节点上），弹出拾取对象对话框，选择需施加边界条件的节点，再选择相应边界条件，单击 OK 按钮。

（10）定义时间和载荷数组

首先定义时间数组并赋值，具体操作如下：选择菜单项 Utility Menu>Parameters>Array Parameters>Define/Edit（实用菜单>参数>数组参数>定义/编辑），弹出 Array Parameters（数组参数）对话框，单击 Add 按钮，弹出 Add New Array Parameters（添加新数组参数）对话框，输入相应参数，单击 OK 按钮，回到 Array Parameters 对话框，选择 T，单击 Edit 按钮，弹出 Array Parameters T 窗口，输入各个元素的值。然后选择菜单 File>Apply/Quit 退出。同理，定义其他时间和载荷组数。

（11）施加荷载

选择需施加荷载的单元，施加集中力或均布荷载。

（12）求解选项设置

首先，定义阻尼。选择菜单项 Main Menu>Preprocessor>Material Props>Damping（主菜单>预处理>材料属性>阻尼），弹出 Damping Options for LS-DYNA Explicit（LS-DYNA 显式分析的阻尼选项）对话框，在 PART Number（部件编号）下拉列表中选择相应部分，输入对应参数，单击 Apply 按钮。注意：质量阻尼可选择所有的 PART 统一定义，而刚度阻尼只能逐一选择 PART 定义。其次，设置求解时间。选择菜单项 Main Menu>Solution>Time Controls>Solution Time（主菜单>解决方案>时间控制>解决方案时间），弹出 Solution Time for LS-DYNA Explicit（LS-DYNA 显式分析的求解时间）对话框，输入计算时间，单击 OK 按钮退出。然后，设置输出文件的时间间隔。选择菜单项 Main Menu>Solution>Output Controls>File Output Freq>Time Step Size（主菜单>解决方案>输出控制>文件输出频率>时间步大小），弹出 Specify File Output Frequency（指定文件输出频率）对话框，在 Specify Results File Output Interval（指定结果文件输出间隔）和 Specify Time-History Output Interval（指定时间历程输出间隔）中分别输入相应间隔，单击 OK 按钮退出。最后，设置输出文件的类型。选择菜单项 Main Menu>Solution>Output Controls>Output File Type，弹出 Specify Output File Types for LS-DYNA Solver（LS-DYNA 求解器指定输出文件类型）对话框，在 Produce Output for 下拉列表中选择 ANSYS and LS-DYNA，单击 OK 按钮。

（13）递交 LS-DYNA 程序求解

该步骤包括选择全部对象及形成关键字文件。

5.4　失效仿真分析案例

5.4.1　背景工程介绍

江西某悬链线空腹式无铰双曲圬工拱桥具有明显的水毁安全隐患（图 5-11）。根据水下检测报告，2#墩冲刷病害明显，其浅基础掏蚀程度严重，故 2#墩基础成为可能导致全桥失效倒塌的潜在危险对象。

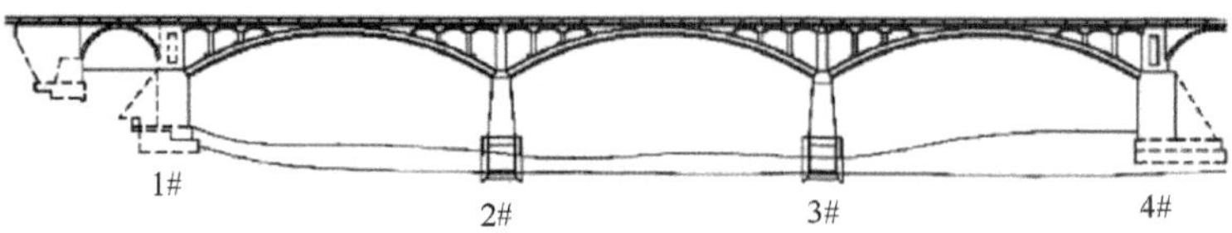

图 5-11　主桥跨径布置

5.4.2　数值仿真模型

桥梁失效倒塌过程中，关键部件发生大变形甚至断裂破坏，从连续体逐渐变为非连续体，从完整结构逐渐变为破损结构，单元间强烈的非线性接触将出现于倒塌过程中的构件相互碰撞。因此，构件间接触模型与材料失效的合理性将决定全桥倒塌仿真精度[20]。

（1）混凝土材料失效

动力冲击作用下混凝土构件的力学反应非常复杂。LS-DYNA 中已内置多种模型可用于混凝土材料，如定向裂纹模型（Mat17）、混凝土损伤模型（Mat72）、HJC 模型（Mat111）等。考虑到计算效率与模型的适用场合，此处选用广泛用于结构碰撞冲击领域的混凝土损伤模型，该模型考虑混凝土材料损伤软化及硬化率相关性等特征，属于三应力不变量模型 (I_1,I_2,I_3)。其无侧限轴心抗压强度设定为 30MPa，并考虑应变率影响系数。

（2）拱圈-拱座接触失效

双曲拱桥倒塌多由主拱圈与桥墩顶部的接触失效引起。主拱圈通过拱座向桥墩顶部传递正压力，导致拱圈与桥墩间产生巨大摩擦力。

可在 LS-DYNA 中使用实体单元模拟拱圈与拱座，并在两者间设置接触单元模拟该类接触的滑动与摩阻变形。具体来说，为防止部件间穿透，可设置自动单面接触实现全桥部件自动接触；为实现主拱圈与桥墩顶部间的双向面面接触，同时得到关键部件间相对位移与相互作用力的时程数据，可设置自动双面接触；其中，动摩擦系数 f_d 取 0.15，静摩擦系数 f_s 取 0.1。

综上所述，本案例倒塌分析模块中，全桥采用实体单元建模，并采用 LS-DYNA 中的混凝土损伤模型；单轴抗压强度取 16.7MPa，单轴抗拉强度取 1.78MPa，泊松比为 0.2，混凝土抗拉破坏按失效准则“MAT ADD EROSION”定义。最小单元尺寸 0.015m，最大单元尺寸 0.12m，总单元数 15123 个，全桥有限元模型（桥梁倒塌分析模型）如图 5-12 所示。

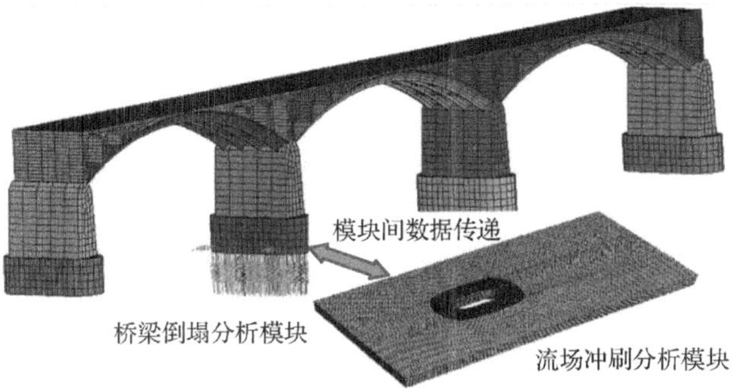

图 5-12　桥梁倒塌模型与流场冲刷模型

随着冲刷发展，浅基础双曲拱桥桥墩基础底部淘空程度不断加剧，该桩土边界变化采用土弹簧进行模拟，包括基础侧表面水平土弹簧和阻尼器、基底剪切土弹簧和阻尼器，以及基底转动土弹簧和阻尼器。

按《公路桥涵地基与基础设计规范》（JTG 3363—2019）所提供公式计算基础侧表面水平线性土弹簧和基底剪切线性土弹簧初始刚度，见式（5-74）～式（5-76）。

$$k_h = K_h A_h \tag{5-74}$$

$$k_s = K_s A_v \tag{5-75}$$

$$K_s = K_v / 3 \tag{5-76}$$

式中：k_h 为水平土弹簧初始刚度；K_h 为水平基床系数；A_h 为墩身或基础正面承受土体压力计算面积；k_s 为剪切土弹簧初始刚度；K_s 为剪切基床系数；A_v 为基础底面面积；K_v 为竖向基床系数，此处按淘空深度处取值。

随着基底淘空深度发展，基底转动土弹簧的刚度和阻尼发生变化，为准确计入该动态变化，首先采用动态网格技术计算基础周围冲刷坑网格节点坐标，进而利用曲面形态拟合技术获得基底下各位置不同时刻淘空深度。当淘空深度大于基础埋深时，该基底位置下方弹簧刚度和阻尼取某一较小值；若淘空深度小于基础埋深，则该位置下方土弹簧刚度曲线按《公路桥涵地基与基础设计规范》（JTG 3363—2019）中的动力非线性计算公式取值，见式（5-77）和式（5-78）。由于土体与基础间的接触失效为冲刷对桥梁安全的影响分析关键，为有效考虑计算精度与效率间的平衡，采用三折线土弹簧模型。

1）第 1 段折线刚度 k_r：

$$k_r = K_v I_v \tag{5-77}$$

式中：K_v 为竖向基床系数，取基底最大淘空位置处基床系数；I_v 为基底截面惯性矩。

2）第 2 段折线刚度 k_r'：

$$k_r' = 0.5k_r \tag{5-78}$$

3）第 3 段折线刚度按 0 取值。

在 LS-DYNA 中，土弹簧的模拟选用弹塑性弹簧阻尼单元，该类型单元能与所有显式单元连接，且可定义复杂的力-位移关系，具有平动和转动自由度。另外，除基础水平土弹簧为线性刚度外，基底转动土弹簧阻尼和刚度曲线均随基底位置和时间不断变化，故需利用 K 文件修改和 LS-DYNA 重启动功能实现刚度曲线动态变化。

根据相关土层特性、基础尺寸以及式（5-74）～式（5-76）得到基础侧表面水平土弹簧刚度 $k_h = 2\times10^8\text{Pa}$ 和基底剪切土弹簧刚度 $k_s = 1.97\times10^8\text{Pa}$，使用线性弹簧模型；而基底转动土弹簧多段折线刚度按式（5-77）和式（5-78）计算得到。在图 5-13 中，1 处设置基础侧表面水平土弹簧，2 处设置基底剪切土弹簧，3 处设置基底转动土弹簧。

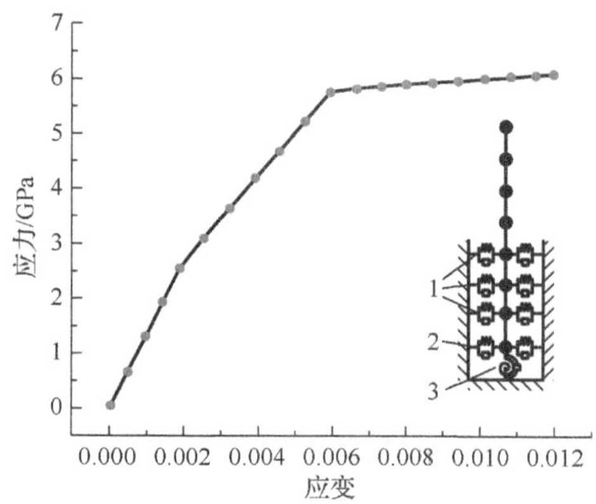

图 5-13　基底转动土弹簧折线刚度

冲刷分析模块中，流场断面平均流速自 0.2m/s 逐渐增大至 1.4m/s，直至倒塌分析模块中结构完全失效。该桥冲刷 2#墩宽度 a=0.532m，水流深度 y=0.2m，y/a=0.376，介于 0.2～1.4 之间，按美国联邦公路局研究报告，属于过渡墩型且流场特征偏向宽墩型流场。

5.4.3　失效判定指标

对于所依托的江西某座具有水毁隐患的悬链线空腹式无铰双曲圬工拱桥，其空心混凝土预制块拱圈采用横向悬砌法施工，属于典型的悬砌式拱桥。在各种环境因素长期作用下，砌体构造的砂浆砌缝强度持续降低，伴随着桥墩基础冲刷，该处强度降低所产生的力学隐患会明显加剧，故与冲刷桥墩直接相连的砂浆砌缝拱脚成为洪水季最不利位置/构造。从力学角度来看，一旦拱脚-桥墩界面处出现拉应力，则该接触界面失效，边界条件发生突变，拱角与桥墩顶脱离，拱圈/拱桥失去设计预期的支撑体系，从而发生桥梁倒塌。因此，本案例中桥梁水毁失效的关键判定指标为拱脚-桥墩界面处的接触应力。

在 LS-DYNA 中，在上述最不利位置处设置接触单元模拟拱脚-桥墩接触界面的滑动与摩阻变形，并实时跟踪监测该拱脚-桥墩界面的接触应力，通过设置临界阈值判定水毁仿真中桥梁是否失效（如拱脚与桥墩界面处接触应力等于 0）。利用 Python 脚本批量处理与重启动功能动态更新代码，实现冲刷分析模块向倒塌分析模块的数据传递。若拱脚与桥墩顶部接触应力返值不满足倒塌判定指标取值（接触应力小于临界阈值），则继续执行模块间的数据提取与传递；一旦倒塌判定指标值接近临界阈值，则数据提取与传递间隔时间加密（最密 0.1s），计算时间增量减少（最少 0.1s），直至判定桥梁水毁失效。

5.4.4　计算结果与失效机理分析

以流速为 0.8m/s 为例，图 5-14（a）给出冲刷分析模块得到的平衡冲刷时所对应流速梯度分布，平衡冲刷坑形态如图 5-14（b）所示。

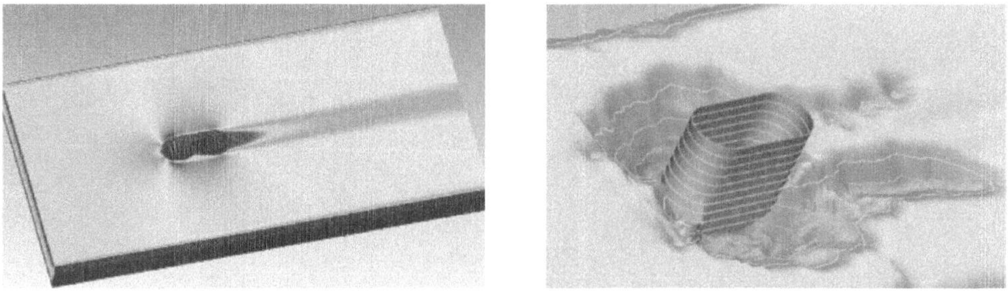

（a）流速梯度分布　　　（b）平衡冲刷坑形态

图 5-14　流速与冲刷坑仿真计算结果

将流场断面平均流速自 0.2m/s 逐渐增大至 1.4m/s，以得到桥梁水毁倒塌全过程。提取冲刷分析模块中冲刷深度数据并传递至桥梁倒塌分析模块，初始传递间隔时间为 3min。直至第 50min，拱脚与桥墩顶部接触应力返回值突降为零；进而缩小该数据提取与传递时间间隔，利用区间二分法将其细分至秒，并最终确定倒塌发生时间为 50min 7s～50min 47s。

图 5-15 给出持续冲刷作用下，50min 7s～50min 47s 共 40s 内桥梁水毁倒塌的全过程。T=50min 7s 时，全桥处于倒塌前稳定状态；T=50min 17s 时，2#墩右侧冲刷掏蚀现象明显，且开始向右侧轻微偏移，右拱圈出现沿墩顶滑动趋势，同时 2#墩顶左拱圈开始与墩顶脱空；T=50min 31.2s 时，持续冲刷下 2#墩继续向右侧

偏移，左拱圈与墩顶完全脱空，此时 2#墩仅受右拱圈水平推力，其横向严重不平衡受力导致其迅速反向左侧倾斜，同时右拱圈沿墩顶接触面继续向上滑动；*T*=50min 37s 时，2#墩左拱圈向下倒塌直至与桥墩完全脱离，2#墩在不平衡水平推力下持续向左侧倾斜，导致右拱圈同样脱离桥墩；*T*=50min 47s 时，左右拱圈均完全脱离 2#墩，相邻两跨整体倾覆倒塌，桥墩侧向偏位严重。由于 1#墩为重力式桥台、3#墩为制动墩设计，故其他跨未继续发生连续倒塌。

（a）*T*=50min 7s

（b）*T*=50min 17s

（c）*T*=50min 31.2s

（d）*T*=50min 37s

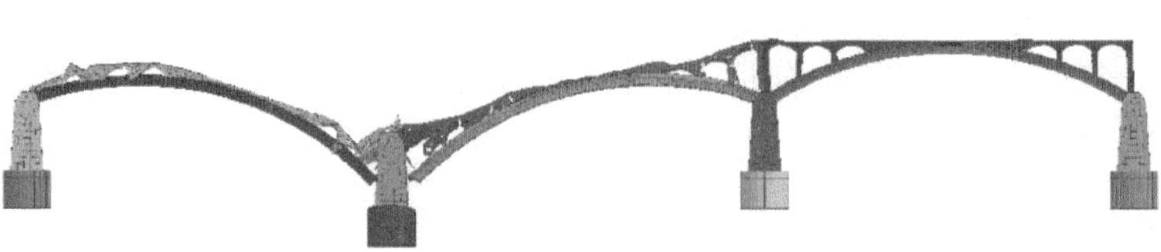

（e）*T*=50min 47s

图 5-15　桥梁水毁倒塌仿真全过程

2#墩浅基础在冲刷作用下的竖向位移-时间曲线如图 5-16 所示。可明显看出，随着冲刷不断发展，浅基础基底出现部分淘空，故竖向位移迅速增大。同时，图 5-17 给出该基础沿桥纵向水平位移随时间的变化曲线，可明显看出，该基础由于冲刷发展不对称先向右侧倾斜，然后由于拱圈不平衡水平推力作用再向左侧倾斜，与上述桥梁水毁倒塌全过程的描述一致。

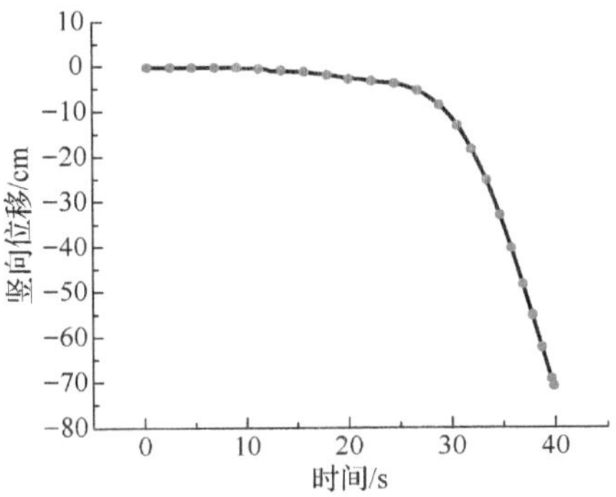

图 5-16　冲刷桥墩浅基础竖向位移-时间曲线

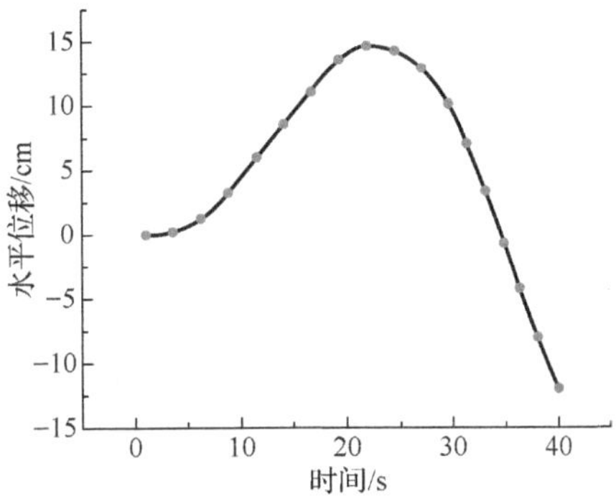

图 5-17　冲刷桥墩浅基础水平位移-时间曲线

图 5-18 给出冲刷 2#墩顶部与左拱圈拱脚接触应力时程曲线。由图 5-18 可知，接触应力在 50min 31s 突变为 0。此时桥墩右侧倾斜，左拱圈和桥墩顶部完全脱离，左拱圈开始整体倒塌；该接触应力突变为 0 之后继续出现振荡现象的原因为拱上建筑继续破坏并陆续砸落至拱圈。

图 5-19 给出冲刷 2#墩顶部与右拱圈拱脚接触应力时程曲线。可以看出，左拱圈倒塌后，由于桥墩两侧水平推力不再平衡，在右拱圈水平推力下该桥墩再次左倾，导致右拱圈在 50min 37s 与 2#墩完全脱离，此时两者接触面应力突变为 0。该接触应力突变为 0 后出现短时小幅反弹，原因为拱上建筑连续破坏撞击右拱圈，导致右拱圈拱脚仍可接触桥墩。

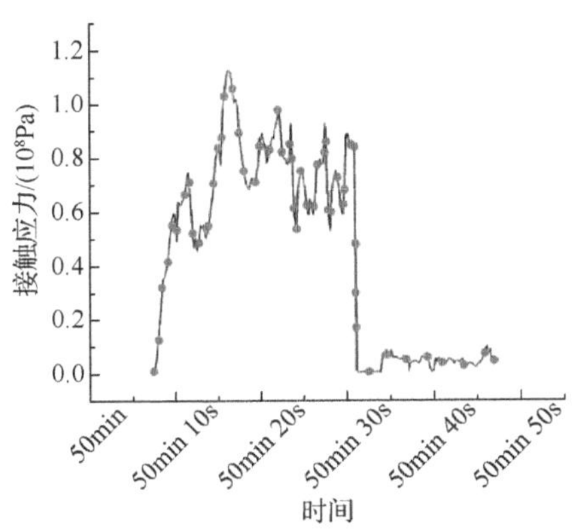

图 5-18　墩顶与左拱圈拱脚接触应力时程曲线

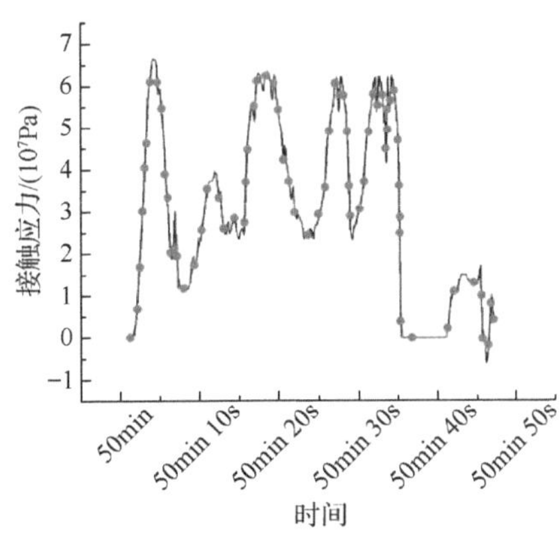

图 5-19　墩顶与右拱圈拱脚接触应力时程曲线

上述分析表明，判断主拱圈与桥墩顶部间是否发生接触失效的有效指标为拱脚与桥墩接触应力，该指标也是判断或预警该类桥梁水毁倒塌的关键参数。浅基础双曲拱桥水毁倒塌的根本原因在于冲刷导致桥墩/桥台浅基础底部局部掏蚀，引发浅基础整体倾斜，从而发生拱圈拱脚与桥墩顶部接触脱离现象；如果冲刷桥墩为非制动墩设计，还会由于不平衡水平推力导致相邻多跨拱圈及其拱上结构的连续倒塌。

从拱桥设计角度来看，为考虑冲刷对拱桥安全的影响，可引入拱脚-桥墩截面刚度冲刷折减系数对非制动墩该截面的刚度进行折减。该系数可定义为平衡冲刷下拱脚-桥墩接触应力代表值与非冲刷时该项应力代表值的比值，具有较好的工程指导意义。

5.5 本章小结

1）LS-DYNA 因采用集中质量矩阵，显式积分法方程组为非耦合形式，故无须求解联立方程组，亦无须组装总刚度矩阵和总体质量矩阵，只需保证稳定的时间步长便可求解。在结构倒塌仿真过程中，一般采用变时间步长法，时间步长的设置还需考虑显式中心差分法的稳定条件及时间步长的两种约束。此外，在计算过程中，可采用质量控制技术和子循环技术调整时间步长。

2）倒塌分析应避免在桥梁倒塌分析有限元模型的网格划分中产生尺寸较小的单元，单元大小尽量均匀；尽量避免退化的实体及壳体单元；当使用降阶单元算法或可能遭受沙漏变形的单元时，应避免使用粗网格；若出现沙漏现象，尽量在部分模型或整个模型中采用全积分单元。

3）LS-DYNA 已实现 3 种不同的接触处理算法：动力约束法、对称罚函数法和分配参数法。在进行接触分析时需注意：①应使用协调单位定义材料特性；②确保模型中使用的材料数据准确性；③在相同部件之间避免定义多重接触；④推荐使用自动接触类型*CONTACT_AUTOMATIC_option；⑤避免使用单点加载。

4）结构失稳分析中通常涉及材料、几何和接触等非线性因素，应用 LS-DYNA 求解时，不存在收敛问题，因此无须进行非线性迭代和收敛控制。应用 LS-DYNA 进行动态屈曲分析时，在分叉点附近存在惯性力，即在后临界范围内，系统的运动荷载随着位移的增加而减小。

5）构件达到某一条件时的失效可通过修改关键字*MAT_ADD_EROSION 及采用带失效准则的材料本构模型两种方式实现。局部构件失效必然对整体结构产生影响，LS-DYNA 中桥梁连续倒塌分析的基本思路：首先，移除一根或几根主要的受力构件以模拟桥梁的初始局部失效；其次，对剩余结构进行力学分析，判断其是否会倒塌。

参 考 文 献

[1] 万福磊．建筑结构连续性倒塌数值模拟方法研究[D]．北京：中国科学建筑研究院，2011．

[2] Xiong W, Tu X, Xiao R, et al.A stress-development prediction method and its application to stress assessment of existing bridges[J]. Engineering Structures, 2012, 38: 113-122.

[3] Xiong W, Cai S C, Kong B, et al. Overturning-collapse modeling and safety assessment for bridges supported by single-column piers[J]. Journal of Bridge Engineering, 2017, 22(11): 04017084.

[4] 熊文，鲁圣弟，龚玄，等．独柱墩梁桥倾覆临界状态分析及规范法的适用性[J]．中国公路学报，2018，31（3）：49-58．

[5] 白金泽．LS-DYNA3D 理论基础与实例分析[M]．北京：科学出版社，2005．

[6] 辛春亮，涂建，王俊林，等．由浅入深精通 LS-DYNA[M]．北京：中国水利水电出版社，2019．

[7] 张凯．空间钢框架地震倒塌破坏及影响因素研究[D]．西安：长安大学，2017．

[8] 王君杰，李军，孟德巍．钢箱计算失效应变的冲击试验[J]．建筑科学与工程学报，2014，31（1）：50-55．

[9] 成丕富．桥梁结构连续倒塌研究[D]．长沙：中南大学，2012．

[10] 龚来凯．附加抗侧力索结构提升村镇砌体房屋整体抗震性能的研究[D]．南京：东南大学，2019．

[11] 宋帅，杜闯，李艳艳．超高性能混凝土 HJC 本构模型参数确定及应用[J]．爆炸与冲击，2023，43（5）：57-69．

[12] 欧碧峰，王君杰．碰撞条件下常用混凝土模型比较[J]．计算机辅助工程，2008，17（1）：1-5．

[13] Rajendran R, Narasimhan K. Deformation and fracture behaviour of plate specimens subjected to underwater explosion—a review[J]. International Journal of Impact Engineering, 2006, 32(12): 1945-1963.

[14] 胡超．大跨度预应力混凝土框-剪结构抗连续倒塌性能仿真研究[D]．合肥：合肥工业大学，2019．

[15] 刘成清，何斌，陈驰，等．ANSYS/LS-DYNA 工程结构抗震、抗撞击与抗连续倒塌分析[M]．北京：中国建筑工业出版社，2014．

[16] 熊安平．基于 LS-DYNA 仿真模拟对船桥撞击的研究[D]．南昌：华东交通大学，2012．

[17] 熊文，张嵘钊，石惠铎．基于细-宏观数据交互的桥梁水毁数值仿真[J]．中国公路学报，2022，35（9）：257-268．

[18] 李裕春，时党勇，赵远．ANSYS 11.0/LS-DYNA 基础理论与工程实践[M]．北京：中国水利水电出版社，2008．

[19] 彭韬宇．框架结构建筑物爆破拆除失稳倒塌分析及计算机模拟[D]．宁波：宁波大学，2009．

[20] 熊文，张大牛．浅基础双曲拱桥水毁倒塌全过程仿真分析[J]．天津大学学报（自然科学与工程技术版），2021，54（10）：998-1007．

第 6 章　基于计算交互的桥梁水毁多平台推演技术

近年来，水毁桥梁垮塌事故频发，造成了巨大的经济损失和人员伤亡。根据相关研究，从 1989 年到 2000 年，美国有 503 座桥梁倒塌，其中 55%是由水文因素造成的[1]；研究发现，桥梁每年的垮塌频率为 1/5000，其中水毁失效占主要比例。图 6-1 显示了 2018 年中国四川省某堰塞湖泄洪期间发生的多起水毁桥梁垮塌事件。据研究，冲刷和洪水等水文因素已逐渐成为桥梁垮塌的主要原因。此外，受气候影响，水毁桥梁垮塌的发生率将不断增加。因此，研究水文荷载下的桥梁失效具有重要意义，可为桥梁设计和维护提供更多参考和指导。

图 6-1　水毁桥梁案例

由于受多种因素（包括流体动力学效应和结构响应）的影响，在水文荷载作用下对桥梁结构进行分析和设计极具挑战性。一般来说，水毁桥梁失效的数值模拟涉及结构模型的非线性有限元分析（non-linear finite element analysis，NLFEA）和流体模型的计算流体动力学分析，这种结构与流场的组合无疑增加了数值求解的复杂性。目前，非线性有限元分析已广泛应用于结构失效模拟，其中建模方式，尤其是积分算法和单元类型皆与计算时间成本密切相关。由于 NLFEA 通常伴随着大变形，需要精细网格来收敛计算以获得更高的精度，因而结构倒塌数值模拟的首选方法通常是构建局部倒塌的精细化模型。然而，桥梁倒塌往往是整体性的而不是局部性的，这就需要更多的单元和更大的模型规模。常见的方法是减少单元数量或采用高精度计算理论，但模型规模和网格大小仍然受限于求解效率。

水毁桥梁失效分析与大尺度结构破坏模拟有关，在平衡计算成本和精度时，通常会牺牲精度以确保求解效率。对于高精度的应力分析或失效预测，大尺度模型计算成本往往过于高昂，因此更多地被用于结构失效模式的比较和验证。换言之，由于需要平衡计算资源、求解效率、结果精度等诸多因素，桥梁连续倒塌等大型结构的失效模拟是一项综合性较强、难度较大的课题。一旦与 CFD 分析相结合，桥梁水毁失效分析甚至会成为一个更加复杂的多场耦合问题。桥梁考虑的水文效应包括两个方面：水动力荷载和冲刷形态演变。前者包括浮力、阻力和冲击力，加剧了水文桥梁破坏的风险；后者对内陆桥梁的水毁破坏影响更为关键。由于流体求解的 N-S 方程和泥沙输运模型的复杂性，局部冲刷模拟需要大量的求解时间；此外，冲刷的数值模拟需要可视化技术，一般涉及动态网格和流体体积算法，进一步增加了问题求解的难度。

需要指出的是，动态网格方法、VOF 算法，甚至以前的大多数冲刷数值模拟都是由欧拉法衍生而来的[2]。相对而言，一般的结构倒塌模拟是基于拉格朗日法的。因此，水毁桥梁倒塌模拟是一个多场耦合问题。除了存在不同物理场之间更新边界条件困难之外，数值结果的精度严重依赖于高精度的网格，且 CFD 模型的网格一般比结构模型的网格更细。因此，以往对水毁桥梁垮塌的研究一般都是通过简化模型来进行，而不是结合水动力计算和结构响应分析来模拟桥梁垮塌的整体过程。大多数研究都将冲刷的进展简化成结构中预先确定的边界条件。然而，冲刷是桥梁最关键的水力作用，它通过侵蚀埋深削弱地基的稳定性。换句话说，冲刷坑的形态对水毁桥梁的破坏模式影响更大。此外，结构振动可能会影响周围沉积物的应力状态，并进一步反馈到流体场中的冲刷发展。据此分析，现有的模型大多不适合对水毁桥梁垮塌进行实时分析。因此，有必要进行耦合计算，以便对水毁桥梁垮塌进行数值模拟。

6.1 多场计算数据交互方法

桥梁水毁数值模拟中，最主要的水文作用因素为流场计算中的波流力和冲刷深度。以下从波流力和冲刷深度两方面阐述各因素的获取方式及提取方法。

基于 CFD 的桥梁局部冲刷模拟在前面章节已经详细叙述，此处以基于 VOF 法的冲刷数值模拟软件 Flow-3D 为例，作其应用于基于计算交互的水毁数值仿真中的流程简介。

（1）冲刷数据提取

根据式（6-1）计算得到希尔兹系数 θ_i，将其作为泥沙起动判断条件，当希尔兹系数大于临界值时，河床表面推移质泥沙开始运动。该临界值可按 Soulsby（索尔斯比）-Whitehouse（怀特豪斯）经验公式计算，其数值仅与泥沙特征参数有关。

$$\theta_i = \frac{\tau}{d_{50}(\rho_s - \rho)g} \tag{6-1}$$

式中：τ 为床面切应力；d_{50} 为泥沙中值粒径；ρ_s 为泥沙密度；ρ 为流体密度；g 为重力加速度。

泥沙起动后，推移质输运方程采用 Van Rijn 输沙率经验公式，床面单宽体积输沙率 q_b 为

$$q_b = \beta d_*^{-0.3}\left(\frac{\theta_i}{\theta_{cr}} - 1.0\right)^{2.1}\left[g\left(\frac{\rho_s - \rho}{\rho}\right)d^3\right]^{0.5} \tag{6-2}$$

式中：β 为推移质系数；d 为泥沙粒径；θ_{cr} 为临界希尔兹系数；$d_* = d_{50}\left[\frac{\rho(\rho_s - \rho)g}{\mu^2}\right]^{1/3}$，其中 μ 为流体动力黏度系数。

当床面流速大于上升流速时，床沙转化为悬移质随水流运动；当小于沉降流速时，悬移质沉淀为床沙。上升流速 $\boldsymbol{u}_{lift}$ 与沉降流速 u_{set}（u_{set} 默认为与重力加速度 g 方向相同）计算公式如下：

$$\begin{cases} \boldsymbol{u}_{lift} = \alpha_i \boldsymbol{n}_s d_*^{0.3}(\theta_i - \theta_{cr})^{1.5}\sqrt{\dfrac{d_{50}(\rho_s - \rho)g}{\rho}} \\ u_{set} = \dfrac{\mu}{d_{50}}\left[(10.36^2 + 1.049 d_*^3)^{0.5} - 10.36\right] \end{cases} \tag{6-3}$$

式中：α_i 为泥沙携带系数；$\boldsymbol{n}_s$ 为床面法向向量。

冲刷计算完成后可从 Flow-3D 导出基础底部河床面及邻近范围内网格点的冲刷深度数据，构建包含网格点平面坐标及冲刷深度的三维数组 a_i：

$$a_i = (x, y, z) \tag{6-4}$$

式中：i 为时间；x、y 分别为网格点 X、Y 轴坐标；z 为网格点所在平面位置对应的冲刷深度。a_i 可提供河床 X-Y 平面内基础附近任意点处冲刷深度数据。考虑到流-固-土耦合场与结构域间网格尺度差异，所得冲刷深度数据不能直接用于更新结构域基础边界条件，故 a_i 将在后续边界条件跨场更新中为冲刷边界条件插值拟合提供数据源。

（2）波流力数据提取

流体模型基于流体连续性和动量方程进行控制，VOF 算法下的流体连续性方程为

$$V_F\frac{\partial\rho}{\partial t} + \frac{\partial}{\partial x}(\rho u A_x) + R\frac{\partial}{\partial y}(\rho v A_y) + \frac{\partial}{\partial z}(\rho w A_z) + \xi\left(\frac{\rho u A_x}{x}\right) = R_{DIF} + R_{SOR} \tag{6-5}$$

式中：V_F 为流动部分体积分数；ρ 为流体密度；R_{DIF} 为湍流扩散项；R_{SOR} 为质量源项；u、v、w 分别为流体沿 X、Y、Z 坐标轴方向速度分量；A_x、A_y、A_z 分别表

示流体在 X、Y、Z 方向投影面积；R 和 ξ 为固定系数。动量方程为

$$
\begin{cases}
\dfrac{\partial u}{\partial t}+\dfrac{1}{V_{\mathrm{F}}}\left\{uA_x\dfrac{\partial u}{\partial x}+vA_yR\dfrac{\partial u}{\partial y}+wA_z\dfrac{\partial u}{\partial z}\right\}-\xi\dfrac{A_yv^2}{xV_{\mathrm{F}}}=-\dfrac{1}{\rho}\dfrac{\partial p}{\partial x}+G_x+f_x-b_x \\
\qquad -\dfrac{R_{\mathrm{SOR}}}{\rho V_{\mathrm{F}}}(u-u_{\mathrm{w}}-\delta u_{\mathrm{s}}) \\
\dfrac{\partial v}{\partial t}+\dfrac{1}{V_{\mathrm{F}}}\left\{uA_x\dfrac{\partial v}{\partial x}+vA_yR\dfrac{\partial v}{\partial y}+wA_z\dfrac{\partial v}{\partial z}\right\}+\xi\dfrac{A_yvu}{xV_{\mathrm{F}}}=-\dfrac{1}{\rho}\left(R\dfrac{\partial p}{\partial y}\right)+G_y+f_y-b_y \\
\qquad -\dfrac{R_{\mathrm{SOR}}}{\rho V_{\mathrm{F}}}(v-v_{\mathrm{w}}-\delta v_{\mathrm{s}}) \\
\dfrac{\partial w}{\partial t}+\dfrac{1}{V_{\mathrm{F}}}\left\{uA_x\dfrac{\partial w}{\partial x}+vA_yR\dfrac{\partial w}{\partial y}+wA_z\dfrac{\partial w}{\partial z}\right\}=-\dfrac{1}{\rho}\dfrac{\partial p}{\partial z}+G_z+f_z-b_z \\
\qquad -\dfrac{R_{\mathrm{SOR}}}{\rho V_{\mathrm{F}}}(w-w_{\mathrm{w}}-\delta w_{\mathrm{s}})
\end{cases}
\tag{6-6}
$$

式中：p 为流体压力；G_x、G_y、G_z 分别为沿 X、Y、Z 坐标轴方向流体重力加速度；f_x、f_y、f_z 分别为沿 X、Y、Z 坐标轴方向黏滞加速度；b_x、b_y、b_z 分别为沿 X、Y、Z 坐标轴方向流体通过多孔介质或导板的能量损失。

基于式（6-5）与式（6-6）即可求得任意时刻与位置的波流力，导出基础所处空间位置及邻近范围网格点的流体动压力数据，构建网格点 X、Y、Z 坐标值及流体动压力的四维数组 f_i：

$$f_i=(x,y,z,F) \tag{6-7}$$

式中：i 为时间；x、y、z 分别为网格点 X、Y、Z 轴坐标；F 为网格点位置处流体动压力。

考虑到流-固-土耦合场与结构域间网格尺度差异，流域计算所得波流力不能直接施加于结构域边界，需要通过算法拟合波流力时程数据进行转译与传输。故 f_i 用于边界跨场更新中为波流力拟合提供数据源。

流场数据的提取并非一次性的，应伴随计算时间步长同步更新。然而考虑到冲刷发展变化缓慢，流体求解的单次时间步长通常处于极小的时间数量级，因此需额外定义单独的数据交互时间步长。交互时间步长的确定应根据联合模型的尺度和求解总时长确定：步长过大，冲刷变化较为剧烈，影响结构倒塌分析的精度；步长过小，增大计算成本。此外，结构倒塌的模拟应基于有限元模型求解，此部分在前面章节已有具体说明，此处不再赘述。

6.2　边界条件跨场更新方法

由于流体模型和结构模型之间的网格差异（图 6-2），流体力学效应无法直接作用于结构连续倒塌模型。本节利用散点线性插值法完成跨场流体动力荷载和冲刷边界的数据转换[3]。

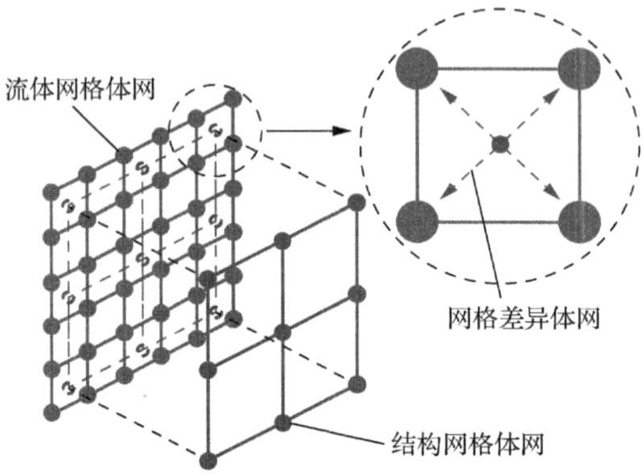

图 6-2　网格差异图示

6.2.1　结构模型边界更新

（1）边界更新

根据前面所述，Flow-3D 中流体动压力 f_i 是由每个单元的压力-面积乘积求和得到的，并平均分配到表面的 4 个网格点上；对于与多个表面相关联的网格点，则根据矢量叠加法处理从每个表面获得的合力。最后，从模型中提取每个网格点的流体动力荷载作为节点力，其中包含三维坐标（X，Y，Z）和合力（F）。根据该数据集，可以构建散点线性插值函数，获得结构模型中对应目标网格的水动力荷载。此外，如图 6-2 所示，流体场中的网格一般较细，可确保有足够的样本网格来保证拟合函数的精度。因此，样本网格的合理划分对结构模型中目标网格的拟合精度有很大影响。本节采用德洛奈（Delaunay）三角剖分法处理数据集，确保剖分的任何三角形/四面体所包围的圆/球不包含数据集的其他散点，因此也不包含其他三角形/四面体。

随后，针对结构场中的每个网格，搜索包含它们的三角形/四面体，该三角形/四面体由流体网格构建，并根据 Delaunay 三角剖分法进行划分。如图 6-3 所示，P_1、P_2、P_3 和 P_4 来自流体场，P 来自结构场。四面体三角源数据点为 $P_1(x_1,y_1,z_1)$、$P_2(x_2,y_2,z_2)$、$P_3(x_3,y_3,z_3)$、$P_4(x_4,y_4,z_4)$，所需插值点 P 空间坐标为 (x,y,z)，两者空间位置可构建以下线性方程组。

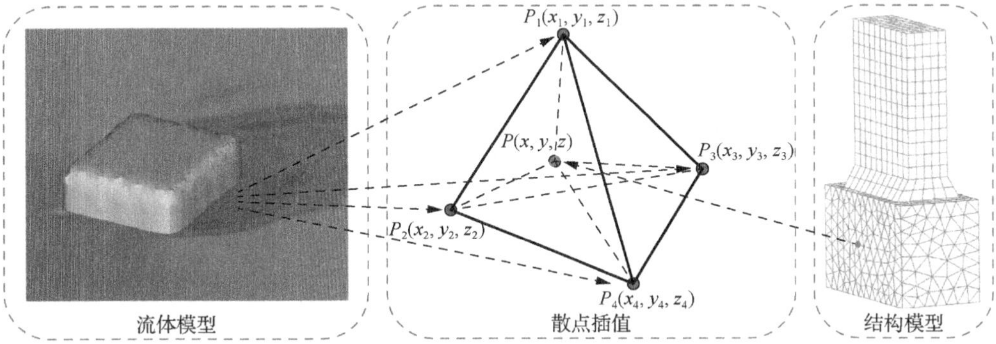

图 6-3　结构模型流场力更新图示（四面体）

$$\begin{cases} x = \overline{a}_1 x_1 + \overline{a}_2 x_2 + \overline{a}_3 x_3 + \overline{a}_4 x_4 \\ y = \overline{a}_1 y_1 + \overline{a}_2 y_2 + \overline{a}_3 y_3 + \overline{a}_4 y_4 \\ z = \overline{a}_1 z_1 + \overline{a}_2 z_2 + \overline{a}_3 z_3 + \overline{a}_4 z_4 \\ \overline{a}_1 + \overline{a}_2 + \overline{a}_3 + \overline{a}_4 = 1 \end{cases} \tag{6-8}$$

式中：$\overline{a}_i (i=1,2,3,4)$ 为加权系数。

由线性关系可知，插值点 P 波流压力合力数值 F' 可由源数据点 P_1、P_2、P_3、P_4 的 F_1、F_2、F_3、F_4 表示：

$$F' = \overline{a}_1 F_1 + \overline{a}_2 F_2 + \overline{a}_3 F_3 + \overline{a}_4 F_4 \tag{6-9}$$

联立求解式（6-8）与式（6-9）即可得到

$$F' = \frac{V_1}{V} F_1 + \frac{V_2}{V} F_2 + \frac{V_3}{V} F_3 + \frac{V_4}{V} F_4 \tag{6-10}$$

式中：V_1、V_2、V_3、V_4 分别为四面体 $PP_2P_3P_4$、$PP_1P_3P_4$、$PP_1P_2P_4$、$PP_1P_2P_3$ 的体积；V 为四面体 $P_1P_2P_3P_4$ 总体积。获得结构域边界节点各时刻波流压应力合力后，乘以节点所占平均表面积即为流体动力，并按节点荷载施加于 LS-DYNA 结构模型上。

同样地，针对结构与流场网格尺度间的差异性，以及所导致的两者网格节点的严重不对应，利用插值算法获得结构域对应边界节点冲刷演变深度，并通过桩-土弹簧精准设计完成边界条件数据交互。

将冲刷深度平面分布三维数组 a_i 按时间加以分类，并构建插值函数 F_1，用于拟合求解结构域冲刷后平面位置 (x,y) 处边界节点竖向坐标值 z。

$$z = F_1(a_i, x, y) \tag{6-11}$$

具体来说，基于散点数据线性插值原理，通过对 a_i 点集三角剖分，得到插值点所在平面三角形位置。以图 6-4 为例，平面三角源数据点为 $P_1(x_1,y_1)$、$P_2(x_2,y_2)$、$P_3(x_3,y_3)$，所需插值点 P 平面坐标为 (x,y)，两者平面位置可构建以下线性方程组。

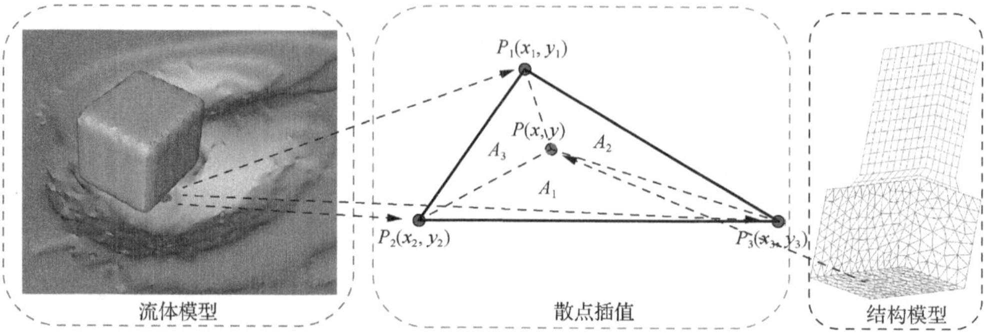

图 6-4　结构模型流场力更新图示（平面三角形）

$$\begin{cases} x = \overline{a}_1 x_1 + \overline{a}_2 x_2 + \overline{a}_3 x_3 \\ y = \overline{a}_1 y_1 + \overline{a}_2 y_2 + \overline{a}_3 y_3 \\ \overline{a}_1 + \overline{a}_2 + \overline{a}_3 = 1 \end{cases} \tag{6-12}$$

式中：$\overline{a}_i (i = 1,2,3)$ 为加权系数。

由线性关系可知，插值点 P 竖向坐标 z（即结构域对应节点冲刷深度）可由源数据点 P_1、P_2、P_3 竖向坐标 z_1、z_2、z_3（即流场对应点冲刷深度）推导得出：

$$z = \overline{a}_1 z_1 + \overline{a}_2 z_2 + \overline{a}_3 z_3 \tag{6-13}$$

联立求解式（6-12）与式（6-13）即可得到

$$z = \frac{A_1}{A} z_1 + \frac{A_2}{A} z_2 + \frac{A_3}{A} z_3 \tag{6-14}$$

式中：A_1、A_2、A_3 分别为图 6-4 中 $\triangle PP_2P_3$、$\triangle PP_1P_3$、$\triangle PP_1P_2$ 面积；A 为 $\triangle P_1P_2P_3$ 总面积。

由于冲刷引起的基础失稳需要较大数量级的冲刷深度，因此耦合计算中每次边界更新的冲刷深度变化值并不需要精细的尺度。根据相关研究，考虑到数值模拟的精度和效率之间的平衡，土弹簧模型在结构倒塌分析中得到广泛应用，在描述桩基支护结构响应方面具有较强的计算效率。温克勒（Winkler）模型被广泛应用于水毁桥梁垮塌的耦合计算中，用于模拟桩-土相互作用。土弹簧用于表示土层抗力，包括侧向力（p）对应的侧向位移（y）。土弹簧的非线性刚度是根据 API 规范[4]的 p-y 曲线确定的：

$$\left.\begin{aligned} &P_{\mathrm{u}} = \min\left\{(C_1 \times H + C_2 \times D) \times \gamma \times H, C_3 \times D \times \gamma \times H\right\} \\ &P = \frac{A \times P_{\mathrm{u}} \times \tanh\left(\dfrac{k \times H_{\pm}}{A \times P_{\mathrm{u}}} \times y\right) \times d \times \dfrac{\pi}{2}}{n} \end{aligned}\right\} \tag{6-15}$$

式中：A 表示静荷载系数；C_1、C_2 和 C_3 表示土壤内摩擦角的函数系数；d 表示两层之间土弹簧的垂直间距；D 表示桩平均直径；$H_{土}$ 表示土壤深度；n 为单层土弹簧的数量；P 为对应横向位移 y 的侧向力；P_u 为极限侧向阻力（力/单位轴向长度）；k 为土壤初始模量；y 为横向位移；γ 为土体重度。

基底弹簧刚度 K_d 可基于 API 规范推荐公式计算：

$$K_d = (N_q p_0') \frac{S}{\Delta h m_i} \tag{6-16}$$

式中：N_q 为承载系数；$p_0' = \gamma H$，为有效土压力，其中 γ、H 分别为土体重度和基础埋深；S 为基础底面积；Δh 为土体极限端承承载力对应极限端承位移；m_i 为基底弹簧个数。

（2）精度验证

由于流体模型和结构模型之间的网格差异，水力效应不能直接作用于结构，而是通过插值进行传递。因此需要比较原始值和插值间的差异，以确定整个物理场的传输误差。首先比较流体动力跨场转化的误差。原始流体动力荷载是直接从 Flow-3D 中的每个网格点提取的合力，它是四维的，包含三维坐标（X，Y，Z）和结果力（F）。为进行精度验证，从验证模型中提取的流体动力荷载基准数据按位置分为两种，如图 6-5 中右图所示。一种是样本网格中的样本荷载，用作构建拟合函数的样本数据，在图 6-5 中用实心方框标出，样本网格在每个轴上以恒定的距离间隔选取。另一种是来自参考网格的参考荷载，在图 6-5 中以实心圆标出，用于计算拟合误差，方法是减去从同一位置的拟合函数中获得的拟合值。插值误差如图 6-6 所示。

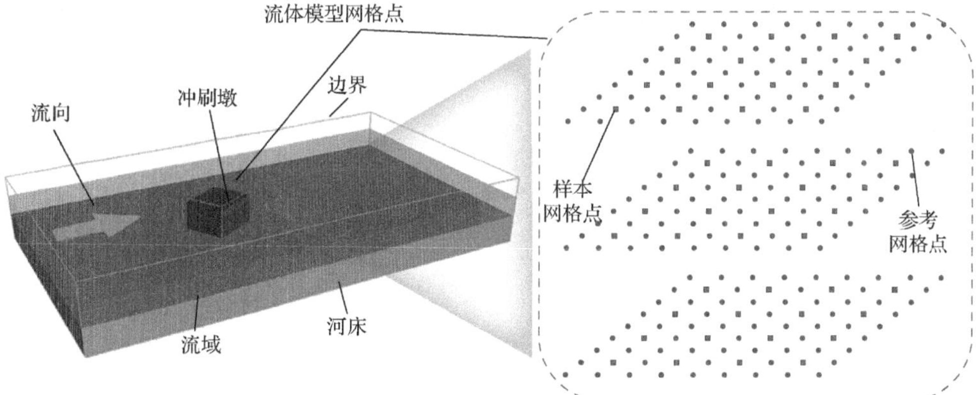

图 6-5　流场力验证图示

图 6-6（a）展示了整个样本数据的流体压力云图，其中冲刷边界沿 X 轴和 Y 轴分布，压力从 0Pa 开始，随深度增加。如图 6-6（b）所示，在 X=53.81m、X=57.13m

和 X=60.44m 处的 Y-Z 平面上创建了三个切片图，以分析插值法在基础附近网格的拟合性能。在 X=60.44m 的切片中，当深度低于 0m 时，流压大于 0，表明基础底部出现了冲刷淘空。图 6-6（c）展示了插值结果与参考点实际值之间的拟合误差：大多数网格的拟合效果较好，残差在 28Pa 左右，而在 Z 轴 0～2m 范围内，即河床界面处，拟合误差较大。这主要是由于压力的突然变化造成的，压力在很短的深度内从 0Pa 增加到数千帕。然而，由于流体压力的数量级较大，仅比较绝对误差的意义不大。因此，图 6-6（d）中比较了拟合误差的百分比。大多数网格的误差百分比小于 16%，只有少数网格的误差较大，这些网格的压力数量级较小，且不靠近壁面。总的来看，这些出现较大误差的位置对计算结果影响较小，可忽略不计。

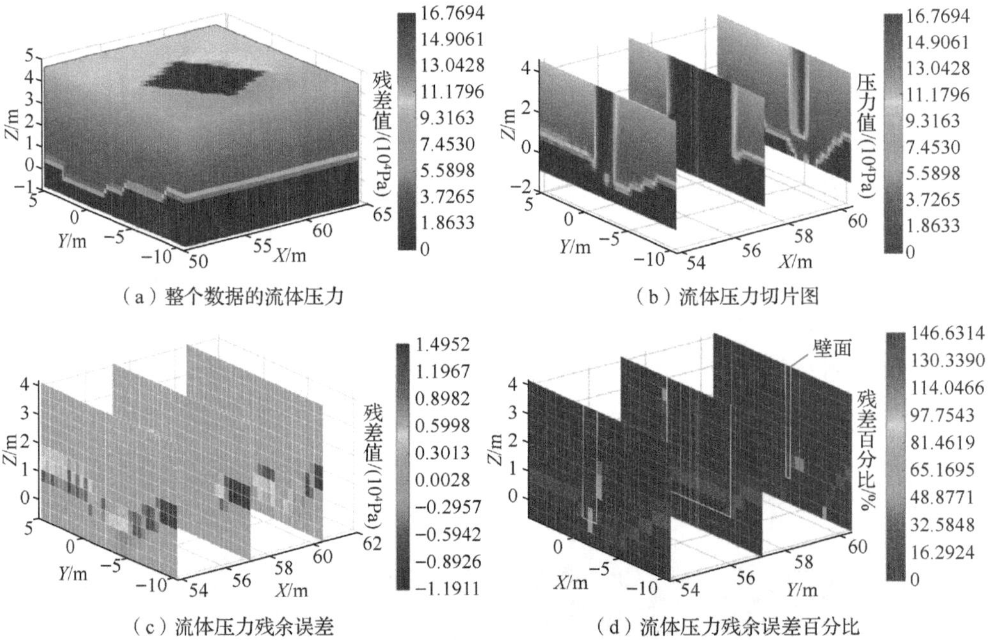

（a）整个数据的流体压力　（b）流体压力切片图

（c）流体压力残余误差　（d）流体压力残余误差百分比

图 6-6　流体压力插值结果云图

彩图 6-6

与水动力荷载类似，Flow-3D 中每个网格点的原始冲刷深度也同样被提取出来，属于三维数据集，包含河床的二维坐标（X，Y）和冲刷深度（Z）。随后，仍按位置将其分为两种类型，如图 6-7 所示。冲刷深度的残余误差也是通过从拟合值中减去参考值得到的。插值误差如图 6-8 所示。

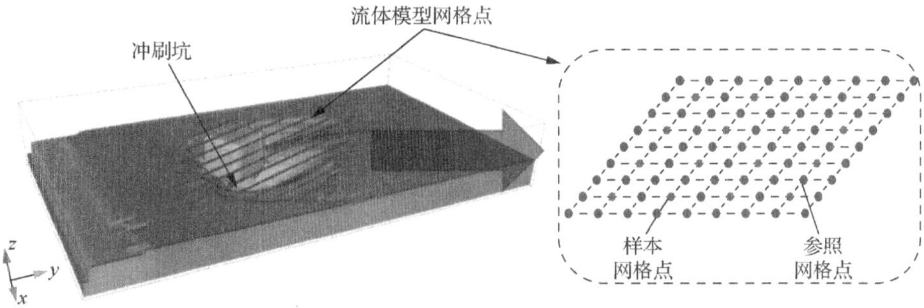

图 6-7　冲刷插值验证图示

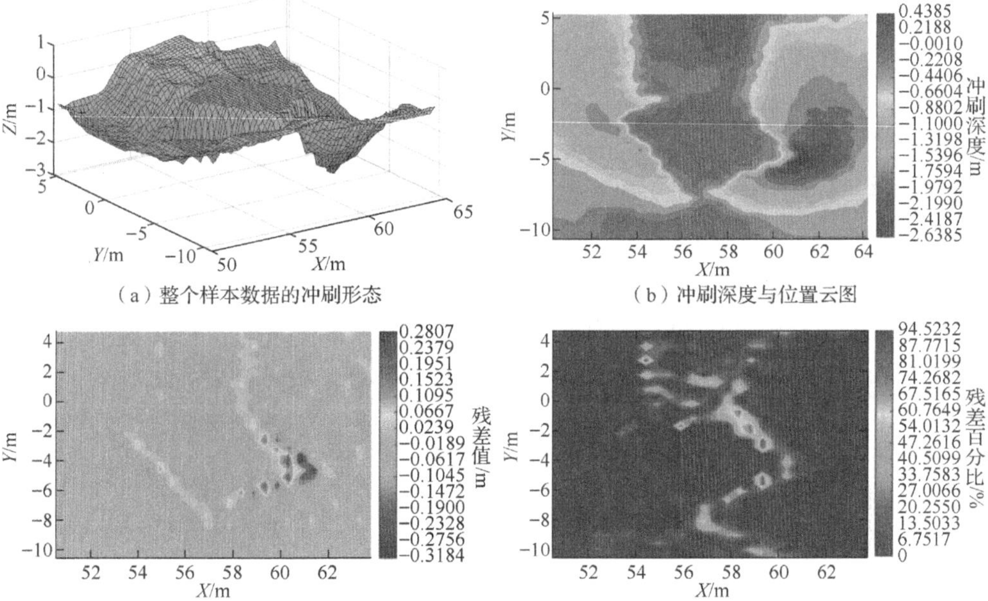

（a）整个样本数据的冲刷形态　（b）冲刷深度与位置云图

（c）冲刷深度的残余误差　（d）冲刷深度的残余误差百分比

图 6-8　冲刷深度插值结果云图

彩图 6-8

图 6-8（a）展示了整个样本数据的冲刷形态，冲刷坑沿 X 轴分布在地基两侧。由于河床高程在短距离内急剧变化，地基附近的坡度相当大。图 6-8（b）展示了冲刷深度与位置的云图。最大冲刷深度出现在（61.8m，−4.9m）处，距离地基壁面较远。图 6-8（c）展示了插值结果与参考网格实际值之间的拟合误差：大多数网格的拟合精度良好，残余误差几乎为 0m。拟合误差在沿 Y 轴−4～−6m 和沿 X 轴 60～62m 处（即靠近地基右角的位置）较为明显。这主要是由于冲刷深度的突然变化造成的，与图 6-8（b）类似。此外，这些大误差网格冲刷深度较小且面积偏小，因此该类误差对插值性能

的影响可以忽略不计。根据图 6-8（d）可知，大多数网格与图 6-8（c）中所述网格的误差百分比小于 13%。靠近墙壁的少数网格具有较大的相对误差，然而它们的冲刷深度较小。换言之，此类误差对地基稳定性的影响较小，因此可忽略。

综上，散点线性插值法在拟合最大冲刷深度位置附近的冲刷深度方面表现良好。此外，由于部分样本数据被归类为参考网格，因此并非所有样本数据都应用于构建插值函数。实际上，使用全部数据进行插值后，精度会进一步提高。本研究采用的散点线性插值方法在跨场数据转换时具有足够的精度，从而确保了边界更新的可靠性。

6.2.2　流场模型边界更新

冲刷是地基稳定性的主要威胁，也是绝大多数水毁桥梁失效的主要原因，因此冲刷计算的准确性对桥梁的抗水设计意义重大。然而，传统冲刷模拟数值模型被归类为流体分析，地基被简化为固定边界，流固耦合（fluid-structure interaction，FSI）效应被忽略。事实上，连续桥梁垮塌数值模拟中，FSI 效应（即桩-土相互作用对冲刷发展的影响）不应被简化，因为它可能通过加剧基础淘空而加速桥梁垮塌。地基对河床沉积物的影响如图 6-9 所示，*DX* 与 *RX* 为外荷载。对于浅基础，当冲刷下切地基时，两侧和底部的泥土会受到挤压力；对于桩基础，由于非对称冲刷，两侧的沉积物会受到桩的挤压。由于泥沙起动是建立在颗粒临界状态的力平衡基础上的，这种地基效应可能会因泥沙颗粒应力状态的变化而进一步影响冲刷起动的临界速度。

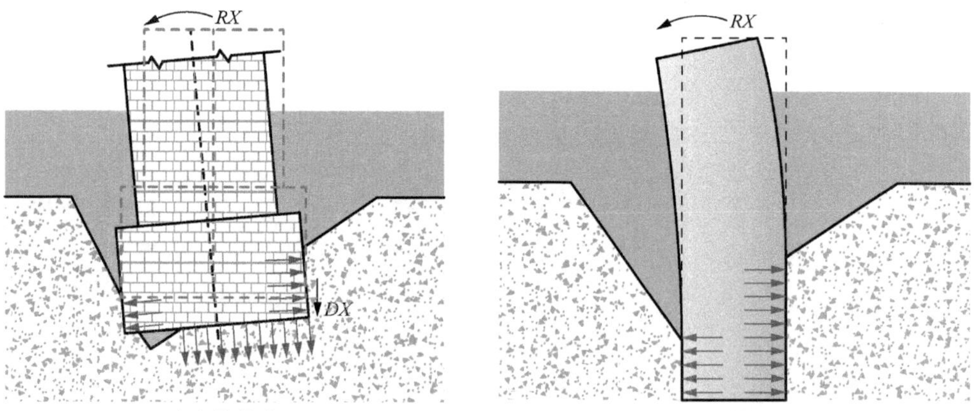

（a）浅基础　　（b）桩基础

图 6-9　基础挤压土体示意图

相关研究通过数值模型验证了上下游不对称冲刷造成的桥墩周围土体水平应力差异，这种差异会随着最大冲刷深度的增加而加剧，因为不对称冲刷越深，桥墩越不稳定。还有研究发现，由于墩台荷载的作用，冲刷后土壤应力会发生变化，从而影响土壤的侧向阻力，进一步加剧墩台的头部挠度。由此可以得出结论，在现场环境中，土壤与桥墩之间的相互作用对双方都有影响，这种影响会反映在土壤应力变化上，最终威胁地基安全。然而，之前的大多数研究在泥沙的起动模型中都忽略了桩-土相互作用，地基被视为固定边界，在冲刷模拟中忽略了 FSI 效应。一般认为，水流拖曳力产生的床面应力是冲刷过程中泥沙的主要动力源，并且希尔兹（Shields）准则被广泛用于估算沉积物的临界应力。在此基础上，考虑到不同的影响因素，部分学者提出了几种修正的床面应力模型：索尔斯比（Soulsby）研究了竖直平面内沉积物颗粒重力的斜坡效应，并在临界床面应力模型中考虑了坡面斜率；陈小莉[5]推导了三维条件下任意斜坡上的泥沙临界床面应力，该方法更适用于陡坡，且避免了泥沙输运速率数值计算中出现的奇异性问题；王东[6]在临界床面应力模型中进一步考虑了三维条件下任意坡面的水流升力。

从上述研究来看，泥沙的初始运动是建立在颗粒临界状态下的力平衡基础上，包括重力、摩擦力、拖曳力和升力平衡。换句话说，施加在泥沙颗粒上的每个应力因素都可能影响其初始状态和冲刷发展。然而，在以往的泥沙应力模型研究中，很少讨论上述地基荷载引起冲刷后土壤应力的变化，在分析水毁桥梁失效时，无法明晰桩土相互作用对沉积物和结构的影响，冲刷的变化可能会加剧或推迟桥梁地基的淘空，并最终加速或推迟破坏过程。此外，大多数冲刷模拟研究都是基于经验公式的数值积分来完成泥沙的起动和输运，并最终以网格高程或体积分数的形式进行河床高程变化的可视化。因此，经验公式的准确性对数值模拟结果的影响较大，即在冲刷和洪水作用下进行桥梁连续倒塌分析时，必须考虑桩土相互作用对泥沙起动的影响。

（1）修正二维 Shields 模型

标准 Shields 模型前面有所介绍，此处不再赘述。由地基荷载引起的土壤应力变化可被整合到床面应力 τ 中。由于起动颗粒运动方向单一，床面剪应力模型可以在垂直面上进行简化，假定泥沙颗粒具有均匀的直径，即球体；运动模式为滚动，摩擦力忽略不计。泥沙力示意图如图 6-10 所示，其中 D 表示泥沙的中值直径，K_1、K_2 和 K_3 表示力臂系数，O 表示接触点，W'、F_D' 和 F_L 分别表示垂直力、水平拖曳力和升力。

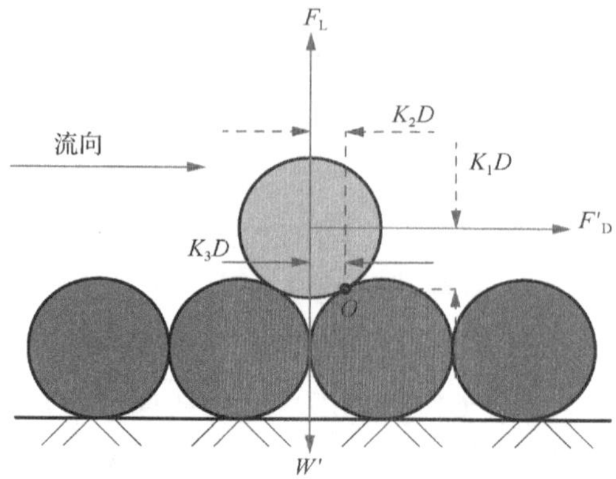

图 6-10　竖直平面内泥沙极限静力平衡示意图

静力之间的关系可表示为

$$\begin{cases} F_D' = F_D + \varDelta_1 \\ W' = W + \varDelta_3 \end{cases} \tag{6-17}$$

式中：W 为泥沙的重力（不包括浮力）；F_D 为水流的拖曳力；$\varDelta_1$ 为地基荷载的水平分量；$\varDelta_3$ 为地基荷载的垂直分量。F_D、W 和 F_L 表示为

$$\begin{cases} F_D = C_D a_1 D^2 \gamma \dfrac{u_0^2}{2g} \\ F_L = C_L a_2 D^2 \gamma \dfrac{u_0^2}{2g} \\ W = a_3 D^3 (\gamma_s - \gamma) \end{cases} \tag{6-18}$$

式中：C_D 和 C_L 分别表示水流的阻力和升力系数；a_1、a_2 和 a_3 表示颗粒与水流的接触面积系数；γ 表示单位体积水的重力；γ_s 表示单位体积泥沙的重力；u_0 表示流速。

根据 O 点的滚动力矩平衡，可以推导出静态平衡方程为

$$K_1 D F_D' + K_2 D F_L = K_3 D W' \tag{6-19}$$

将式（6-17）和式（6-18）代入式（6-19），进一步将方程简化为

$$D^2 \frac{\gamma u_0^2}{2g}(K_1 C_D a_1 + K_2 C_L a_2) = K_3 a_3 (\gamma_s - \gamma) D^3 + K_3 \varDelta_3 - K_1 \varDelta_1 \tag{6-20}$$

速度平方可以表示为

$$u_0^2 = \frac{\left[K_3 a_3 (\gamma_s - \gamma) D^3 + K_3 \varDelta_3 - K_1 \varDelta_1\right] 2g}{\gamma (K_1 C_D a_1 + K_2 C_L a_2) D^2} \tag{6-21}$$

将$\eta^2=\dfrac{2K_3a_3}{K_1C_\mathrm{D}a_1+K_2C_\mathrm{L}a_2}$代入式（6-21），流速$u_0$可根据对数分布速度公式得出。式（6-21）也可表示为

$$\eta^2\left[\frac{gD(\gamma_\mathrm{s}-\gamma)}{\gamma}+\frac{g(K_3\varDelta_3-K_1\varDelta_1)}{\gamma K_3a_3D^2}\right]=\left[5.75U_*\lg(30.2\alpha x)\right]^2 \tag{6-22}$$

式中：U_*表示摩擦速度，$U_*=\sqrt{ghJ}$；α为水面坡度，$\alpha=y/K_\mathrm{s}$，其中y为河床表面深度，K_s指河床的粗糙度；x指流层分布系数。水流的局部剪切应力$\tau_l=\rho U_*^2$，则式（6-22）最后可表示为

$$\left[\frac{\eta}{5.75\lg(30.2\alpha x)}\right]^2=\frac{\tau_l}{\left[D(\gamma_\mathrm{s}-\gamma)+\dfrac{K_3\varDelta_3-K_1\varDelta_1}{K_3a_3D^2}\right]} \tag{6-23}$$

式（6-23）中等号左侧是一个与沉积物特性和水流深度相关的值，相当于Shields系数。因此，考虑额外地基荷载的修正河床应力计算式位于等号的右侧。根据粒径均匀的假设，可以推导出$a_3=\dfrac{\pi}{6}$，$K_1/K_3=\dfrac{\sqrt{3}}{3}$，目标床面应力方程的分母可表示为

$$\frac{K_3\varDelta_3-K_1\varDelta_1}{K_3a_3D^2}=\frac{\dfrac{\pi}{4}\left(\sigma_z-\dfrac{\sqrt{3}}{3}\tau\right)D^2}{\dfrac{\pi}{6}D^2}=1.5\sigma_z-\frac{\sqrt{3}}{2}\tau \tag{6-24}$$

式中：σ_z表示地基荷载的垂直结果应力；τ表示地基荷载的水平结果剪应力。将式（6-24）代入式（6-23），可得出考虑地基荷载的修正Shields系数的最终形式为

$$\theta_i'=\frac{\tau_l}{D(\gamma_\mathrm{s}-\gamma)+1.5\sigma_z-\dfrac{\sqrt{3}}{2}\tau} \tag{6-25}$$

与原式相比，修改后的Shields系数公式的分母中考虑了地基荷载。地基荷载对泥沙运动的影响取决于垂直和水平结果应力之差。换句话说，当垂直结果应力较大时，由于临界系数减小，冲刷会加剧。相比之下，当水平应力较大时，情况正好相反。

（2）三维任意坡面修正Shields系数

虽然之前的床面应力模型形式简洁，适合编程，但它基于多个假设，对于任意斜坡等复杂边界缺乏足够的精度。因此，有必要推导出任意斜坡上的修正临界床面剪切应力模型。一些研究对沉积物在空间斜坡上的初始运动进行了研究。本章在前人研究的基础上建立了新的床面应力模型，并考虑了地基挤压力，如图6-11所示。

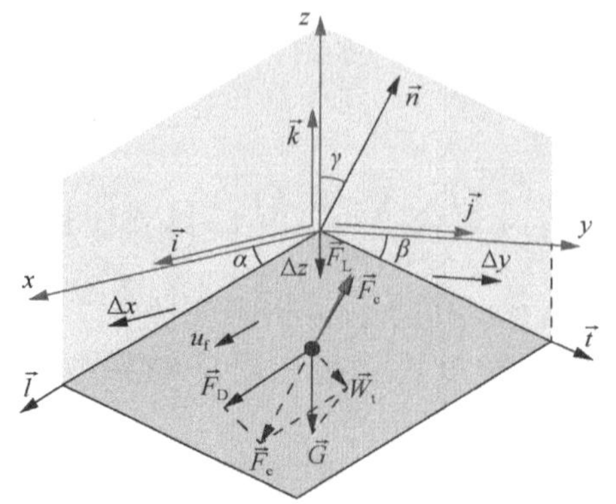

图 6-11 泥沙在任意斜坡上初始运动的简化模型

其中，$\vec{l}$ 、$\vec{t}$ 表示斜坡的正交边界向量；$\vec{n}$ 表示斜坡的法向量；$\vec{i}$ 、$\vec{j}$ 、$\vec{k}$ 表示坐标轴的方向向量；α 、β 、γ 表示斜坡与各坐标轴 x 、y 、z 之间的夹角；u_f 表示流向；$\overrightarrow{F_D}$ 、$\overrightarrow{F_L}$ 分别表示水流的拖曳力和升力；$\vec{G}$ 表示泥沙颗粒的重力，其值为 W ，$\overrightarrow{W_t}$ 是 $\vec{G}$ 在斜坡上的分力；Δx 、Δy 、Δz 表示地基荷载在各坐标轴上的分力；$\overrightarrow{F_e}$ 表示斜坡内泥沙的结果力和 $\overrightarrow{F_c}$ 所产生的静摩擦力的合力。$\overrightarrow{F_e}$ 假定水流位于斜坡表面内，在此模型中升力与拖曳力之比恒定，即 $\dfrac{\left|\overrightarrow{F_L}\right|}{\left|\overrightarrow{F_D}\right|}=\eta$ 。

流向矢量用式（6-26）表示：

$$\vec{f}=w_x\cdot\vec{i}+w_y\cdot\vec{j}+w_z\cdot\vec{k} \tag{6-26}$$

式中：w_i 指每个坐标轴的权重，其中 $\sqrt{w_x^2+w_y^2+w_z^2}=1$ 。拖曳力可表示为

$$\overrightarrow{F_D}=F\cdot\vec{f}=Fw_x\cdot\vec{i}+Fw_y\cdot\vec{j}+Fw_z\cdot\vec{k} \tag{6-27}$$

随后就可以得到升力，其方向假定为斜坡的法线方向：

$$\left|\overrightarrow{F_L}\right|=\eta\left|\overrightarrow{F_D}\right|=\eta F \tag{6-28}$$

由于 α 、β 、γ 分别是坡度与各坐标轴的夹角，因此坡度的法向量应为

$$\vec{n}=\frac{1}{\ell}(\tan\alpha,\tan\beta,1) \tag{6-29}$$

式中：$\ell=\sqrt{1+\tan^2\alpha+\tan^2\beta}=(\cos\gamma)^{-1}$ 。因此，斜坡内的重力分力 $(\overrightarrow{W_t})$ 可表示为

$$\begin{aligned}\overrightarrow{W_t}&=W\sin\gamma\cdot\overrightarrow{e_{wt}}=\frac{W}{\ell^2}\tan\alpha\cdot\vec{i}+\frac{W}{\ell^2}\tan\beta\cdot\vec{j}+\frac{W}{\ell^2}(1-\ell^2)\cdot\vec{k}\\&=W\cos^2\gamma\tan\alpha\cdot\vec{i}+W\cos^2\gamma\tan\beta\cdot\vec{j}+W(\cos^2\gamma-1)\cdot\vec{k}\end{aligned} \tag{6-30}$$

其中 $\overrightarrow{e_{wt}}$ 指的是 $\overrightarrow{W_t}$ 的单位向量。地基荷载表示为

$$\vec{P}=\Delta x\cdot\vec{i}+\Delta y\cdot\vec{j}+\Delta z\cdot\vec{k} \tag{6-31}$$

式中：Δx 、Δy 、Δz 分别表示地基荷载在各坐标轴上的分力。假设升力的方向是斜坡的法线，则颗粒的摩擦力可推导为

$$\left|\overrightarrow{F_{\mathrm{c}}}\right| = (W\cos\gamma - \eta F - \vec{P}\cdot\vec{n})\tan\phi \tag{6-32}$$

$\vec{P}\cdot\vec{n}$ 为正值，因为地基荷载的方向位于 z 轴的负值范围内。斜坡内的作用力 $(\overrightarrow{F_{\mathrm{e}}})$ 可以表示为

$$\overrightarrow{F_{\mathrm{e}}} = \overrightarrow{F_{\mathrm{D}}} + \overrightarrow{W_{\mathrm{t}}} + \vec{P} \tag{6-33}$$

当质点达到运动的临界状态时，需要进行力平衡：

$$\begin{cases} \overrightarrow{F_{\mathrm{e}}} + \overrightarrow{F_{\mathrm{c}}} = 0 \\ \left|\overrightarrow{F_{\mathrm{e}}}\right|^2 = \left|\overrightarrow{F_{\mathrm{c}}}\right|^2 \end{cases} \tag{6-34}$$

将式（6-26）～式（6-33）代入式（6-34）进行简化，可得

$$\begin{aligned} &(1-\eta^2\tan^2\phi)F^2 + 2F\left[(W\cos\gamma - \vec{P}\cdot\vec{n})\eta\tan^2\phi + \vec{P}\cdot\vec{f} - W\cdot w_z\right] \\ &= \tan^2\phi\left[W^2\cos^2\gamma - 2\vec{P}\cdot\vec{n}W\cos\gamma + (\vec{P}\cdot\vec{n})^2\right] \\ &\quad -(W^2\sin^2\gamma + 2\vec{P}\cdot\overrightarrow{e_{\mathrm{wt}}}W\sin\gamma + \vec{P}^2) \end{aligned} \tag{6-35}$$

应用以下符号简化式（6-35）：

$$\begin{cases} f_1 = W\cos\gamma - \vec{P}\cdot\vec{n} \\ f_2 = \vec{P}\cdot\vec{f} - W\cdot w_z \\ f_3 = \vec{P} + W\sin\gamma\overrightarrow{e_{\mathrm{wt}}} \end{cases} \tag{6-36}$$

应用一个额外的代数表达式，使式（6-35）的左半部分成为一个完全平方表达式：

$$\begin{aligned} \left[(1-\eta^2\tan^2\phi)F + \eta\tan^2\phi f_1 + f_2\right]^2 &= (f_1 + \eta\tan^2\phi f_2)^2 + (1-\eta^2\tan^4\phi)f_2^{\,2} \\ &\quad + (1-\eta^2\tan^2\phi)f_3^{\,2} \end{aligned} \tag{6-37}$$

阻力 F 的值可根据式（6-37）得出。此外，当坡度为水平时，原始静态平衡可推导为

$$(W - F_{\mathrm{L}})\tan\phi = F_{\mathrm{D}} = F_o \tag{6-38}$$

泥沙起动的原始临界剪切力 F_o 应为

$$F_o = \frac{\tan\phi}{1+\tan\phi\cdot\eta}W \tag{6-39}$$

坡度和地基荷载的影响 κ 可视为与原临界 Shields 系数 $\theta_{\mathrm{cbr},0}$ 的比值为

$$\begin{aligned} \kappa &= \frac{F}{F_o} = \frac{\tau_{\mathrm{c}}'}{\tau_{\mathrm{c},0}} = \frac{\theta_{\mathrm{cbr}}'}{\theta_{\mathrm{cbr},0}} \\ &= \frac{\sqrt{(f_1+\eta\tan^2\phi f_2)^2 + (1-\eta^2\tan^4\phi)f_2^{\,2} + (1-\eta^2\tan^2\phi)f_3^{\,2}} - \eta\tan^2\phi f_1 - f_2}{(1-\eta\tan\phi)W} \end{aligned} \tag{6-40}$$

土弹簧支座反力提取为地基荷载的集中力，地基荷载引起的土壤应力变化则

根据明德林（Mindlin）公式利用矢量叠加法计算得出：

$$\sigma_x=\frac{P}{8\pi(1-\mu)}\left\{-\frac{(1-2\mu)(z-c)}{R_1^3}+\frac{3x^3(z-c)}{R_1^5}-\frac{(1-2\mu)\left[3(z-c)-4\mu(z+c)\right]}{R_2^3}\right.$$
$$+\frac{3(3-4\mu)x^2(z-c)-6c(z+c)\left[(1-2\mu)z-2\mu c\right]}{R_2^5}+\frac{30cx^2z(z+c)}{R_2^7}$$
$$\left.+\frac{4(1-\mu)(1-2\mu)}{R_2(R_2+z+c)}\left(1-\frac{x^2}{R_2(R_2+z+c)}-\frac{x^2}{R_2^2}\right)\right\} \tag{6-41}$$

$$\sigma_y=\frac{P}{8\pi(1-\mu)}\left\{-\frac{(1-2\mu)(z-c)}{R_1^3}+\frac{3y^3(z-c)}{R_1^5}-\frac{(1-2\mu)\left[3(z-c)-4\mu(z+c)\right]}{R_2^3}\right.$$
$$+\frac{3(3-4\mu)y^2(z-c)-6c(z+c)\left[(1-2\mu)z-2\mu c\right]}{R_2^5}+\frac{30cy^2z(z+c)}{R_2^7}$$
$$\left.+\frac{4(1-\mu)(1-2\mu)}{R_2(R_2+z+c)}\left(1-\frac{y^2}{R_2(R_2+z+c)}-\frac{y^2}{R_2^2}\right)\right\} \tag{6-42}$$

$$\sigma_z=\frac{P}{8\pi(1-\mu)}\left\{-\frac{(1-2\mu)(z-c)}{R_1^3}+\frac{3(z-c)}{R_1^5}-\frac{(1-2\mu)(z-c)}{R_2^3}\right.$$
$$\left.+\frac{3(3-4\mu)z(z+c)^2-3z(z+c)(5z-c)}{R_2^5}+\frac{30cz(z+c)^3}{R_2^7}\right\} \tag{6-43}$$

$$\tau_{yz}=\frac{Py}{8\pi(1-\mu)}\left\{\frac{(1-2\mu)}{R_1^3}-\frac{(1-2\mu)}{R_2^3}+\frac{3(z-c)^2}{R_1^5}\right.$$
$$\left.+\frac{3(3-4\mu)z(z+c)-3c(3z+c)(5z-c)}{R_2^5}+\frac{30cz(z+c)^2}{R_2^7}\right\} \tag{6-44}$$

$$\tau_{zx}=\frac{Px}{8\pi(1-\mu)}\left\{\frac{(1-2\mu)}{R_1^3}-\frac{(1-2\mu)}{R_2^3}+\frac{3(z-c)^2}{R_1^5}\right.$$
$$\left.+\frac{3(3-4\mu)z(z+c)-3c(3z+c)}{R_2^5}+\frac{30cz(z+c)^2}{R_2^7}\right\} \tag{6-45}$$

$$\tau_{xy}=\frac{Pxy}{8\pi(1-\mu)}\left\{\frac{3(z-c)}{R_1^5}+\frac{3(3-4\mu)(z-c)}{R_2^5}\right.$$
$$\left.-\frac{4(1-\mu)(1-2\mu)}{R_2^2(R_2+z+c)}\left(\frac{1}{R_2+z+c}+\frac{1}{R_2}\right)+\frac{30cz(z+c)}{R_2^7}\right\} \tag{6-46}$$

式中：$R_1=\sqrt{x^2+y^2+(z-c)^2}$，$R_2=\sqrt{x^2+y^2+(z+c)^2}$；$c$ 为力的作用深度；μ 为泊松比。通过对同一方向上的离散力进行积分，可以得到合应力。

6.3　水毁推演多平台实现方法

6.3.1　基于单向计算交互的水毁多平台推演方法

本节研究开发数据接口实现桥梁水毁多平台推演。由于数据接口的特点，NLFEA 和 CFD 模型可以同时求解，从而大大加快了求解速度。如图 6-12 所示，流体模型中的两类数据矩阵（包括冲刷边界和流动力）基于接口进行跨场转换。这些数据矩阵是在一个时间步开始时（即一个计算交互作用周期）通过数据接口从 CFD 模型中提取，在接口中转换后，结构模型将根据数据矩阵更新边界条件，考虑流体动力效应并重新开始计算。结构求解结束时，当前时间步结束，下一个时间步随之开始。一旦达到设定的总求解时间，求解器就会终止。该耦合数值求解器是利用 NLFEA 软件 LS-DYNA 进行结构连续倒塌分析、CFD 软件 Flow-3D 进行流体分析以及矩阵试验室（MATLAB）编译数据接口代码而开发的。值得注意的是，该数值求解器并不局限于这两个数值模拟软件包，同样适用于其他同类型软件包。

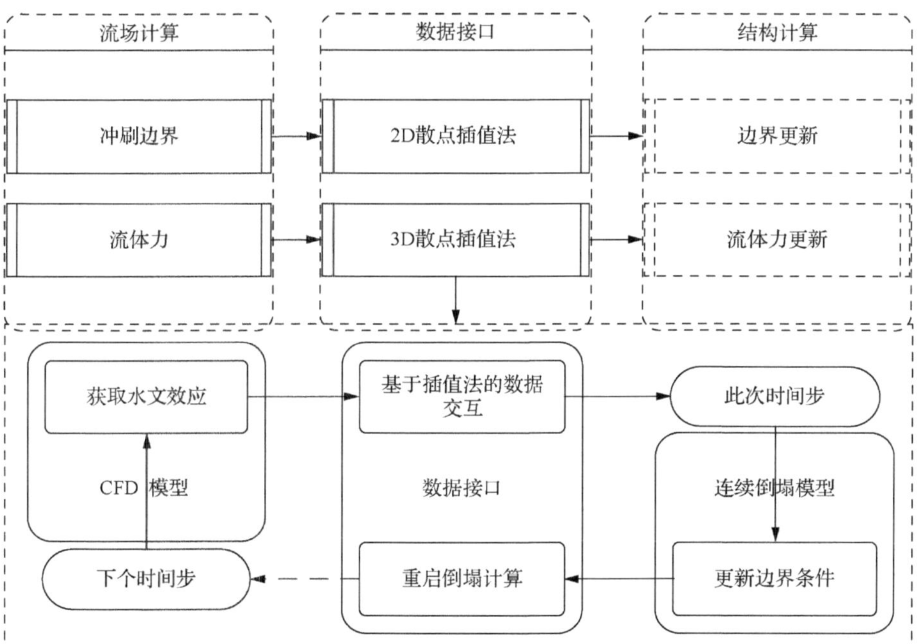

图 6-12　单向交互接口计算流程图

6.3.2　考虑基础效应的双向计算交互水毁多平台推演方法

与前面介绍的求解器不同，图 6-13 展示了在图 6-12 求解器基础上改进的求解器，该求解器可在泥沙应力模型中考虑土墩之间的相互作用，该求解器有望提供一种新方法，使结构分析结果能够反馈到冲刷发展过程中。如图 6-13 所示，在一个时间步开始时，通过数据接口从 CFD 模型中提取冲刷边界和流力数据矩阵，同时 CFD 模型的求解暂停。经过接口转换后，结构模型会根据数据矩阵更新边界条件，并重新开始计算以考虑水动力效应。在结构求解结束时，由地基荷载引起的土壤应力将从结构模型转移到 CFD 模型，并根据式（6-25）在颗粒起动运动中予以考虑。泥沙颗粒起动修正后，重新开始 CFD 模型的求解。在 CFD 计算结束时，耦合模拟的一个时间步结束，然后进入下一个时间步，一旦达到设定的总求解时间，求解器就会终止。

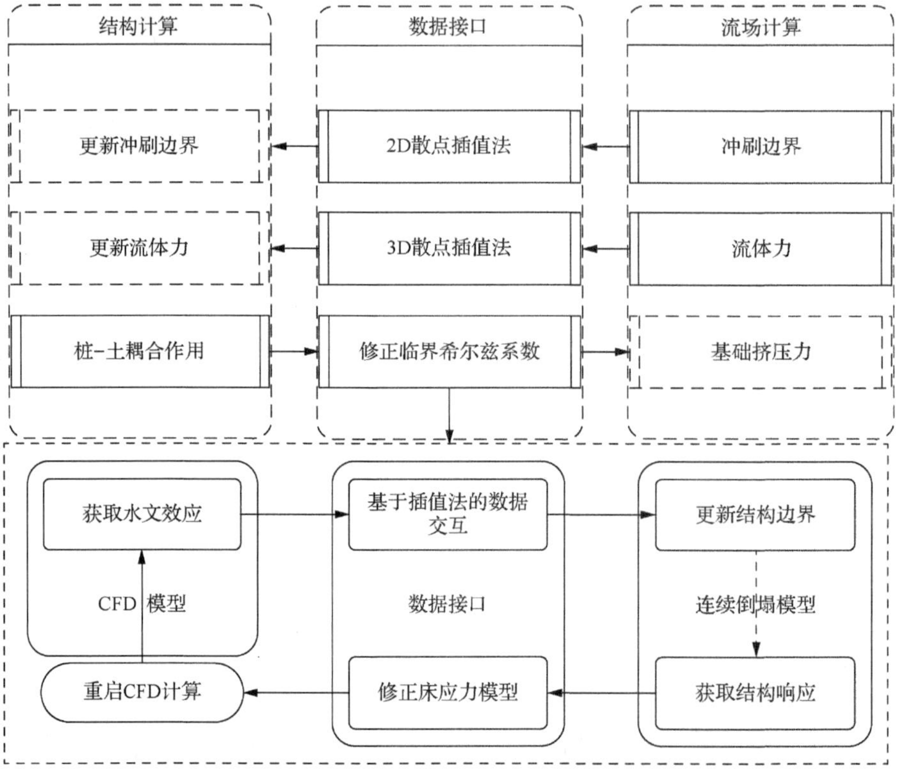

图 6-13　双向交互接口计算流程图

6.4　水毁推演分析案例

本节以河源东江大桥作为应用案例，展示了上面所述基于计算交互的桥梁水毁多平台推演技术的应用。

6.4.1　工程背景介绍

河源东江大桥位于中国广东省，于 2019 年 6 月 14 日因洪水垮塌，是一座建于 1972 年的空腹式悬砌拱桥。河源东江大桥全长 420.6m，净宽 7+2×0.8=8.6 (m)，共 6 跨，每跨 50m，跨径比为 1/6，共有 2 个桥台和 5 个桥墩，属于沉井基础，墩高约 6m，其中 2 号墩和 4 号墩为刚性墩，桥梁的整体结构如图 6-14 所示。桥梁的拱圈由空心预制混凝土块组成，采用横向悬砌法施工。横向悬砌法[7]是中国较早使用的圬工拱桥施工技术。这种施工技术在拱脚和桥梁基础之间没有有效连接，拱脚靠重力与基础相连。由于使用年限较长，该结构出现了材料退化。调查资料显示，在 2007 年对河源东江大桥进行检测时，发现该桥第 3 跨拱圈出现裂缝[7]。为了确保行人和车辆的安全，有关部门于 2008 年对该桥实施了交通限制措施，禁止大中型车辆通行，因此交通荷载对桥梁结构的不利影响大大降低。

图 6-14　河源东江大桥

6.4.2　倒塌情况概述

根据事故视频录像，确定了河源东江大桥的临界垮塌状态。图 6-15 展示了大桥第 3 跨和第 4 跨的倒塌过程。根据勘测，倒塌前几天，桥址受到暴雨袭击。邻近排水流域的峰值流量达到 3730m^3/s，桥附近的峰值流速为 2m/s。

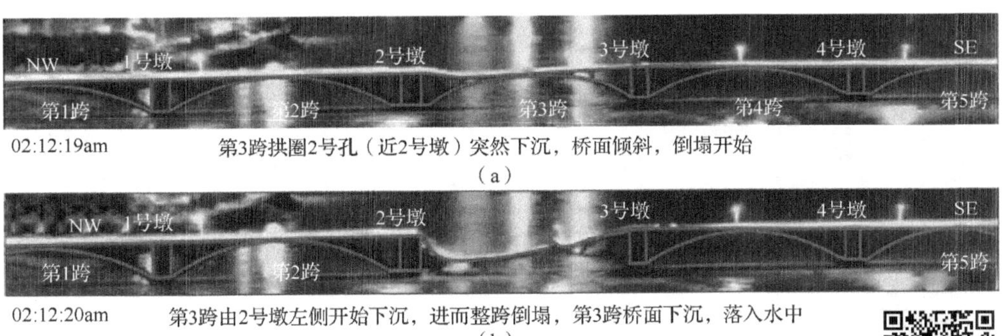

图 6-15　河源东江大桥倒塌图示

彩图 6-15

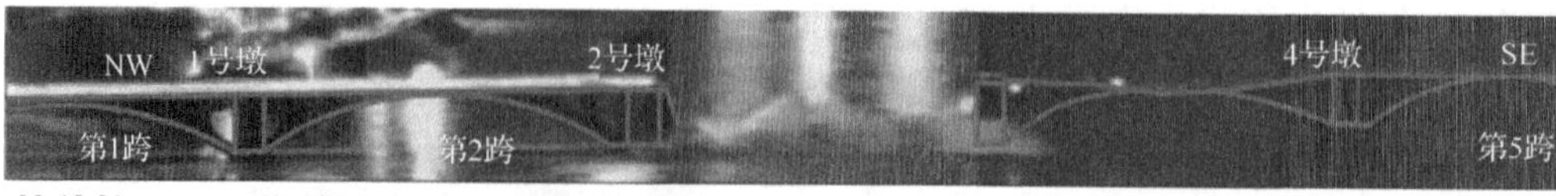

02:12:21am　第3跨落入水中，第4跨3号墩侧和跨中突然同时发生下沉，随后桥面下沉

（c）

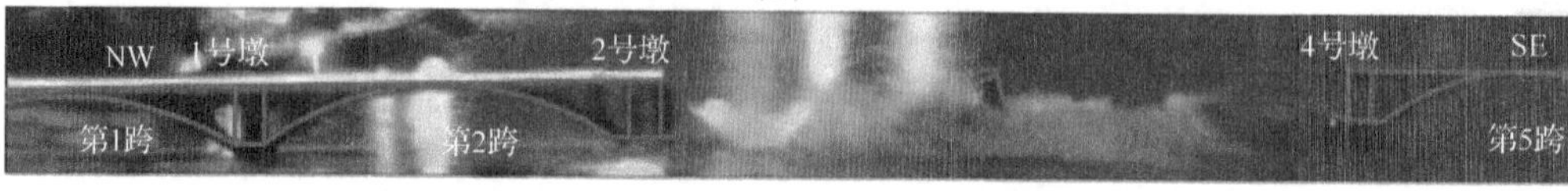

02:12:22am　第4跨落入水中，3号墩柱（拱上建筑）向第3跨方向倾斜；
第3、4跨完全落入水中，3号墩柱（拱上建筑）继续倾斜，最终折断沉入水中

（d）

图 6-15（续）

如图 6-16（a）所示，桥墩与拱圈连接处没有残留碎片，地基的下部结构保持完好，据此推测，在倒塌过程中地基与拱圈的接触区域没有受到相当大的阻力。此外，2 号桥墩的断裂面是桥墩顶部的整齐断面。结合图 6-15（d），3 号墩可能因突然的巨大外力而发生脆性破坏。此外，图 6-16（b）的顶部，2 号墩的剩余地基向第 2 跨倾斜。与图 6-15（d）相比，这种倾斜发生在倒塌过程中，而不是在倒塌之前或之后。可以得出，第 3 跨和第 4 跨之间的 3 号桥墩可能在倒塌过程中受到了巨大的推力。在图 6-16（b）的顶部，3 号桥墩从第 4 跨向第 3 跨倾斜，因此从第 4 跨产生的水平力作用在 3 号墩上。考虑到 3 号墩不是刚性的，对推力的阻力很小，水平力应该是由拱圈的重力引起的，因而该力的产生是由于 3 号墩的相邻拱圈失效，从而打破了水平方向上的平衡。

根据前面所述，事故发生前，桥址的暴雨持续了数天，这可能导致地基周围出现严重冲刷。图 6-16（b）的底部显示了桥梁附近的水文条件。从桥址的鸟瞰图上看，流体边界与桥梁的横向呈一定角度，这表明流入的水流并不垂直于桥梁的纵向线。因此，这种流体边界可能会导致冲刷坑在地基周围不对称分布。换言之，一旦地基底部出现冲刷，就可能导致地基下的支承力失衡。

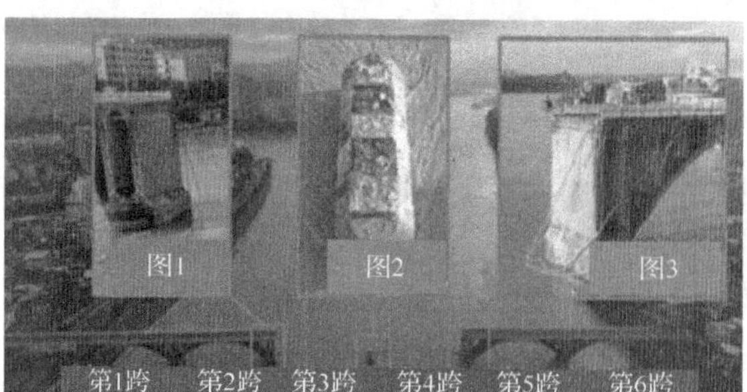

（a）

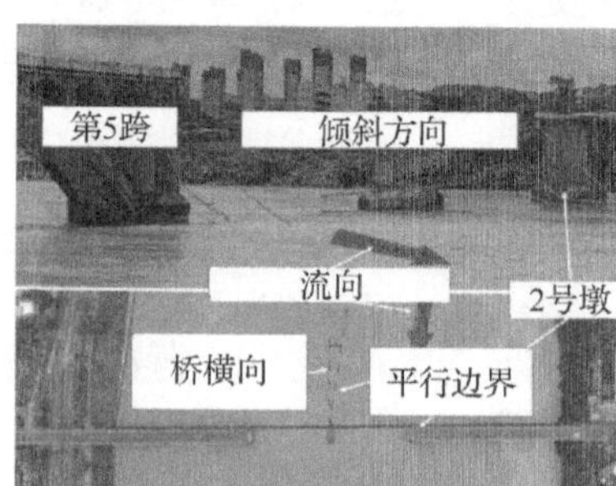

（b）

图 6-16　河源东江大桥倒塌后遗址

6.4.3　失效诱因初步分析

桥墩冲刷引起的基础位移可初步认定为结构失效的主要原因。然而目前仍不能确定冲刷发生在哪个桥墩上。由于拱脚失效是桥墩位移引起的突发性巨大应力造成的，因此冲刷可能发生在与第 3 跨直接接触的 2 号或 3 号桥墩上。因此，考虑到前面分析的流入角，潜在的倒塌触发机制可能是[7-8]：①2 号墩向 1 号墩倾斜；②2 号墩向 3 号墩倾斜；③3 号墩向 2 号墩倾斜；④3 号墩向 4 号墩倾斜。

在情况①和情况④中，第 3 跨的拱脚（第一个失效的部分）与最近的桥墩之间需要反向位移，以产生额外的压应力。然而，拱脚是通过拱圈的重力连接到桥墩上的，这种反向位移需要抵消巨大的重力。此外，第 2 跨和第 4 跨在倒塌前并未失效，可以为反向位移提供足够的阻力。相比之下，考虑到拱脚的材料退化，情况②和情况③中的直接挤压更有可能在薄弱拱脚中产生峰值压应力。

此外，在图 6-16（a）中，倒塌前的 3 号墩没有明显倾斜，但在图 6-16（b）和图 6-15（b）中却向 2 号墩倾斜。如前面所述，这种倾斜可能是由第 3 跨倒塌后的不平衡推力造成的。因此，情况②应是更可行的局部失效潜在触发因素。总之，冲刷很可能发生在 2 号桥墩上，并由于不对称的冲刷坑导致 2 号墩向 3 号桥墩倾斜。需要注意的是，也可能有其他方面的原因，如上述情况①、③和④。

6.4.4　模型计算验证

桥梁的数值建模需要在计算精度和时间之间取得平衡。为此，应为结构单元选择合适的网格尺寸[9]。为了降低求解成本，结构连续倒塌分析只选取第 2 跨到第 5 跨按实际比例建模，如图 6-17 所示。为保证计算精度，模型网格采用四面体和六面体单元，最小尺寸为 50cm，总数量为 25000 个。数据交互中的水动力荷载和冲刷边界被应用到 2 号桥墩的网格中。

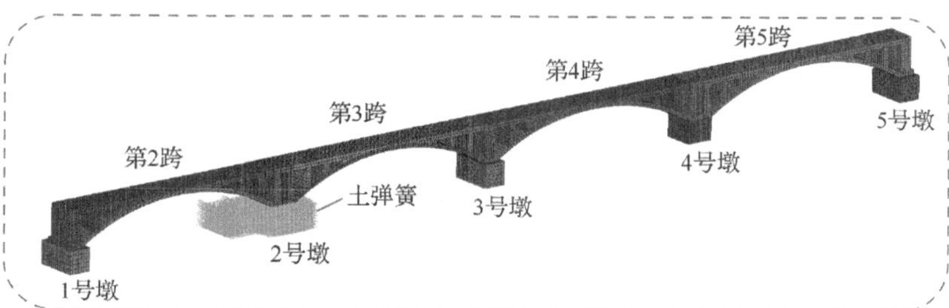

图 6-17　结构有限元模型

将水流攻角设为 30°，以扩大非对称冲刷区域。冲刷模型的尺度和空间设置如图 6-18 所示。冲刷墩为 7m×6m×6m 的立方体［宽（Y 轴）为 7m，长（X 轴）为 6m，高（Z 轴）为 6m］，埋深为 2m，流体高度设为 3m。计算域是一个立方体，X 轴、Y 轴和 Z 轴分别为 36m、64m 和 12m。考虑到精度和效率之间的平衡，计算域划分 303003 个网格。Y 轴的负方向为速度边界，速度值为 2m/s，Y 轴的正方向为自由出流边界。Z 轴的正方向为压力边界，为模拟自由表面，停滞压力设为大气压力，Z 轴的负方向为壁面边界。X 轴两侧为对称边界。此外，还采用了大涡流模型来求解 N-S 方程。

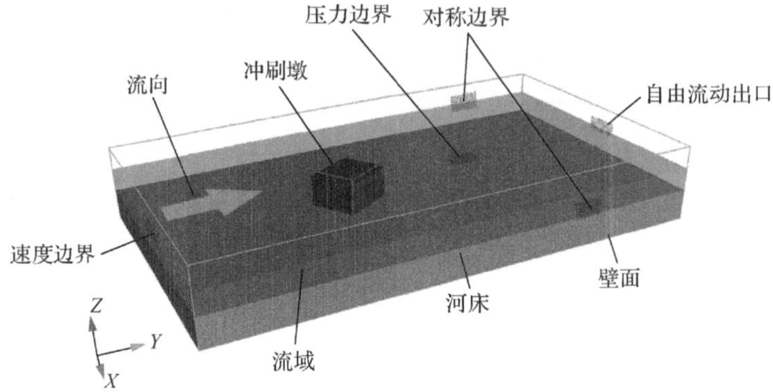

图 6-18　CFD 模型

在结构模型方面，披露的结构截面设计细节很少。据此桥梁模型采用了实心截面，并根据调查结果降低了不同桥梁部件的密度。薄弱拱脚的材料强度退化是通过将其设定为标准强度的 70%来模拟的[10]。表 6-1 列出了构成桥梁的各构件的材料属性。混凝土使用 LS-DYNA 中的“MAT_072Rel3”卡拉戈齐安&凯斯混凝土（Karagozian & Case concrete，KCC）材料建模，该材料可根据材料强度自动生成参数，因此在对混凝土进行非线性分析时需要的参数较少，同时具有较高精度。图 6-19 给出了 Karagozian & Case 混凝土（KCC）模型与试验数据之间的应力-应变曲线对比。土体弹簧采用“AT_S08”模型模拟地基的单向阻力刚度。弹簧刚度计算基于美国石油学会（American Petroleum Institute，API）规范。表 6-1 列出了根据现场勘测记录得出的泥沙参数。

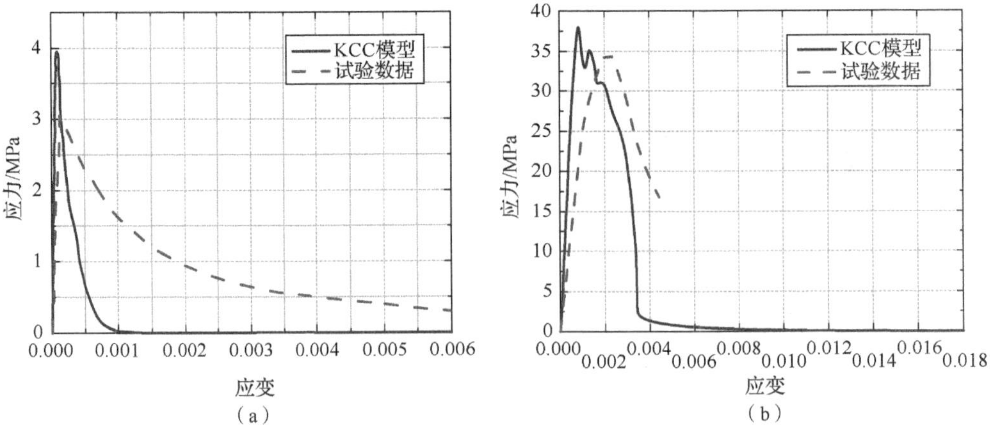

图 6-19　KCC 模型与试验数据应力-应变曲线对比

表 6-1　材料参数

结构参数				
构件	密度/（kg/m³）	泊松比	抗压强度/MPa	抗拉强度/MPa
桥墩	2400	0.3		
立柱	1754	0.3		
桥面板	1754	0.3	11.7	1.1
上部建筑	1754	0.3	11.7	1.1
拱圈	1240	0.3	16.7	2.1
泥沙参数				
密度（kg/m³）	中值粒径/mm	摩擦角/（°）	床面糙度	
2680	0.385	32	6.6	

在初始化数值求解器之前，需要确定耦合周期和求解时间。为了尽可能减少计算时间成本，求解时间设定为 1000s，数据交互的时间间隔设定为 20s。因此，数值求解器需要运行 50 个循环才会结束，每个计算循环对结构或 CFD 模型的求解时间均为 20s。

6.4.5　结果展示

1. 临界阶段

（1）流-固-土耦合场计算结果

联合仿真计算第 655 秒时到达结构倒塌前的临界状态，此时流场内流速分布如图 6-20 所示。可以看出，矩形墩上下棱角处出现脱涡及涡旋迹象，同时在尾流区出现完整的涡流脱落迹线，流-固耦合效应充分体现。

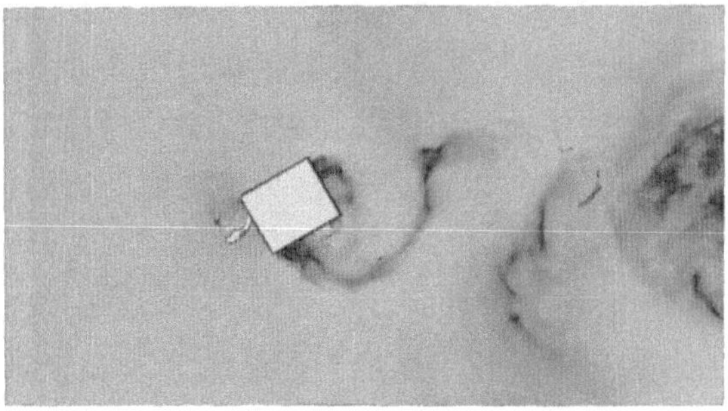

图 6-20　流速云图

图 6-21 为此时顺流向流场中线墩周剖面图。可以看出，涡流已开始淘空部分基底，河床出现明显冲刷坑。涡流将下潜继续侵蚀坑内床面，坑内回旋的涡流携带泥沙输送至后方流域。

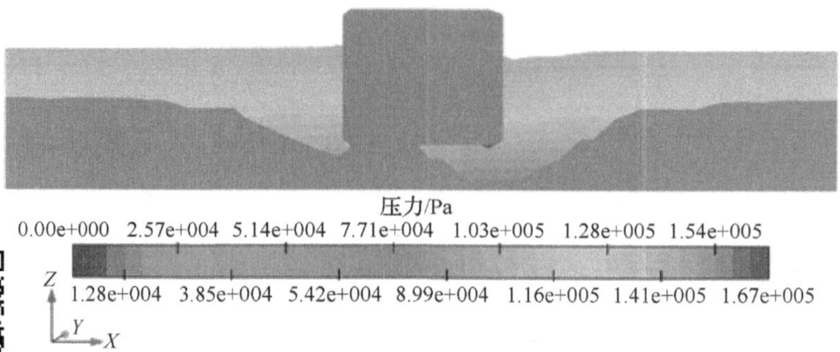

彩图 6-21

图 6-21　剖面流速图

图 6-22 为此时墩周河床面附加切应力分布（超出床沙起动切应力部分），桥墩棱角出现较大集中切应力，最大附加切应力为 24.5Pa，该分布表明河床冲刷范围将向后方扩展，侵蚀面积进一步增大。

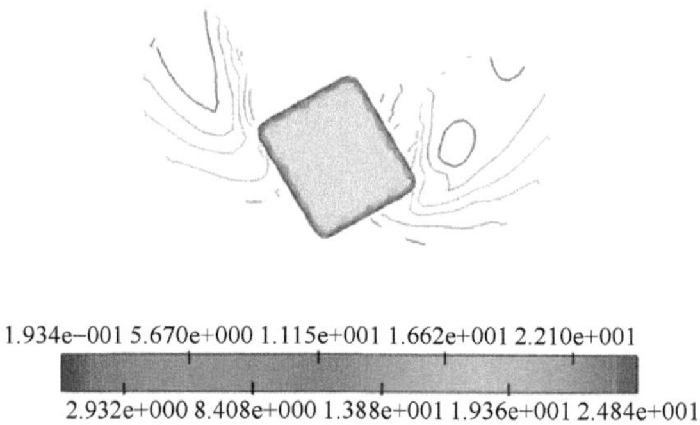

彩图 6-22

图 6-22　基础周围切应力分布

图 6-23 为此时墩周河床冲刷等深线。可以看出，冲刷发展剧烈，产生较大面积的冲刷坑，分布于基础棱角两侧，后方区域出现小范围泥沙沉积现象。由于来流角度影响，迎水面棱角处河床冲蚀面更广，冲刷更深，最大冲刷深度已达 6.1m；由于该扩大基础埋深仅为 2m，基底已明显发生局部淘空。

（2）结构域计算结果

水毁倒塌临界状态时，按流场冲刷计算结果，2 号墩基底已发生局部淘空。此时结构模型结果表明，拱圈承受较大压应力，最大值为 10.4MPa；拱脚薄弱处受拉单元数目增多，最大拉应力为 3.9MPa，并发生局部单元失效（图 6-24）。同时，2 号墩基底局部淘空，进一步引发基底支承力重分布，使其向第 3 跨方向倾斜，墩顶与拱圈间水平推力进一步增大，造成第 3 跨拱圈压应力增大，拱脚处出现多处应力集中，如图 6-25 所示。

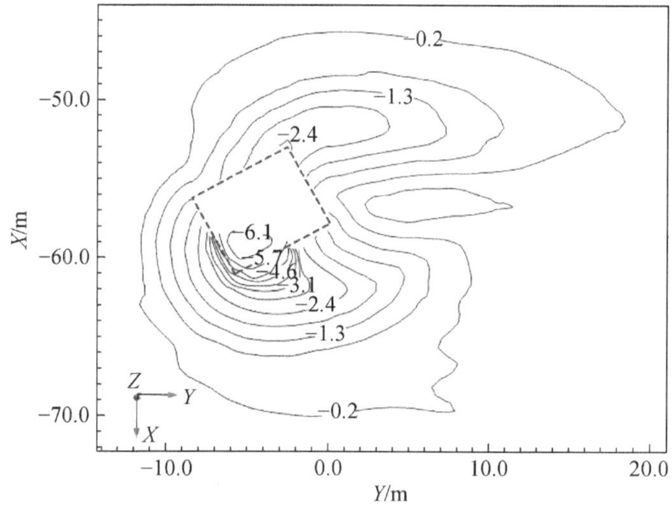

图 6-23　冲刷等深线

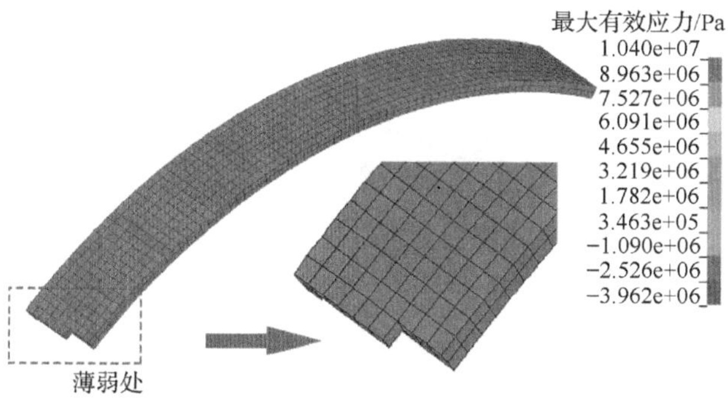

图 6-24　第 3 跨拱圈应力状态放大图

彩图 6-24

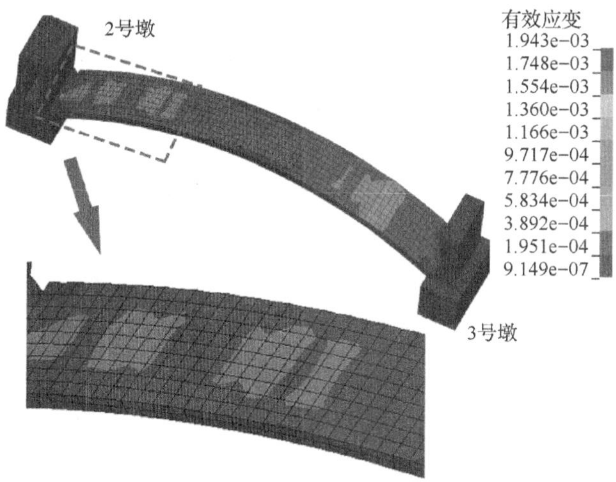

图 6-25　拱圈应力分布与桥墩倾斜

彩图 6-25

2. 水毁连续倒塌阶段

考虑到连续倒塌仿真时长仅为3.5s，流场冲刷计算结果变化不大，可忽略不予考虑。因此，此处仅针对冲刷与波流力作用下桥梁结构连续倒塌进行分析。

（1）第3跨倒塌

临界状态下2号墩基底的淘空，使得整体倾斜产生水平挤压力作用于第3跨薄弱部位，造成局部压溃、部分单元失效。随着失效单元数目进一步增多，薄弱部位逐渐失效，彻底丧失了拱脚与墩顶界面接触摩擦力，第3跨拱圈开始下滑脱落。拱圈滑动造成左拱脚处即2号墩连接位置出现部分单元上卷、翘起及扭曲；主拱圈背面出现大面积拉应力单元，并形成多处塑性铰（图6-26）。

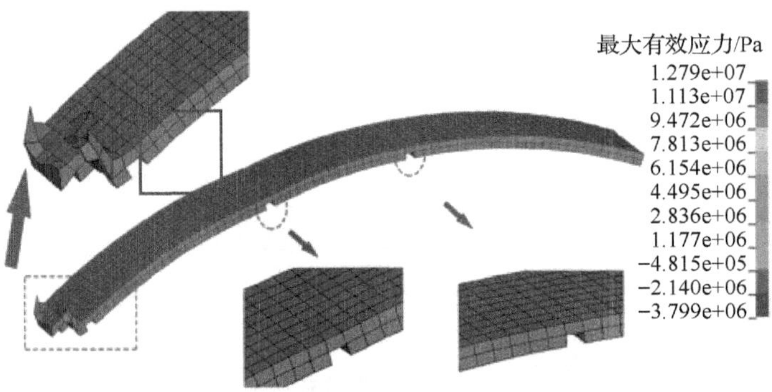

彩图 6-26

图 6-26　第 3 跨拱圈应力状态

第3跨倒塌全过程如图6-27所示。倒塌前临界状态为655s时刻，655.5s时第3跨拱脚向下滑脱，造成拱脚与墩顶接触失效，656s时桥面系伴随拱圈滑脱而倒塌；同一时刻，第4跨拱圈形态完整，但发生应力集中，最大压应力达到16.2MPa（图6-28），接近临界强度。上述现象表明此时第4跨受到了突增不平衡水平推力作用，对比实际倒塌视频，第3跨垮塌时间与模式基本吻合。

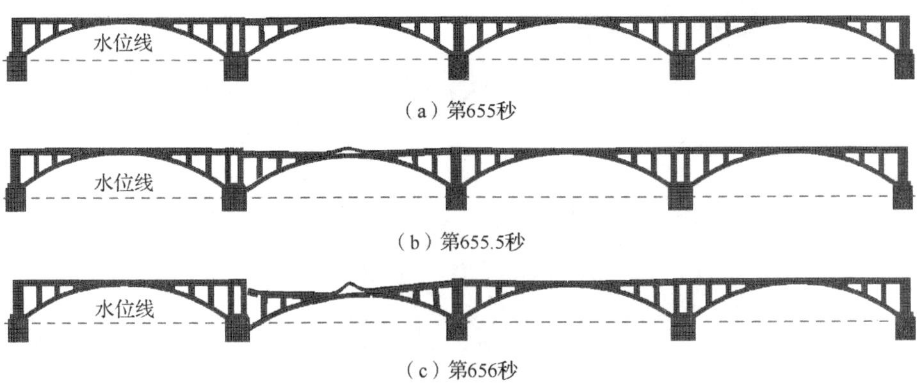

（a）第655秒

（b）第655.5秒

（c）第656秒

图 6-27　第 3 跨倒塌全过程

图 6-28　第 4 跨拱圈应力状态

彩图 6-28

（2）第 4 跨倒塌

第 3 跨垮塌后，第 4 跨拱圈上迅速出现较多超限应力单元，形成多处塑性铰，并集中分布于跨中区域（图 6-29）。此时，3 号墩在第 4 跨拱圈巨大水平推力下，向第 3 跨侧偏移接近 15cm 后保持稳定（图 6-30）；同时，该水平推力变化造成拱脚与墩顶接触界面摩擦力发生改变，导致拱圈变形、应力激变，进一步加剧第 4 跨拱圈支承体系的失效。

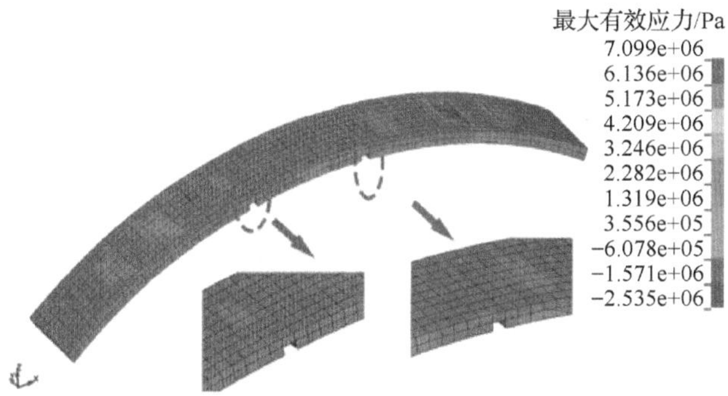

图 6-29　第 4 跨拱圈应力状态

彩图 6-29

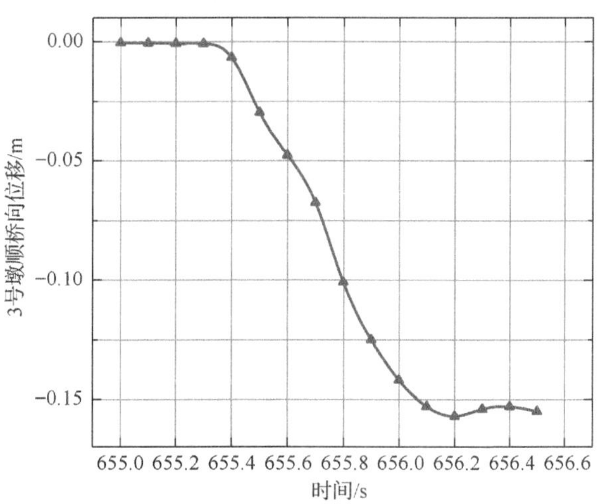

图 6-30　3 号墩墩顶纵向偏移

第 4 跨倒塌全过程如图 6-31 所示。倒塌第 2 秒（计算时间第 657 秒），3 号墩被拱圈水平推力推向第 3 跨侧，使得第 4 跨支承系统发生突变，跨中下沉；倒塌第 2.8 秒（计算时间第 657.8 秒），拱圈塑性铰不断增多导致其承压失效，跨中失效后桥面系随之倒塌；倒塌第 3.5 秒（计算时间第 658.5 秒），第 4 跨整体落水，由于 2 号墩与 4 号墩均为刚性墩，阻碍了第 2 与第 5 跨的继续垮塌，连续倒塌结束。对比实际倒塌视频，第 4 跨垮塌时间与模式基本吻合。

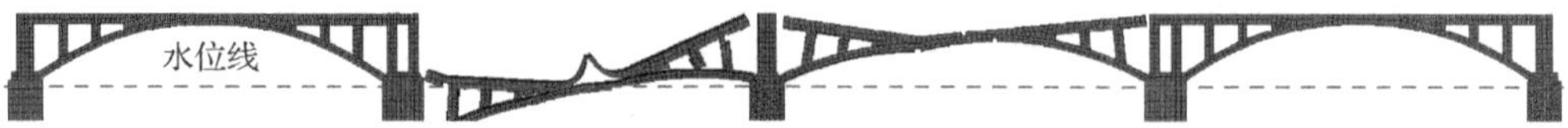

（a）第657秒

（b）第657.8秒

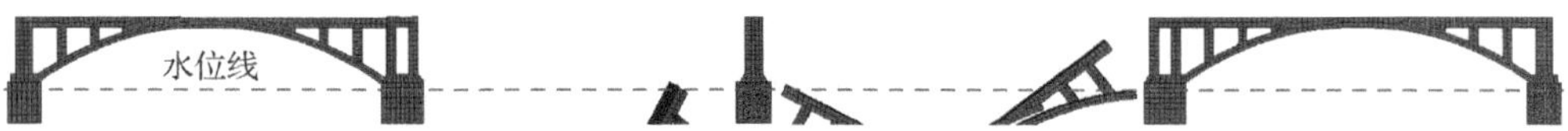

（c）第658.5秒

图 6-31　第 4 跨倒塌全过程

3. 水毁机理分析

综上所述，基于数据交互进行桥梁水毁数值仿真所得结构倒塌模式与真实情况基本符合，说明该方法可靠有效，且事故原因分析与推测基本合理可行。具体来说，河源东江大桥服役时间较长，第 3 跨拱圈拱脚与 2 号墩顶连接处材料强度已出现退化，从而形成结构薄弱部位。连降暴雨后导致 2 号墩底冲刷且局部淘空，基础倾斜变位挤压拱脚薄弱部位，引起该处拱脚墩顶界面接触失效，造成第 3 跨拱脚滑脱，进而整跨倒塌。第 3 跨倒塌后，由于 3 号墩为非制动墩，左右不平衡推力使得 3 号墩向第 3 跨（西北向）偏位，进而造成第 4 跨 3 号墩侧拱脚与墩顶界面滑脱、拱圈变形，最终引发第 4 跨连续倒塌。由于 2 号墩与 4 号墩均为制动墩，并未引发第 2 与第 5 跨的继续垮塌。

6.5　本 章 小 结

1）提出基于细-宏观数据交互的桥梁水毁数值仿真方法，主要基于 Flow-3D 进行流场冲刷分析，得到桥梁冲刷形态演变数据；基于 LS-DYNA 构建桥梁水毁全程连续倒塌数值模型，得到波流力时程数据；开发小尺度流场网格与大尺度结构网格之间的跨网格数据交互接口，将流场河床边界与波流力实时传递至结构域桥梁模型，可以实现桥梁水毁全过程分析。

2）冲刷仿真、波流力计算与结构倒塌分析的同步实施，可为从水文源头探究桥梁水毁失效机理与倒塌模式提供精准高效的分析工具，为桥梁抗水设计、评估以及未来规范修订提供理论基础与技术手段。

3）基于河源东江大桥水毁倒塌应用实例，验证了所提出桥梁水毁仿真方法的正确性和数据交互接口的有效性。仿真垮塌过程及模式与实际倒塌视频基本吻合，表明该桥倒塌因冲刷淘空基底引发基础偏位而起，所产生的水平挤压力导致拱脚薄弱部位破坏，同时拱脚与墩顶界面接触失效；该跨整体倒塌后，由于非制动墩承受巨大不平衡水平推力，从而进一步引发相邻跨的连续倒塌。

参 考 文 献

[1] Deng L, Cai S C. Bridge scour: prediction, modeling, monitoring, and countermeasures—review[J]. Practice Periodical on Structural Design and Construction, 2010, 15(2): 125-134.

[2] 祝志文，刘震卿．圆柱形桥墩周围局部冲刷的三维数值模拟[J]．中国公路学报，2011，24（2）：42-48．

[3] 熊文，张嵘钊，石惠铎．基于细-宏观数据交互的桥梁水毁数值仿真[J]．中国公路学报，2022，35（9）：257-268．

[4] API.Recommended Practice for Planning, Designing and Constructing Fixed Offshore Platforms-Working Stress Design: API Recommended Practice ZA-WSD[S]. 20th ed. Washington DC: API, 2014.

[5] 陈小莉．局部绕流冲刷机理及数值模拟研究[D]．北京：清华大学，2008．

[6] 王东．水流作用下建筑物周围局部冲刷 ISPH 数值模拟及实验研究[D]．天津：天津大学，2017．

[7] 《公路》期刊编辑室．预制块拱桥横向悬砌法[J]．公路，1965（5）：22-31．

[8] 李翠华，陈林立，杨利斌，等．广东河源东江大桥倒塌事故分析[J]．中国公路学报，2021，34（2）：211-219．

[9] Zhang R Z, Xiong W, Ma X L, et al. Progressive bridge collapse analysis under both scour and floods by coupling simulation in structural and hydraulic fields. Part I: numerical solver[J]. Ocean Engineering, 2023, 273: 113849.

[10] Zhang R Z, Xiong W, Ma X L, et al. A forensic investigation of progressive bridge collapse under floods and asymmetric scour validated by incident video footages[J]. Structure and Infrastructure Engineering, 2023: 1-20.

第 7 章　基于 SPH-DEM 流固耦合的桥梁水毁推演技术

数值模拟仍然是研究桥梁冲刷最有效的方法之一，兼具成本低、效率高、周期短等多项优势。本书前面章节介绍网格法，主要基于欧拉形式求解 N-S 流体控制方程获得流体动力，并通过引入数值化床沙输运模型，得到床面高程变化的数值解。然而基于欧拉形式的数值模拟方法在解决复杂流体表面的破碎以及波浪、海啸越流等问题时往往难以收敛，或需要大量求解时间与资源，且由于不存在真实的土体模型，难以追踪土体演变轨迹；现有的数值模型基本将冲刷基础作为固定边界处理，几乎未见实时分析冲刷淘空对基础稳定性的研究，亦未见考虑基础挤压力对泥沙起动影响的案例，缺少研究基础冲刷背景下，模拟流-固-土多场耦合效应的有效工具。

光滑粒子流体动力学（smoothed particle hydrodynamics, SPH）方法，是基于拉格朗日形式的数值求解法，与欧拉法相比，粒子本身具有质量，无须额外计算就能保证质量守恒；模拟复杂自由表面流时，无须追踪流体边界及不同流体交界面。在模拟冲刷问题时，可构建土体模型，无须引入数值化的输沙模型，可进一步加快效率并提高精度；离散元法（discrete element method, DEM）算法同属于基于拉格朗日形式的数值求解法，常用来进行结构物大变形、破碎等强非线性力学行为的模拟，与 SPH 有较好的兼容性。

7.1　基本理论简介

7.1.1　SPH 基本理论

SPH 是一种无网格方法，该方法利用数目众多的粒子取代网格，每个粒子于其所处位置携带对应物理参数，通过更新粒子位置以模拟流动。SPH 方法通常对一个函数 (f) 进行积分插值，该函数定义在目标物理场域 (Ω) 上，允许根据目标物理量在周围场中的值对 f 进行估计（图 7-1）。位置 r 处的 f 值可以写成函数 f 的卷积形式：

$$f(r) \approx \int_{\Omega} f(r')W(r-r',h)\,\mathrm{d}r' \tag{7-1}$$

式中：r' 是周围域中的位置；W 是核函数；h 是 W 的光滑长度。

所有粒子都可以通过核函数与周围的离散粒子相互作用，SPH 中的函数 (f) 及其梯度 (∇f) 的离散形式如下：

$$f(r_{ij})=\sum_j f(r_j)W(r_i-r_j,h)V_j=\sum_j f_j W_{ij} V_j \tag{7-2}$$

$$\nabla f(r_{ij})=\sum_j f(r_j)\nabla W(r_i-r_j,h)V_j=\sum_j f_j \nabla W_{ij} V_j \tag{7-3}$$

式中：下标 i 和 j 指粒子 i 和粒子 j；V_j 指粒子 j 的体积。

本书中使用的核函数形式如下：

$$W_{ij}=\alpha\left(1-\frac{q}{2}\right)^4(2q+1)\quad 0\leqslant q\leqslant 2 \tag{7-4}$$

式中：α 是与维度相关的系数，取值为 $21/16\pi h^3$，$q=r_{ij}/h$。

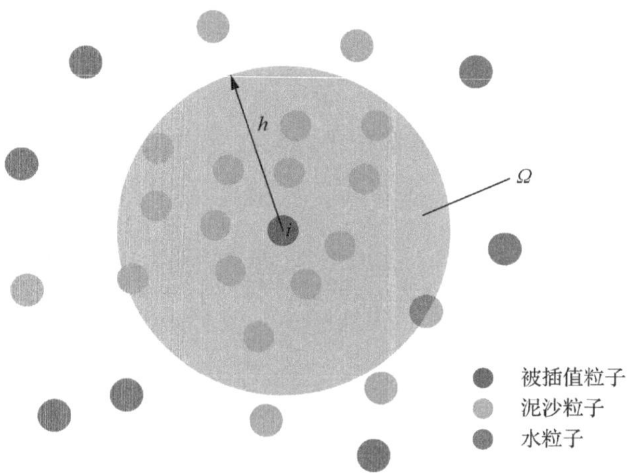

图 7-1　核函数与粒子耦合示意图

彩图 7-1

SPH 算法中，流体计算同样遵循 N-S 方程，主要包含连续性方程和动量方程两种形式：

$$\frac{\mathrm{d}\rho}{\mathrm{d}t}+\rho\nabla\boldsymbol{u}=0 \tag{7-5}$$

$$\frac{\mathrm{d}\boldsymbol{u}}{\mathrm{d}t}=-\frac{1}{\rho}\nabla P+\mu\nabla^2\boldsymbol{u}+\boldsymbol{g} \tag{7-6}$$

式中：ρ 为流体密度；μ 为流体黏性；$\boldsymbol{u}$ 为流体速度矢量；P 为流体压力；$\boldsymbol{g}$ 为重力矢量；t 为时间。实际计算中需要将 N-S 方程离散化为 SPH 形式。

1. 动量方程的离散形式

在 SPH 计算中，流体压力 P 通常与流体密度相关联，常用的模型为状态方程模型（equation of state model，EOS），适用于微可压缩流体计算，其形式如下：

$$P = \frac{c_0 \rho_0}{\gamma}\left[\left(\frac{\rho}{\rho_0}\right)^{\gamma} - 1\right] \tag{7-7}$$

式中：P 和 ρ 分别是流体的压力和密度；γ 是指数系数，取值 7；ρ_0 是流体参考密度；c_0 是数值声速，与域中的最大速度幅值 $u_{\max}$ 有关：$c_0 \geqslant 10u_{\max}$。

SPH 应用于泥沙冲刷常采用多相流模型，考虑到多相流一般具有复杂的界面和密度差异，这可能导致界面处的密度和质量不连续。参考相关研究，考虑到不同相之间的微小密度差异，动量方程中粒子 i 的压力项通常近似为

$$\frac{1}{\rho_i}\nabla P_i = \frac{1}{m_i}\sum_j (V_i^2 + V_j^2)\overline{P_{ij}}\nabla W_{ij} \tag{7-8}$$

式中：ρ_i 指第 i 个粒子的密度；m_i 指第 i 个粒子的质量；$\overline{P}_{ij}$ 是等效压力，其值形式如下：

$$\overline{P_{ij}} = \frac{\rho_i P_j + \rho_j P_i}{\rho_i + \rho_j} \tag{7-9}$$

式中：粒子 i 和 j 对应的压力梯度都可以根据状态方程计算获得。

参考相关研究，如果仅考虑层流形式，动量方程中的黏性项表示为拉普拉斯算子的形式，其近似值为

$$\mu_i \nabla^2 \boldsymbol{u} = \frac{1}{V_i}\mu_i \sum_j (V_i^2 + V_j^2)\frac{\boldsymbol{r}_{ij}\nabla W_{ij}}{\left\|\boldsymbol{r}_{ij}\right\|^2 + \varepsilon h^2}\boldsymbol{u}_{ij} \tag{7-10}$$

式中：$\varepsilon = 0.01$；$\boldsymbol{u}_{ij} = \boldsymbol{u}_i - \boldsymbol{u}_j$。事实上，不同相的表观黏度($\mu$)在界面上有很大差异，一个颗粒的黏度可根据周围颗粒的黏度估算，根据式（7-10）对颗粒 i 的黏度求和时，用周围其他颗粒 j 的黏度代替 μ_i 是不准确的，因此需要引入有效黏度：

$$\mu_i \nabla^2 \boldsymbol{u} = \frac{1}{V_i}\sum_j \frac{2\mu_i \mu_j}{\mu_i + \mu_j}(V_i^2 + V_j^2)\frac{\boldsymbol{r}_{ij}\nabla W_{ij}}{\left\|\boldsymbol{r}_{ij}\right\|^2 + \varepsilon h^2}\boldsymbol{u}_{ij} \tag{7-11}$$

此外，黏性离散公式仅涉及颗粒尺度层流的黏度项，小于颗粒尺度的流动的湍流动能被忽略。进一步，本书采用了亚颗粒尺度（sub-particle scale，SPS）模型来计算湍流：

$$< \mu\nabla^2 \boldsymbol{u} >= \mu\nabla^2 \boldsymbol{u} + \frac{1}{\rho}\nabla \boldsymbol{\tau} \tag{7-12}$$

式中：$\boldsymbol{\tau}$ 为 SPS 的应力张量，近似表示为

$$\frac{\boldsymbol{\tau}}{\rho} = 2\mu_{\mathrm{t}}\boldsymbol{S} - \frac{2}{3}k\delta \tag{7-13}$$

式中：$\boldsymbol{S}$ 表示粒子尺度上的 SPS 应变张量；k 表示湍流动能；δ 表示克罗内克符号；μ_{t} 表示湍流涡黏度，其值为

$$\mu_{\mathrm{t}} = (C_{\mathrm{s}}\Delta l)^2 \left\|\boldsymbol{S}\right\| \tag{7-14}$$

其中 C_s 为常数，取值 0.12；Δl 是粒子间距。需要注意的是，在考虑多相流模型的 SPH 计算中，式（7-12）仅适用于水粒子。

2. 连续性方程离散

连续性方程基于核函数的离散形式为

$$\frac{\mathrm{d}\rho_i}{\mathrm{d}t}=-\sum_j \rho_j \boldsymbol{u}_{ij}\nabla W_{ij}V_j \tag{7-15}$$

由于压力梯度是根据状态方程（equation of state，EOS）来求解的，这可能会影响质量和动量方程的守恒性，从而不能守恒能量，导致虚假的波动结果。参考相关研究，可应用密度扩散项（density diffusion term，DDT）和密度重初始化方法来减少密度波动，提高模拟的稳定性。在连续性方程中加入的密度扩散项为

$$\frac{\mathrm{d}\rho_i}{\mathrm{d}t}=-\sum_j \rho_j \boldsymbol{u}_{ij}\nabla W_{ij}V_j+\delta hc_0\sum_j\frac{2(\rho_j-\rho_i)\boldsymbol{r}_{ij}\nabla W_{ij}V_j}{\left\|\boldsymbol{r}_{ij}\right\|^2} \tag{7-16}$$

式中：δ 为常数，取值为 0.01。密度初始化算法应用于重构粒子的密度场，可在计算步长每循环 20 次进行全体粒子密度的修正：

$$\begin{cases}\rho_i'=\dfrac{\sum\limits_j \overline{m}_j W_{ij}}{\sum\limits_j W_{ij}V_j}\\ \overline{m}_j=\overline{\rho}_j V_j\\ \overline{\rho}_j=\dfrac{P_j-P_0}{c_0}+\rho_{i0}\end{cases} \tag{7-17}$$

式中：ρ_i' 是重新初始化后粒子 i 的新密度；P_0 为参考压力，值为 0；ρ_{i0} 是粒子 i 的参考密度；P_j 可通过状态方程获得。

3. 壁面条件

本书采用动态边界条件（dynamic boundary condition，DBC），其中代表壁面的颗粒交错排列，其满足与流体颗粒相同的控制方程，但它们的位置和速度是预定的。如图 7-2 所示，边界颗粒与水或沉积物颗粒之间的斥力 F 主要来自压力梯度，在本书中边界颗粒的黏性力假定来自周围的流体颗粒 i 的核函数估计：

$$F_i=-\sum_b m_b\frac{P_i+P_b}{\rho_i\rho_b}\nabla W_{ib}+\psi\sum_b 2\mu_i\frac{\boldsymbol{r}_{ib}\nabla W_{ib}V_b}{\left\|\boldsymbol{r}_{ib}\right\|^2+\varepsilon h^2}\boldsymbol{u}_{ib} \tag{7-18}$$

式中：F_i 表示施加在粒子 i 上的斥力；m_b 表示边界粒子的质量；P_b 表示边界粒子的压力，这也是从 EOS 中得到的；ψ 是边界条件系数，在考虑边界光滑条件时取

值为 0 至 1。连续性方程还更新了边界颗粒的密度，整个边界颗粒的预定速度为 0。

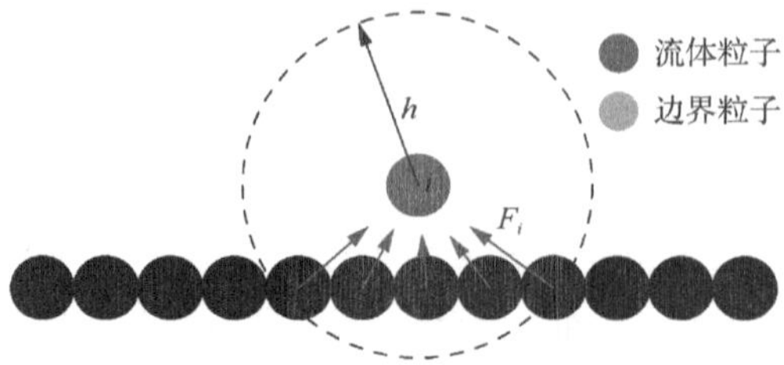

图 7-2　边界粒子斥力示意图

4. 时间积分

本书中 SPH 计算采用交错位置维莱特时间积分器法，包含三个步骤：

1）预测步：

$$\begin{cases} \boldsymbol{u}_i^{n+\frac{1}{2}} = \boldsymbol{u}_i^n + \dfrac{\Delta t}{2}\left(\dfrac{\mathrm{d}\boldsymbol{u}}{\mathrm{d}t}\right)_i^n \\ \boldsymbol{r}_i^{n+\frac{1}{2}} = \boldsymbol{r}_i^n + \dfrac{\Delta t}{2}\boldsymbol{u}_i^n \\ \rho_i^{n+\frac{1}{2}} = \rho_i^n + \dfrac{\Delta t}{2}\left(\dfrac{\mathrm{d}\rho}{\mathrm{d}t}\right)_i^n \end{cases} \tag{7-19}$$

式中：上标 n 表示时间步数； Δt 表示时间步长。

2）纠正步：

$$\begin{cases} \boldsymbol{u}_i^{n+\frac{1}{2}} = \boldsymbol{u}_i^n + \dfrac{\Delta t}{2}\left(\dfrac{\mathrm{d}\boldsymbol{u}}{\mathrm{d}t}\right)_i^{n+\frac{1}{2}} \\ \boldsymbol{r}_i^{n+\frac{1}{2}} = \boldsymbol{r}_i^n + \dfrac{\Delta t}{2}\boldsymbol{u}_i^{n+\frac{1}{2}} \\ \rho_i^{n+\frac{1}{2}} = \rho_i^n + \dfrac{\Delta t}{2}\left(\dfrac{\mathrm{d}\rho}{\mathrm{d}t}\right)_i^{n+\frac{1}{2}} \end{cases} \tag{7-20}$$

3）更新步：

$$\begin{cases} \boldsymbol{u}_i^{n+1} = \boldsymbol{u}_i^{n+\frac{1}{2}} + \dfrac{\Delta t}{2}\left(\dfrac{\mathrm{d}\boldsymbol{u}}{\mathrm{d}t}\right)_i^{n+\frac{1}{2}} \\ \boldsymbol{r}_i^{n+1} = \boldsymbol{r}_i^n + \dfrac{\Delta t}{2}\left(\boldsymbol{u}_i^{n+\frac{1}{2}} + \boldsymbol{u}_i^n\right) \\ \rho_i^{n+1} = \rho_i^n + \dfrac{2-\varepsilon^{n+\frac{1}{2}}}{2+\varepsilon^{n+\frac{1}{2}}} \end{cases} \tag{7-21}$$

其中，$\varepsilon^{n+\frac{1}{2}} = -\dfrac{\left(\dfrac{d\rho}{dt}\right)_i^{n+\frac{1}{2}}}{\rho_i^{n+\frac{1}{2}}}\Delta t$ 。

单次时间步长由 CFL 边界条件确定：

$$\Delta t = C_{\mathrm{CFL}} \min_i \left(\min\left(\sqrt{\frac{h}{\|\boldsymbol{f}_i\|}} \right), \frac{h}{c_0}, \frac{h}{\mu_i} \right) \tag{7-22}$$

式中：$\boldsymbol{f}_i$ 是颗粒 i（水或沉积物颗粒）的单位质量力；C_{CFL} 为常数，取值 0.3。

7.1.2　DEM 基本理论

基于 SPH-DEM 耦合的桥梁水毁推演中，DEM 算法主要应用于基础结构的数值模拟，并与流体粒子进行耦合计算，从而得出结构的动力响应。该算法中，结构单元通过 DEM 粒子建模，单个 DEM 为刚体粒子，如图 7-3 所示：1 为 DEM 刚体粒子 i 的质心；2 为 DEM 刚体粒子 j 的质心；3 为粒子 i 与粒子 j 接触部分中的法向弹簧，其刚度为 K_{n}，径向接触长度即为重合部分径向长度；4 为粒子 i 与粒子 j 接触部分中的法向接触阻尼 γ_{n}；5 为粒子 i 与粒子 j 接触部分中的切向弹簧，其刚度为 K_{t}，切向接触长度即为重合部分切向长度；6 为粒子 i 与粒子 j 接触部分中的切向接触阻尼 γ_{t}。不同粒子之间通过弹簧建立连接，弹簧的压缩与伸长决定了整体结构的位移与形变。

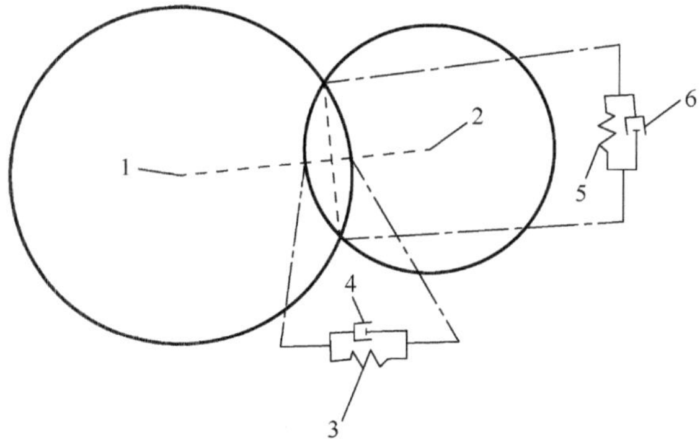

图 7-3　DEM 模型示意图

粒子间隔接触刚度的计算如下：

1）刚体粒子间法向接触刚度 K_{n}、法向接触阻尼 γ_{n}、切向接触刚度 K_{t} 以及切向接触阻尼 γ_{t} 计算式如下：

$$K_{\mathrm{n},ij} = \frac{4}{3} E^* \sqrt{R^*} \tag{7-23a}$$

$$\gamma_{\mathrm{n},ij}=C_{\mathrm{n}}\sqrt{6M^{*}E^{*}\sqrt{R^{*}}} \tag{7-23b}$$

$$K_{\mathrm{t},ij}=\frac{2}{7}K_{\mathrm{n},ij} \tag{7-23c}$$

$$\gamma_{\mathrm{t},ij}=\frac{2}{7}\gamma_{\mathrm{n},ij} \tag{7-23d}$$

式中：$C_{\mathrm{n}}=1\times10^{-5}$；$K_{\mathrm{n},ij}$ 为 DEM 刚体粒子 i 与刚体粒子 j 之间的法向接触刚度；$K_{\mathrm{t},ij}$、$\gamma_{\mathrm{n},ij}$、$\gamma_{\mathrm{t},ij}$ 同义；E^{*} 为等效弹性模量；R^{*} 为等效粒子半径；M^{*} 为等效质量，计算分别如下：

$$\frac{1}{E^{*}}=\frac{1-\mu_i^2}{E_i}+\frac{1-\mu_j^2}{E_j} \tag{7-24a}$$

$$R^{*}=\frac{r_i r_j}{r_i+r_j} \tag{7-24b}$$

$$M^{*}=\frac{m_i m_j}{m_i+m_j} \tag{7-24c}$$

式中：E_i,E_j 分别为 DEM 刚体粒子 i、刚体粒子 j 所赋予材料的弹性模量；μ_i,μ_j 分别为 DEM 刚体粒子 i、刚体粒子 j 所赋予材料的泊松比；r_i,r_j 分别为 DEM 刚体粒子 i、刚体粒子 j 的半径；m_i,m_j 分别为 DEM 刚体粒子 i、刚体粒子 j 的质量。

2）通过刚体粒子间的接触刚度确定法向接触力 F_{n} 及切向接触力 F_{t}：

$$F_{\mathrm{n}}=K_{\mathrm{n},ij}\delta_{ij}^{1.5}\boldsymbol{e}_{ij}-\gamma_{ij}\delta_{ij}^{0.25}\dot{\delta}_{ij}\boldsymbol{e}_{ij} \tag{7-25a}$$

$$F_{\mathrm{t}}=\min\left(K_{\mathrm{t},ij}\delta_{ij}^{\mathrm{t}}\boldsymbol{e}_{ij}^{\mathrm{t}}-\gamma_{ij}\dot{\delta}_{ij}^{\mathrm{t}}\boldsymbol{e}_{ij}^{\mathrm{t}},u_f\left|F_{\mathrm{n}}\right|\tanh(8\dot{\delta}_{ij}^{\mathrm{t}})\boldsymbol{e}_{ij}^{\mathrm{t}}\right) \tag{7-25b}$$

式中：δ_{ij}、δ_{ij}^{t} 为 DEM 刚体粒子 i 和刚体粒子 j 径向及切向接触距离；$\boldsymbol{e}_{ij}$ 为 DEM 刚体粒子 i 质心指向刚体粒子 j 质心的方向单位向量；$\dot{\delta}_{ij}$、$\dot{\delta}_{ij}^{\mathrm{t}}$ 分别为 DEM 刚体粒子 i 和刚体粒子 j 径向及切向的变形速率，$\dot{\delta}_{ij}=v_{ij}$，$\dot{\delta}_{ij}^{\mathrm{t}}=v_{ij}^{\mathrm{t}}$，$v_{ij}$、$v_{ij}^{\mathrm{t}}$ 分别为 DEM 刚体粒子 i 和刚体粒子 j 径向及切向相对速度；u_f 为 DEM 刚体粒子 i 和刚体粒子 j 间的摩擦系数。

7.2 基于 SPH 的桥梁冲刷仿真技术

7.2.1 基于多相流理论的水-沙构模

冲刷常发生于河床表层的泥沙，当来自水的剪应力超过沉积泥沙起动的临界强度，沉积泥沙就会产生完全不同的力学行为，这种现象类似于非牛顿流体的流变特性，其流动性在达到屈服强度后会发生颠覆性变化。因此，泥沙的构成规律适合用非牛顿流体模型来描述。在本书中，赫舍尔-布尔克利-帕帕纳斯塔修（Herschel-Bulkley-Papanastasiou，HBP）模型被应用于泥沙冲刷模拟，其模型表达式如下：

$$\mu_{\text{app}} = \frac{|\tau_{\text{c}}|}{|II_{\text{D}}|}\left[1-\mathrm{e}^{-m\sqrt{II_{\text{D}}}}\right]+2\mu|4II_{\text{D}}|^{\frac{n-1}{2}} \tag{7-26}$$

式中：μ_{app} 是表观黏度；μ 是液相的原始黏度；II_{D} 是应变速率张量第二不变量；m 控制应力的指数增长；n 是幂律指数，用于模拟剪切变稀或剪切变稠行为；τ_{c} 是屈服应力参数，应由屈服准则定义。如图 7-4 所示，HBP 模型的优势在于塑性区域中 m 和 n 的增长所定义的伪牛顿区域。结合屈服准则，选择这种双区域方法来模拟土壤阶段，无须使用黏性系数的最大阈值。HBP 结合了宾厄姆（Bingham）模型在低应力到高应力状态下的特性以及帕帕纳斯塔修（Papanastasiou）模型在接近零剪切应力状态下的特性。当 m=0 和 n=1 时，模型将还原为牛顿模型，而当 $m\to\infty$和 n=1 时，则恢复为简单的 Bingham 模型。因此，在多相流体模型的黏滞力求和中使用 HBP 模型更为方便。

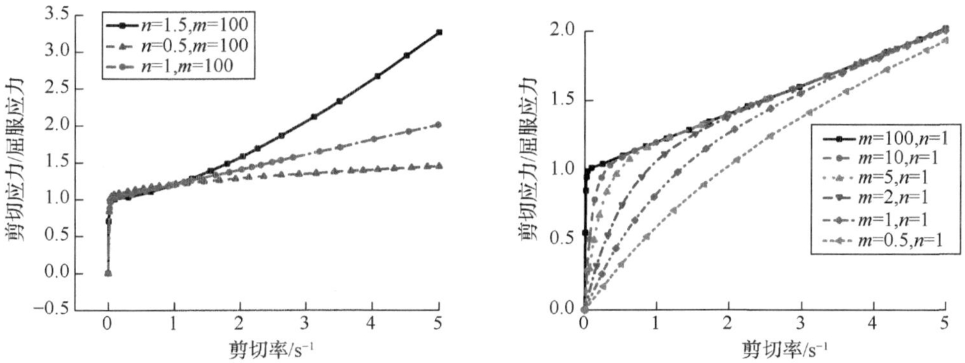

图 7-4　HBP 模型流变特性

此外，屈服应力 τ_{c} 的确定也非常重要，因为它会影响冲刷模拟的模型精度。本书中采用两种屈服强度准则来确定不同条件下的屈服应力。河床底部未与水接触的沉积物一般表现为非饱和土，参考相关研究，采用传统的德鲁克-普拉格（Drucker-Prager，DP）准则来表示这种非饱和土的屈服面，其一般写法为

$$\sqrt{J_2}+(\alpha p-\beta)=0 \tag{7-27}$$

式中：α 和 β 是取决于莫尔-库仑屈服准则的参数，p 是沉积压力；J_2 是剪应力张量 $\tau_{\alpha\beta}$ 的第二个不变量，定义为

$$J_2=\frac{1}{2}\tau_{\alpha\beta}\tau_{\alpha\beta} \tag{7-28}$$

同时，$\tau_{\alpha\beta}$ 还与应变速率张量第二不变量相关联，可表示为

$$\tau_{\alpha\beta} = 2\sqrt{2}\mu_{\mathrm{d}}\sqrt{II_{\mathrm{D}}} \tag{7-29}$$

式中：μ_{d} 为动态黏度。根据式（7-28）和式（7-29）的组合，可以构建 II_{D} 和 J_2 之间的关系式，因而 $\left|\sqrt{J_2}\right| = |\alpha p - \beta|$ 可应用于 HBP 模型确定泥沙屈服强度：

$$|\tau_{\mathrm{c}}| = |\alpha p - \beta| \tag{7-30}$$

式中：α 和 β 的计算公式为

$$\alpha = -\frac{2\sin\varphi}{\sqrt{3}(3-\sin\varphi)}, \beta = \frac{6c\sin\varphi}{\sqrt{3}(3-\sin\varphi)} \tag{7-31}$$

式中：φ 为内摩擦角；c 为黏聚力。

在确定屈服应力后，可根据完整的 HBP 模型更新相应沉积物的表观黏度，对于水-土界面（即床面）上的沉积物，采用经典沉积物模型的 Shields 准则来确定屈服应力。

7.2.2 泥沙起动与泥沙转化

1. 泥沙起动

希尔兹准则用于判断沉积物泥沙的初始运动，具体如下：

$$\theta_{\mathrm{cr}} = \frac{\tau_{\mathrm{bcr},0}}{(\rho_{\mathrm{s}} - \rho)gd} \tag{7-32}$$

式中：θ_{cr} 表示临界希尔兹系数；$\tau_{\mathrm{bcr},0}$ 表示水平面上流体的临界剪应力值；ρ_{s} 表示饱和土壤的密度；ρ 表示流体的密度；d 表示沉积物的中值直径；g 表示重力加速度。泥沙的临界剪应力很难测量，而临界希尔兹系数 θ_{cr} 仅取决于泥沙的特性。因此，首先要确定 θ_{cr}，以便按以下步骤判断泥沙运动[1]：

1）赋予泥沙摩阻流速 u_* 极小的初始值。

2）确定床面表层粗糙长度 z_0：

$$z_0 = \begin{cases} 0.11\dfrac{v}{u_*}, & \dfrac{k_{\mathrm{s}}u_*}{v} < 5 \\ 0.033k_{\mathrm{s}}, & \dfrac{k_{\mathrm{s}}u_*}{v} > 70 \\ 0.11\dfrac{v}{u_*} + 0.033k_{\mathrm{s}}, & 5 < \dfrac{k_{\mathrm{s}}u_*}{v} < 70 \end{cases} \tag{7-33}$$

式中：v 是水的运动黏度；k_{s} 是尼库拉德斯（Nikuradse）粗糙度，其值为颗粒中值粒径。

3）确定近床面流速分布剖面：

$$\begin{cases} u(z)=\dfrac{u_*^2}{v}z, & z\leqslant\delta \\ \dfrac{u(z)}{u_*}=\dfrac{1}{\kappa}\ln\left(\dfrac{z}{z_0}\right), & z>\delta \end{cases} \tag{7-34}$$

式中：z 是距床面的深度；κ 是卡尔曼常数，值为 0.41；δ 是湍流边界层的厚度，与 v 和 u_* 有关：

$$u_*=11.6\frac{v}{\delta} \tag{7-35}$$

4）迭代循环步骤 2）至步骤 3）直至速度在深度 δ 处收敛；随后，可以确定泥沙摩阻流速，进而确定雷诺数 Re：

$$Re=\frac{u_*d}{v} \tag{7-36}$$

5）根据雷诺数确定临界希尔兹系数 θ_{cr}：

$$\begin{cases} \theta_{cr}=0.010595\ln(Re)+\dfrac{0.110476}{Re}+0.0027197, & Re\leqslant 500 \\ \theta_{cr}=0.068, & Re>500 \end{cases} \tag{7-37}$$

考虑到冲刷形态的复杂性，临界希尔兹系数应针对任意坡度进行修正。参考本书前面内容，建立了除泥沙在拖曳力 ($\overrightarrow{F_D}$)、升力 ($\overrightarrow{F_L}$)、摩擦力 ($\overrightarrow{F_C}$) 和重力 ($\overrightarrow{W}$) 作用下的初始运动模型，如图 7-5 所示。

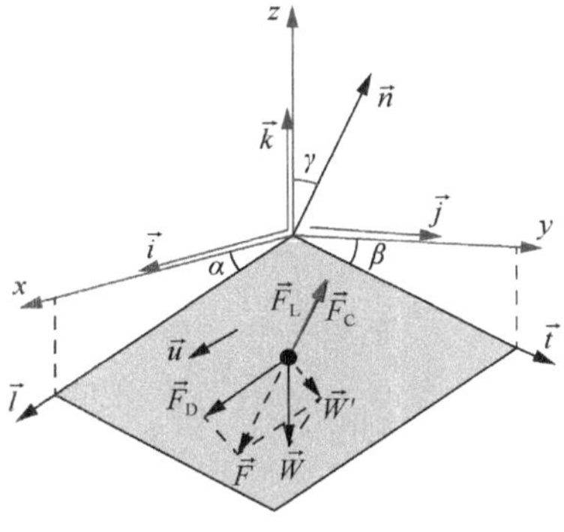

图 7-5　任意坡面下泥沙起动模型

在图 7-5 中，$\vec{l}$ 、$\vec{t}$ 是斜坡的正交边界向量。$\vec{n}$ 表示斜坡的法向量，$\vec{u}$ 为水流流速。$\vec{i}$ 、$\vec{j}$、$\vec{k}$ 指坐标轴的方向向量，α 、β 、γ 表示斜坡与各坐标轴（x、y、

z）之间的夹角，$\overrightarrow{F_D}$、$\overrightarrow{F_L}$ 分别表示水流的拖曳力和升力。$\overrightarrow{W}$ 表示泥沙颗粒的重力，而 $\overrightarrow{W}'$ 是 $\overrightarrow{W}$ 在斜坡上的分力；$\overrightarrow{F_e}$ 表示斜坡内泥沙的结果力，以及 $\overrightarrow{F_C}$ 所产生的静摩擦力。由几何关系可知 $\cos\gamma = 1/\sqrt{\tan^2\alpha + \tan^2\beta + 1}$。水流拖曳力 $\overrightarrow{F_D}$ 方向与流速 $\vec{u}$ 方向相同。根据 Dey[2]的研究，假设水流升力 $\overrightarrow{F_L}$ 方向沿坡面法向量 $\vec{n}$，其推荐取值为

$$\eta = \frac{\left|\overrightarrow{F_L}\right|}{\left|\overrightarrow{F_D}\right|} = 0.85 \tag{7-38}$$

水流拖曳力与水下重力沿坡面的分量合成泥沙起动力 $\vec{F}$：

$$\vec{F} = \overrightarrow{F_D} + \left[\overrightarrow{W} - \left(\overrightarrow{W}\cdot\vec{n}\right)\vec{n}\right] \tag{7-39}$$

$$\overrightarrow{F_D} = \left|\overrightarrow{F_D}\right|\cdot\vec{e} = \left(\cos\theta_x\vec{i} + \cos\theta_y\vec{j} + \cos\theta_z\vec{k}\right)\cdot\left|\overrightarrow{F_D}\right| \tag{7-40}$$

式中：θ_x、θ_y、θ_z 分别为单位向量 $\vec{e}$ 与 x、y、z 轴正方向的夹角。

抵抗起动力 $\overrightarrow{F_C}$ 由库仑摩擦力产生，与 $\vec{F}$ 方向相反，在极限状态下，有

$$\overrightarrow{F_C} = -\left|\left(\overrightarrow{W}\cdot\vec{n}\right)\vec{n} + \overrightarrow{F_L}\right|\cdot\tan\varphi\cdot\frac{\vec{F}}{\left|\vec{F}\right|} \tag{7-41}$$

式中：φ 表示泥沙内摩擦角。当斜坡上的泥沙粒子达到临界起动状态，即满足：

$$\vec{F} = \overrightarrow{F_C} = 0 \text{ 或 } \left|\vec{F}\right| = \left|\overrightarrow{F_C}\right| \tag{7-42}$$

由式（7-42），推导出 $\left|\overrightarrow{F_D}\right|$ 的表达式为

$$\left|\overrightarrow{F_D}\right| = \frac{\sqrt{\tan^2\varphi\cos^2\gamma + \eta^2\tan^2\varphi\sin^2\gamma - 2\eta\tan^2\varphi\cos\gamma\cos\theta_z + \cos^2\theta_z - \sin^2\gamma} - \eta\tan^2\varphi\cos\gamma + \cos\theta_z}{1 - \eta^2\tan^2\varphi}\left|\overrightarrow{W}\right| \tag{7-43}$$

由式（7-43）得到斜坡床面上的临界起动切应力大小。对于水平床面，通过受力分析易得

$$\left|\vec{F}\right|_0 = \left(\left|\overrightarrow{W}\right| - \left|\overrightarrow{F_L}\right|\right)\tan\varphi \tag{7-44}$$

即

$$\left|\overrightarrow{F_0}\right| = \frac{\tan\varphi}{1 + \eta\tan\varphi}\left|\overrightarrow{W}\right| \tag{7-45}$$

由式（7-44）和式（7-45）可得

$$\frac{\left|\overrightarrow{F_{\mathrm{D}}}\right|}{\left|\overrightarrow{F_{0}}\right|}=k \tag{7-46}$$

式中：k 为临界起动切应力斜坡修正系数：

$$k=\frac{\sqrt{\tan^2\varphi\cos^2\gamma+\eta^2\tan^2\sin^2\gamma-2\eta\tan^2\varphi\cos\gamma\cos\theta_z+\cos^2\theta_z-\sin^2\gamma}-\eta\tan^2\cos\gamma+\cos\theta_z}{\tan\varphi\left(1-\eta\tan\varphi\right)} \tag{7-47}$$

水平面的临界起动切应力经过斜坡修正为

$$\tau_{\mathrm{bcr}}=k\cdot\tau_{\mathrm{bcr},0} \tag{7-48}$$

由此可以得出结论，坡面方程对 τ_{bcr} 的计算精度有很大影响。然而，由于 SPH 中的颗粒是离散的，因此仅根据几个颗粒来确定斜面函数是不准确的。在本书中对于河床中的任意沉积物颗粒，都要根据核函数光滑长度范围内的所有邻域沉积物颗粒采用最小二乘法推导出其坡面方程。坡面方程可表示为

$$Z=a_0X+a_1Y+a_2 \tag{7-49}$$

$$\begin{bmatrix}a_0\\a_1\\a_2\end{bmatrix}=\begin{bmatrix}\sum\limits_i x_i^2 & \sum\limits_i x_iy_i & \sum\limits_i x_i\\ \sum\limits_i x_iy_i & \sum\limits_i y_i^2 & \sum\limits_i y_i\\ \sum\limits_i x_i & \sum\limits_i y_i & n\end{bmatrix}^{-1}\cdot\begin{bmatrix}\sum\limits_i x_iz_i\\ \sum\limits_i y_iz_i\\ \sum\limits_i z_i\end{bmatrix} \tag{7-50}$$

式中：i 指周围的沉积物颗粒；x_i、y_i、z_i 是颗粒 i 的坐标；n 为邻域沉积物颗粒总数。

最后，河床的自然剪应力由拖曳力计算公式推导出：

$$\boldsymbol{f}_{\mathrm{D}}=\frac{1}{8}\pi d_{\mathrm{s}}^2C_{\mathrm{D}}\rho(\|\boldsymbol{u}_{\mathrm{rel}}\|\boldsymbol{u}_{\mathrm{rel}}) \tag{7-51}$$

式中：d_{s} 指沉积物的粒径；$\boldsymbol{u}_{\mathrm{rel}}$ 指相对于沉积物的流体速度；C_{D} 为流体系数，可表示为

$$C_{\mathrm{D}}=\begin{cases}\dfrac{24}{Re_*}(1+0.15Re_*^{\ 0.687}), & Re_*<1000\\ 0.44, & Re_*\geqslant 1000\end{cases} \tag{7-52}$$

$$Re_*=\frac{\rho_{\mathrm{f}}\|\boldsymbol{u}_{\mathrm{rel}}\|d_{\mathrm{s}}}{\mu_{\mathrm{f}}} \tag{7-53}$$

式中：下标 s 和 f 分别代表沉积物和流体。

$$\boldsymbol{\tau}_{\mathrm{D}i}=\frac{\frac{1}{2}C_{\mathrm{D}}\sum_{j}\rho_{j}\left\|\boldsymbol{u}_{j}-\boldsymbol{u}_{i}\right\|\cdot(\boldsymbol{u}_{j}-\boldsymbol{u}_{i})W_{ij}V_{j}}{\sum_{j}W_{ij}V_{j}} \tag{7-54}$$

需要注意的是，拖曳力只作用于泥沙颗粒 i，而 j 指的是在核函数光滑长度范围内泥沙颗粒周围的流体颗粒。一旦 $\boldsymbol{\tau}_{\mathrm{D}i}\geqslant\boldsymbol{\tau}_{\mathrm{bcr}}$，沉积物就会随水运动。

2. 泥沙转化

如图 7-6 所示，本书引入了推移质和悬移质，以考虑冲刷过程中沉积物的动态变化。

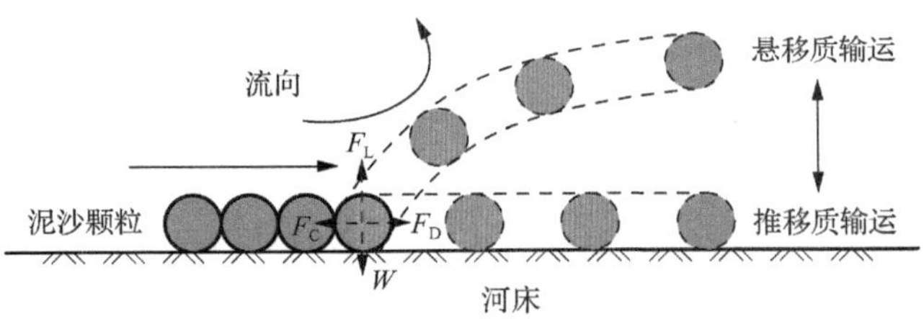

图 7-6　泥沙输运与转化

来自河床沉积物的推移质颗粒应满足以下要求。

1）在核函数的光滑长度范围内，沉积物颗粒周围等待转化的流体颗粒不少于一个，因为水的剪应力是其起动的动力源。

2）水的剪应力 $(\boldsymbol{\tau}_{\mathrm{D}i})$ 不应小于斜坡沉积物初始运动的临界剪应力 $(\boldsymbol{\tau}_{\mathrm{bcr}})$，即 $\boldsymbol{\tau}_{\mathrm{D}i}\geqslant\boldsymbol{\tau}_{\mathrm{bcr}}$。

来自悬移质转化的推移质颗粒还应满足。

1）悬移质的速度应小于临界沉降速度。

$$u_{\mathrm{set}}=\frac{v}{d}\left[\sqrt{10.36^{2}+1.049d_{*}^{\ 3}}-10.36\right] \tag{7-55}$$

$$d_{*}=d_{50}\left[\rho\left(\rho_{\mathrm{s}}-\rho\right)g/\mu_{\mathrm{f}}^{\ 2}\right]^{\frac{1}{3}} \tag{7-56}$$

式中：μ_{f} 是流体的动态黏度。一旦沉积物或悬浮物颗粒转化为推移质，其表观黏度将根据 HBP 模型进行更新，其中屈服应力由 $\boldsymbol{\tau}_{\mathrm{bcr}}$ 代替。

2）悬移质主要由推移质转化而来，并且这些待转化的推移质粒子应满足以下要求。

① 在核函数的光滑长度范围内，推移质颗粒周围沉积物的体积分数不应超过临界值：

$$C_{\mathrm{v}}=\frac{\sum_{j}\phi W_{ij}V_{ij}}{\sum_{j}W_{ij}V_{ij}}\leqslant C_{\mathrm{vcr}} \tag{7-57}$$

式中：当颗粒 j 为水时，$\phi=0$；当颗粒 j 为泥沙时，$\phi=1$。该模型中 $C_{\mathrm{vcr}}=0.35$。

② 推移质的流速应大于临界上升流速：

$$\boldsymbol{u}_{\mathrm{lift}}=\alpha_{i}\boldsymbol{n}_{\mathrm{s}}d_{*}^{0.3}(\theta-\theta_{\mathrm{cr}}')^{1.5}\sqrt{\frac{d(\rho_{\mathrm{s}}-\rho)g}{\rho}} \tag{7-58}$$

式中：α_i 为夹带参数，取值 0.018；$\boldsymbol{n}_{\mathrm{s}}$ 为斜坡的法向量；θ 为实际希尔兹数，可表示为

$$\theta=\frac{\left\|\boldsymbol{\tau}_{\mathrm{D}i}\right\|}{(\rho_{\mathrm{s}}-\rho)gd} \tag{7-59}$$

一旦推移质颗粒转化为悬移质，则假定其为牛顿流体，并根据 Vand（范德）试验胶体方程更新其表观黏度：

$$\mu_{\mathrm{app}}=v\mathrm{e}^{\frac{0.5C_{\mathrm{v}}}{1-\frac{39}{64}C_{\mathrm{v}}}} \tag{7-60}$$

7.2.3　泥沙控制方程修正

泥沙输运速率与床面附近的速度或剪应力密切相关。然而，流体的速度或剪切应力项都属于动量方程中的黏度项，而黏度一般是流体运动的阻力。换句话说，只有动量方程无法准确模拟泥沙输运。事实上，土壤骨架与孔隙水压力之间的相互作用决定了饱和土壤的行为，当混合物发生变形时，沉积骨架会受到压缩，孔隙液体会流经孔隙，渗入土壤孔隙的水在沉积相上产生一个由黏性力产生的阻力。该力作用于水流方向，可视为渗流力。

SPH 模型考虑了多种形式的渗流力。Shan 和 Zhao[3]基于 SPH-DEM 模型模拟了流土相互作用，并根据阻力计算了渗流力。然而，拖曳力用于判断沉积物的起动，而在本书的模型中，沉积物被视为液体，因此他们的方法不适合本研究。Iwamoto 等[4]也是基于 SPH-DEM 模型模拟相互作用的，而他们的渗流力是由孔隙水压力推导出来的。这也是不合适的，因为在他们的模型中，沉积物被认为是密度

固定的固体。Bui 等[5]和 Wu 等[6]根据达西定律施加渗流力，而 Bui 等的模型增加了更多参数，其值与相对速度几乎成固定比例。最后，Wu 等的模型被用来估算泥沙与水颗粒之间的渗流力，其计算公式如下：

$$\boldsymbol{f}_{\mathrm{s}}=\frac{n_{\mathrm{p}}^{2}\rho g\boldsymbol{u}_{\mathrm{rel}}}{k} \tag{7-61}$$

式中：n_{p} 指孔隙度；k 为土壤渗透率。泥沙与水颗粒之间的渗流力在 SPH 中的离散形式如下：

$$\boldsymbol{f}_{\mathrm{s}i}=\frac{1}{k\rho_i}n_{\mathrm{p}}^{2}g\sum_j\rho_j(\boldsymbol{u}_j-\boldsymbol{u}_i)W_{ij}V_j \tag{7-62}$$

考虑渗流力的动量方程最终形式为

$$\begin{aligned}\frac{\mathrm{d}\boldsymbol{u}_i}{\mathrm{d}t}=&-\frac{1}{m_i}\sum_j(V_i^2+V_j^2)\frac{\rho_i P_j+\rho_j P_i}{\rho_i+\rho_j}\nabla W_{ij}\\&+\frac{1}{V_i}\sum_j\frac{2\mu_i\mu_j}{\mu_i+\mu_j}(V_i^2+V_j^2)\frac{\boldsymbol{r}_{ij}\nabla W_{ij}}{\left\|\boldsymbol{r}_{ij}\right\|^2+\varepsilon h^2}\boldsymbol{u}_{ij}\\&+\frac{1}{k\rho_i}n_{\mathrm{p}}^{2}g\sum_j\rho_j(\boldsymbol{u}_j-\boldsymbol{u}_i)W_{ij}V_j\end{aligned} \tag{7-63}$$

上述泥沙转化整体的运行流程图如图 7-7 所示。

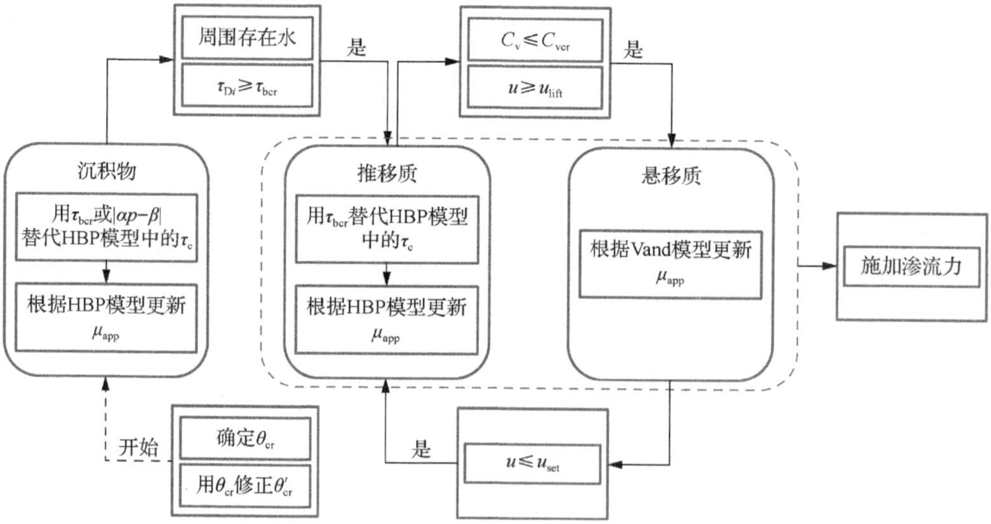

图 7-7　泥沙转化流程图

7.3　基于 SPH-DEM 耦合的桥梁水毁推演技术

SPH 算法与 DEM 算法同时基于拉格朗日坐标系下进行计算求解，因此与传统流固耦合方式不同，不必考虑跨网格和物理场的数据交互。基于 SPH-DEM 耦合的计算方式仍引入流固耦合力 $\boldsymbol{F}_{\text{fs}}$ 建立交互关系。

对于流体计算，引入粒子流固耦合力 $\boldsymbol{F}_{\text{fs}}$，流体的动量守恒方程修正为

$$\frac{\mathrm{d}\boldsymbol{u}}{\mathrm{d}t}=-\frac{1}{\rho}\nabla\boldsymbol{P}+\upsilon\nabla^2\boldsymbol{u}+\boldsymbol{g}+\boldsymbol{F}_{\text{fs}} \tag{7-64}$$

基于 SPH 算法的核函数理论，给出动量方程的离散形式：

$$\begin{aligned}\frac{\mathrm{d}\boldsymbol{u}_a}{\mathrm{d}t}=&-\frac{1}{m_i}\sum_j(V_i^2+V_j^2)\overline{P_{ij}}\nabla W_{ij}+\boldsymbol{g}+\frac{1}{V_i}\sum_j\frac{2\mu_i\mu_j}{\mu_i+\mu_j}(V_i^2+V_j^2)\frac{\boldsymbol{r}_{ij}\nabla W_{ij}}{\left\|\boldsymbol{r}_{ij}\right\|^2+\varepsilon h^2}\boldsymbol{u}_{ij}\\&+\sum_b m_b\left(\frac{\boldsymbol{\tau}_{ij}^b}{\rho_b^2}+\frac{\boldsymbol{\tau}_{ij}^a}{\rho_a^2}\right)\nabla_a W_{ab}+m_s\sum_f m_f\left(\frac{P_s}{\rho_s^2}+\frac{P_f}{\rho_f^2}\right)\nabla_s W_{sf}\end{aligned} \tag{7-65}$$

式中：∇ 为哈密顿算子，下标 a 表示中心粒子，下标 b 表示邻域粒子；W_{ab} 为以 a 粒子为检索中心的核函数；$\boldsymbol{r}_a$ 和 $\boldsymbol{r}_b$ 分别表示中心粒子和邻域粒子的位置矢量；q 为粒子间距与光滑长度的比值；h 为光滑长度；μ_0 为运动黏度，$\boldsymbol{\tau}_{ij}$ 为流体 SPS 应力矢量；m_f、P_f 分别为刚体粒子 s 在核函数半径内搜索的流体粒子的质量与压力，m_s、P_s 分别为刚体粒子等效质量和压力，$m_s=\sum\limits_f\frac{m_f^2}{\rho_f}\nabla_s W_{sf}$，$P_s=\sum\limits_f\frac{m_f P_f}{\rho_f}\nabla_s W_{sf}$。

对于结构粒子，其粒子由牛顿第二定律控制运动，引入流固耦合力后，其形式为

$$m_a\frac{\mathrm{d}\boldsymbol{v}_a}{\mathrm{d}t}=\boldsymbol{G}+\boldsymbol{F}_{\text{fs}}+\boldsymbol{F}_{\text{n}}+\boldsymbol{F}_{\text{t}} \tag{7-66}$$

式中：m_a、$\boldsymbol{v}_a$ 分别为刚体粒子 a 的质量和速度矢量；$\boldsymbol{G}$ 为刚体粒子 a 的重力矢量。

整体计算流程图如图 7-8 所示。

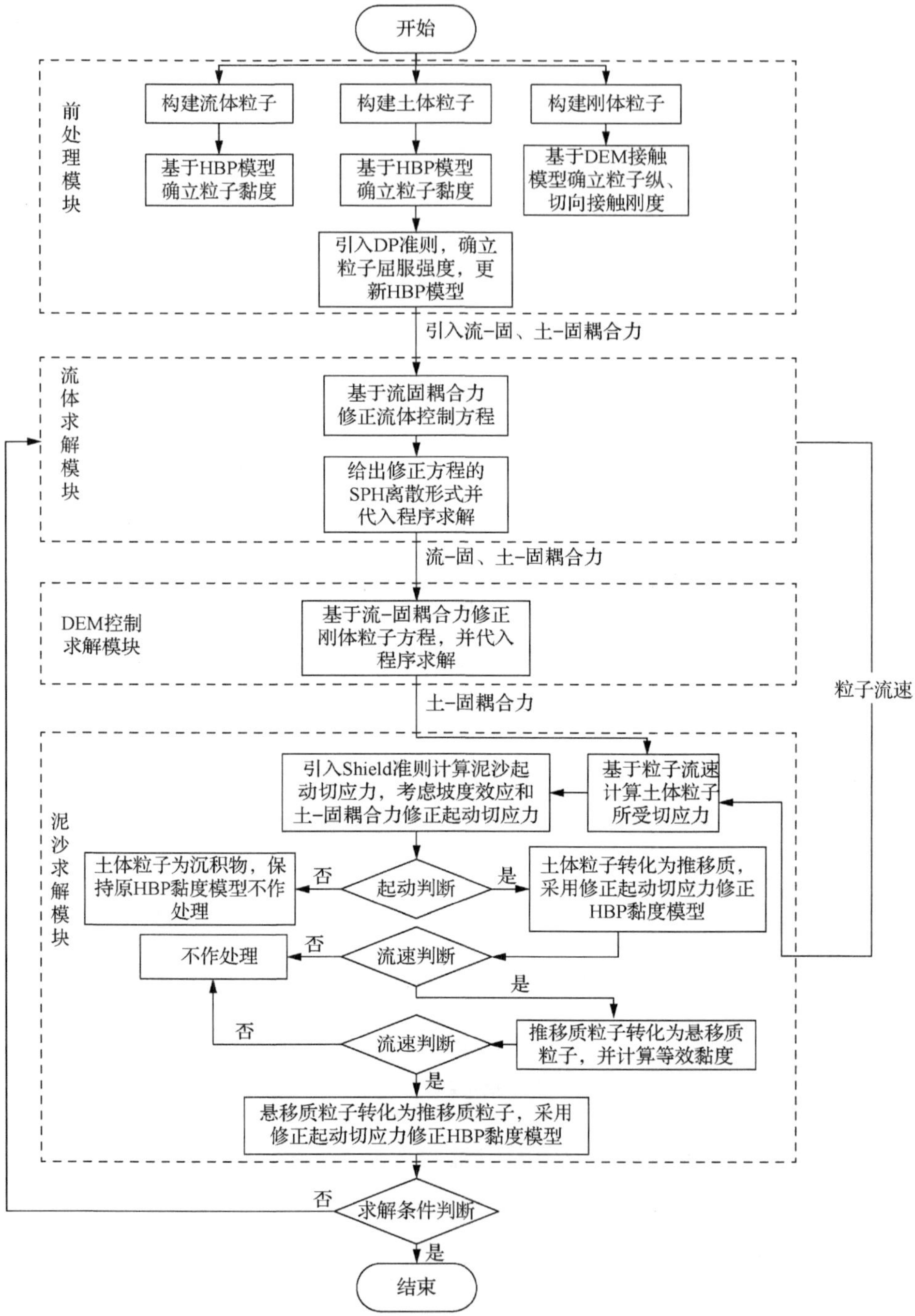
开始
前处理模块
构建流体粒子
构建土体粒子
构建刚体粒子
基于HBP模型确立粒子黏度
基于HBP模型确立粒子黏度
基于DEM接触模型确立粒子纵、切向接触刚度
引入DP准则，确立粒子屈服强度，更新HBP模型
引入流-固、土-固耦合力
流体求解模块
基于流固耦合力修正流体控制方程
给出修正方程的SPH离散形式并代入程序求解
流-固、土-固耦合力
DEM控制求解模块
基于流-固耦合力修正刚体粒子方程，并代入程序求解
土-固耦合力
粒子流速
泥沙求解模块
引入Shield准则计算泥沙起动切应力，考虑坡度效应和土-固耦合力修正起动切应力
基于粒子流速计算土体粒子所受切应力
土体粒子为沉积物，保持原HBP黏度模型不作处理
否
起动判断
是
土体粒子转化为推移质，采用修正起动切应力修正HBP黏度模型
不作处理
否
流速判断
是
否
流速判断
推移质粒子转化为悬移质粒子，并计算等效黏度
是
悬移质粒子转化为推移质粒子，采用修正起动切应力修正HBP黏度模型
否
求解条件判断
是
结束

图 7-8　耦合计算流程图

7.4　推演仿真分析案例

7.4.1　模型介绍

弗拉卡罗洛（Fraccarollo）等在研究黎曼波理论时引用了卢汶（Louvain）溃坝侵蚀试验，该试验已被广泛用作冲刷模型的评估标准，可为本书提供验证结果。试验中采用了长度为 2.5m、宽度为 0.1m、高度为 0.35m 的透明水槽，在底部铺满厚度为 5～6m、等效直径为 3.5mm、密度为 1540kg/m^3 的 PVC 颗粒。试验开始时，通过高速抬升的水闸释放高度为 10cm 的水柱，并采用高速摄像机记录冲刷过程。

本节三维数值模型初始状态如图 7-9 所示，水槽宽度设置为 0.1m，在厚度为 6cm、长度为 200cm 的泥沙层上建立深度为 10cm、长度为 100cm 的水体。当模拟开始时，水体将迅速跌落，水与泥沙交界面处的切应力将引起泥沙的起动与推移，发生溃坝侵蚀。

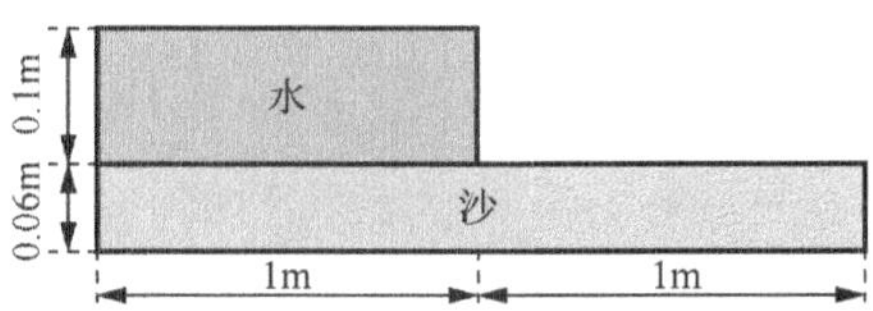

（a）试验模型示意图

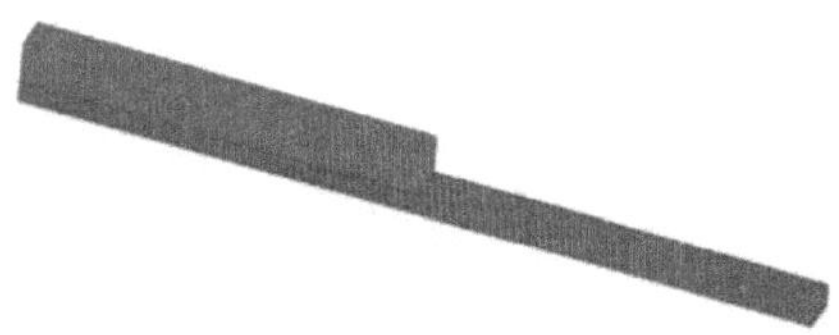

（b）SPH模型

图 7-9　模型图示

SPH 法水流的运动与粒子间距紧密相关，图 7-10 对比了不同粒子间距下 SPH 法流体粒子运动范围与试验结果的差异。由图可知，随着粒子间距不断减小，流体运动模拟结果逐渐逼近真实值。据此建立数值模型时，粒子间距取 $d_p = 0.002\text{m}$，共产生 3087630 个粒子。

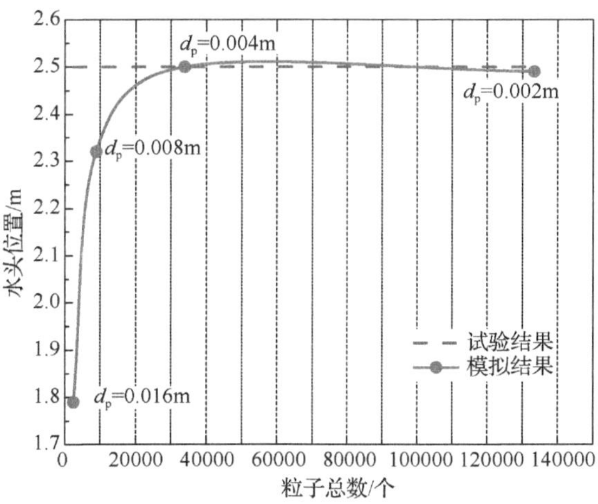

图 7-10　粒子分辨率与流速关系

泥沙与水的密度分别设置为$\rho_s = 1540\text{kg/m}^3$和$\rho_w = 1000\text{kg/m}^3$。泥沙相作为非牛顿流体，参照相关的研究，HBP 模型参数取$m = 100, n = 1.2$，动力黏度取$0.001\text{m}^2/\text{s}$，库仑黏聚力$c = 0$，内摩擦角$\varphi = 38°$，以模拟物理试验中无黏聚力的 PVC 材料特性；水作为牛顿流体，取$m = 0, n = 1$，动力黏度取$1\times10^{-6}\text{m}^2/\text{s}$。沉积物转化推移质质量阈值取$1250\text{kg/m}^3$。模型参数汇总如表 7-1 所示。

表 7-1　模型参数

材料	密度/（kg/m^3）	中值粒径/mm	动力黏度/（m^2/s）	HBP-m	HBP-n
水	1000		0. 000001	0	1
沙	1540	3.2	0.001	100	1.2
材料	摩擦角/（°）	黏聚力	渗流速度/（m/s）	孔隙率	边界系数（ψ）
水					1.0
沙	38	0	0.0001	0.42	1.0

7.4.2　结果展示

图 7-11 展示了当前模型在 0.25s、0.5s、0.75s 和 1.0s 时的数值结果，其中仅展示了所有数值模型的侧视图，以便进行剖面对比。在 0.25s 时，水柱在重力作用下下降，导致水头流速增大，水头对河床的侵蚀产生了冲刷坑。该冲刷坑的分布范围在-0.1m 至 0.3m 左右，与试验结果一致。此外，根据当前模型中的泥沙分类，最深位置的推移质（绿色标记）和悬移质（黑色标记）较多，也被水头覆盖。这一现象验证了起动泥沙沉积物随水流输送并回填冲刷坑。同时，由于水体左端流速较低，水流的剪应力不足以冲刷河床，泥沙状态稳定。接下来，在 0.5s 时，泥沙向冲刷坑边缘集中，产生更多的推移质与悬移质转化。与试验结果相比，当前模型的冲刷坑和泥沙集中分布几乎相同。随后，在 0.75s 和 1.0s 时，当前模型的水-沉积物界面与试验模型基本一致，而沉积物的水头比试验结果稍长。由此可以得出结论，模型基本准确地完成了泥沙输运和转化。

总体而言，数值结果与试验结果吻合较好，验证了当前模型的高精度。此外，河床上方的屈服沉积物并没有全部发生状态转化，河床的变形是由 DP 强度准则来控制的。泥沙水头较长很可能是由于 DP 强度和渗流力估计不准确造成的。此外，根据图 7-11 中的泥沙动态变化，在最大冲刷深度位置存在大量泥沙回填行为，在河床冲刷的各个阶段，沉积泥沙也集中在沿水流方向的冲刷坑边缘。由此可以得出结论，冲刷坑表面的沉积物虽未发生移动，但已经受到水流侵蚀。由于它们的流速较低，因此位移较小。

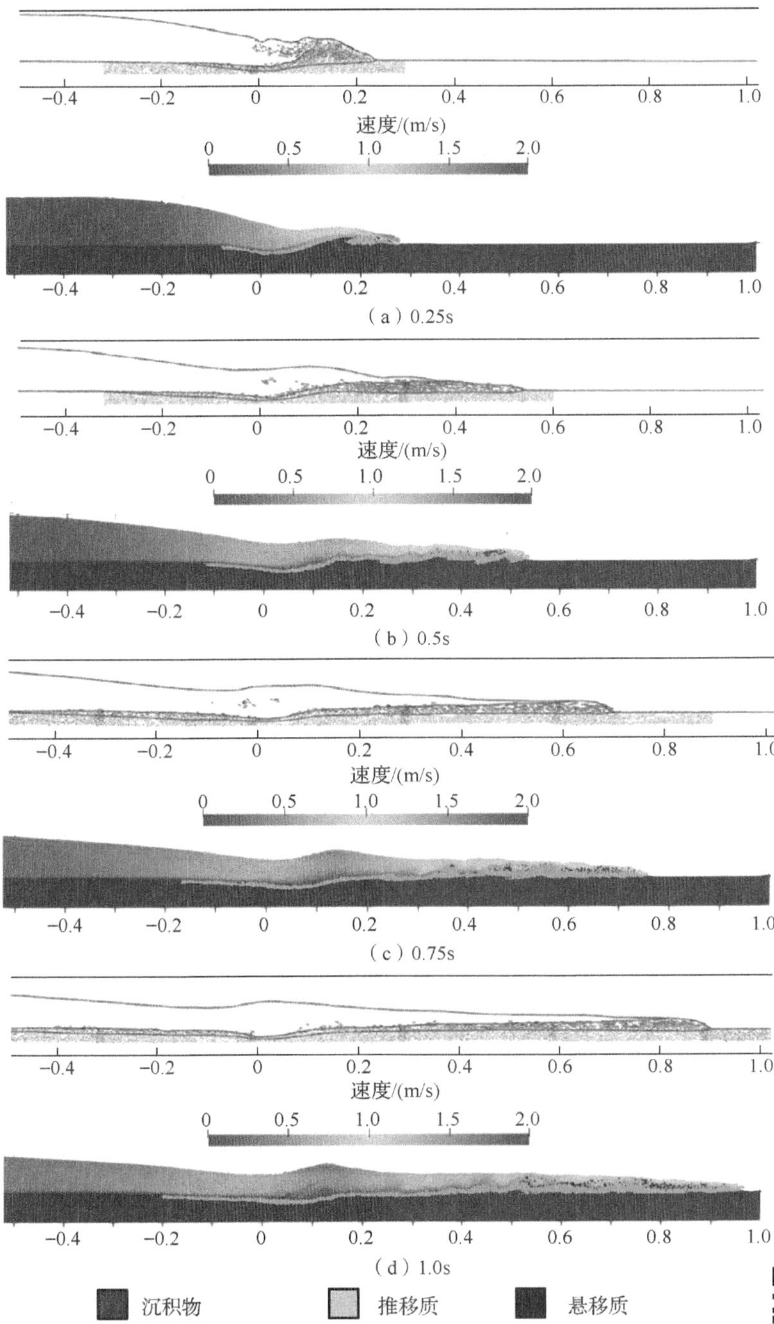

图 7-11　数值模型结果图

彩图 7-11

为进一步评价模型精度，此处同时比较了试验、当前模型、Fraccarollo 和 Capart 模型[7]、Ma 等模型[8]和 Zubeldia 等模型[9]的剖面，如图 7-12 所示。图 7-12（a）表明，当前模型和 Fraccarollo 和 Capart 模型对交界面的模拟比其他模型更准确，而当前模型的冲刷坑（位于 0m 附近）形态更接近试验结果，但当前模型的最大冲刷深度略大于 Fraccarollo 和 Capart 模型和试验结果。对于自由表面，所有模型都与试验结果略有偏差，当前模型的水头位置略微偏右。图 7-12（b）表明，在交界面模拟方面，当前模型和 Zubeldia 等模型比其他模型更准确，而与实际情况相比，两个模型的最大冲刷深度位置都偏右。此外，当前模型的冲刷坑形态（范围约为−0.1m 至 0.2m）和水流剖面更接近试验结果，而最大冲刷深度则比实际情况略大。接下来，图 7-12（c）表明，当前模型和 Zubeldia 等模型在交界面模拟方面比其他模型更准确。同时，与 Zubeldia 等模型相比，当前模型的最大冲刷深度值更为精确。与实际情况相比，两个模型的最大冲刷深度位置都偏右。图 7-12（d）显示，当前模型和 Zubeldia 等模型的冲刷坑形态（−0.2m 至 0.2m 左右）基本相同，而 Zubeldia 等模型冲刷坑后的泥沙沉积比当前模型更准确。在任何时候，当前模型中的冲刷坑形态总是最接近实际情况。最后，根据不同模型中交界面和自由表面的均方根误差（表 7-2），与其他模型相比，当前模型在冲刷模拟中表现出色，因为各时间阶段结果的均方根误差几乎最小。

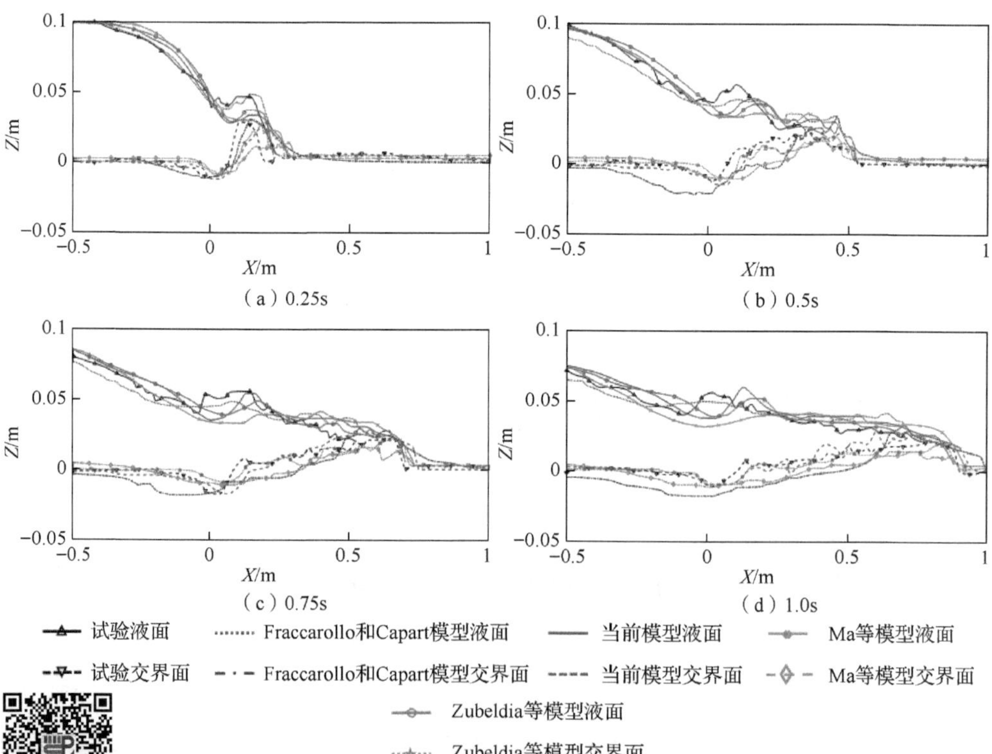

图 7-12　结果剖面对比图

彩图 7-12

表 7-2　各模型结构剖面均方根误差（RMS）对比

时间/s	类型	RMS/%			
		当前模型	Fraccarollo 和 Capart 模型	Ma 等模型	Zubeldia 等模型
0.25	液面	0.741	0.477	0.879	0.744
	交界面	0.594	0.618	0.659	0.556
0.5	液面	0.652	0.637	0.759	0.834
	交界面	0.48	0.975	0.76	0.525
0.75	液面	0.705	0.716	1.04	0.677
	交界面	0.563	0.867	0.652	0.621
1.0	液面	0.744	0.751	0.877	0.702
	交界面	0.464	1.1	0.695	0.438

另外，目前基于 SPH 的冲刷研究主要集中于基于多相流模型或者 SPH-DEM 耦合的泥沙冲刷模拟，少见考虑桥墩局部冲刷的数值计算，由于 SPH 算法进出口边界设置与多相流模型的不适配，以及 SPH-DEM 算法的高算力要求，阻碍了相关研究的进展。此外 SPH-DEM 已经出现考虑基础响应的流固耦合实时响应分析，Iwamoto 等[4]研究了波浪越堤侵蚀基础底部河床的数值模拟案例（图 7-13）。然而此类案例中，由于算力限制，模型尺度仍为缩小比尺，结构模型在流场计算中也仅仅建立局部构件，结构的分析仍以刚体位移与偏转为主，以此达到减少求解时长的目的。基于 SPH-DEM 算法的原比尺桥梁水毁推演预测技术仍需克服众多卡点技术，作者未来工作亦围绕此技术瓶颈展开。

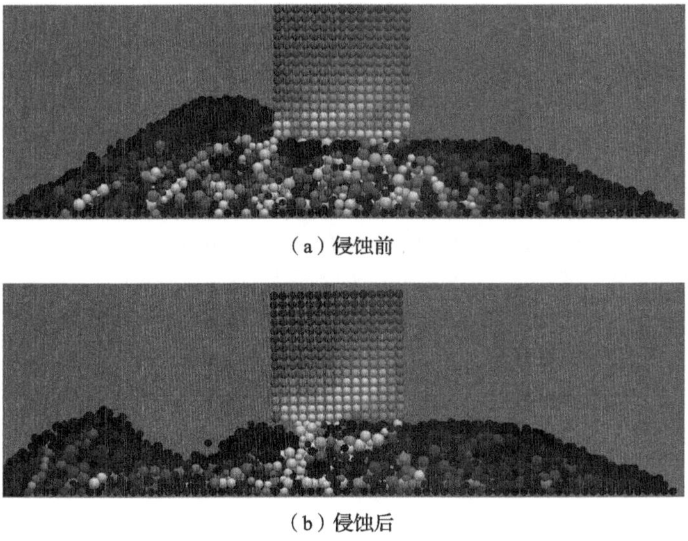

（a）侵蚀前

（b）侵蚀后

图 7-13　SPH-DEM 耦合响应分析[4]

7.5 本章小结

1）光滑粒子流体动力学（SPH）方法，是基于拉格朗日形式的数值求解法，模拟复杂自由表面流时，无须追踪流体边界及不同流体交界面，适用于冲刷等大位移、大变形计算。离散元（DEM）算法同属于基于拉格朗日形式的数值求解法，常用来进行结构物大变形、破碎等强非线性力学行为的模拟，与 SPH 有较好的兼容性。SPH-DEM 流固耦合技术在桥梁水毁失效实时推演分析中具有良好的应用前景。

2）SPH 冲刷模型具有较好的仿真精度，然而模型比尺尚未能达到足尺，现阶段亦少见考虑桥墩局部冲刷的数值计算，基于 SPH-DEM 算法的原比尺桥梁水毁推演预测技术仍需克服众多卡点技术。

参考文献

[1] 张嵘钊，熊文，刘川渟. 基于光滑粒子元的水-沙两相流冲刷数值仿真[J]. 湖南大学学报（自然科学版），2024，51（3）：69-80.

[2] Dey, S. Threshold of sediment motion on combined transverse and longitudinal sloping beds[J]. Journal of Hydraulic Research, 2003, 41(4): 405-415.

[3] Shan T, Zhao J. A coupled CFD-DEM analysis of granular flow impacting on a water reservoir[J]. Acta Mechanica, 2014, 225(8): 2449-2470.

[4] Iwamoto T, Nakase H, Nishiura D, et al. Application of SPH-DEM coupled method to failure simulation of a caisson type composite breakwater during a tsunami[J]. Soil Dynamics and Earthquake Engineering, 2019, 127: 105806.

[5] Bui H H, Sako K, Fukagawa R. Numerical simulation of soil-water interaction using smoothed particle hydrodynamics (SPH) method[J]. Journal of Terramechanics, 2007, 44(5): 339-346.

[6] Wu H, Wang J, Wang C, et al. Soil-water-structure interaction algorithm in smoothed particle hydrodynamics (SPH) with application to deep-penetrating problems[J]. International Journal of Computational Methods, 2020, 17(3): 24.

[7] Fraccarollo L, Capart H .Riemann wave description of erosional dam-break flows[J]. Journal of Fluid Mechanics, 2002, 461: 183-228.

[8] Ma X, Zhang B, Chen J, et al.The simulation of sediment transport and erosion caused by free-surface flow based on two-phase SPH model with the improved Shields criterion[J]. Ocean Dynamics, 2022, 72(2): 169-186.

[9] Zubeldia E H, Fourtakas G, Rogers B D, et al. Multi-phase SPH model for simulation of erosion and scouring by means of the Shields and Drucker-Prager criteria[J]. Advances in Water Resources, 2018: 98-114.

第 8 章　总结与展望

本书紧扣行业痛点，围绕行业需求，系统阐述了桥梁水毁推演分析数学模型的构建方法，为桥梁水毁失效溯源提供了可靠技术手段。

本书第 1 章介绍桥梁冲刷水毁历史数据统计、桥梁冲刷仿真和水毁推演研究进展。结果表明，现阶段水毁已经成为桥梁失效的主要诱因，桥梁冲刷失效未见基于结构域、流场、泥沙间多场耦合的结构失效研究，结构域及流场分析仍相互独立。具体来说：结构分析方面，倒塌数值模型多以梁、壳单元为主，实体高效非线性计算单元开发仍需突破；流场冲刷模拟方面，数值模型与试验结果仍有一定差距，仍缺少兼顾计算效率和准确性的流体模型；现有泥沙模型基本为非黏性均匀颗粒，缺少考虑床沙级配的影响。

第 2 章主要介绍桥梁水毁失效分析原因，结果表明，在世界范围内，冲刷成为桥梁水毁的最主要因素，桥梁失效数目逐年上升，未来可能进一步增加，所致失效桥型以桁架桥、梁桥、拱桥为主；桥梁服役时间长短及桥梁下部结构安全状态与桥梁所受冲刷程度关联性强。冲刷造成桥墩基础边界条件变化，引起下部结构竖向或横向失稳，进而导致桥梁结构整体垮塌。因此，桥梁水毁研究既应涉及桥梁结构倒塌分析，又需包括基础冲刷及流场分析，两者缺一不可。

第 3 章介绍了基于动态网格冲刷仿真算法，建立了基于单相流模型、多相流模型以及动床冲刷模型的桥墩基础局部冲刷仿真模型，具体介绍了泥沙运动理论的 C 语言编程方法及 UDF 函数和动态网格更新方法，模型精度基于 Melville 试验参数的精细化建模方法给予了验证。

第 4 章介绍了基于体积分数法（VOF）的流场演变数值模拟方法，具有擅长处理自由面重构等强非线性现象，所需计算时间短、存储量少的特点。通常搭配 LES、RANS 湍流模型进行求解分析，其计算避免了动态网格技术网格易畸变，鲁棒性较弱的特点，但结果精度仍严重依赖于网格的密度。

第 5 章介绍了结构连续倒塌非线性分析算法，本书基于非线性显式有限元分析软件 LS-DYNA 为基础进行了介绍，其无须求解联立方程组，只需保证稳定的时间步长便可求解。在结构倒塌仿真过程中，一般采用“变时间步长法”。已实现动力约束法、对称罚函数法和分配参数法等 3 种不同的接触处理算法。倒塌分析时，局部构件失效必然对整体结构产生影响，基本思路应为首先移除一根或几根主要的受力构件以模拟桥梁的初始局部失效，然后对剩余结构进行力学分析，判断其是否会倒塌。

第 6 章基于数据接口的开发介绍了应用数据交互的桥梁水毁仿真推演方法，主要基于 Flow-3D 进行流场冲刷分析，得到桥梁冲刷形态演变数据；基于 LS-DYNA 构建桥梁水毁全程连续倒塌数值模型，得到波流力时程数据；开发小尺度流场网格与大尺度结构网格之间的跨网格数据交互接口，将流场河床边界与波流力实时传递至结构域桥梁模型，可以实现桥梁水毁全过程分析。该算法实现了冲刷仿真、波流力计算与结构倒塌分析的同步实施，可为从水文源头探究桥梁水毁失效机理与倒塌模式提供精准高效的分析工具，为桥梁抗水设计、评估以及未来规范修订提供理论基础与技术手段。

第 7 章介绍了 SPH-DEM 算法应用于桥梁的水毁推演分析与展望，光滑粒子流体动力学（SPH）方法适用于冲刷等大位移、大变形计算。离散元（DEM）算法同属于基于拉格朗日形式的数值求解法，常用来进行结构物大变形、破碎等强非线性力学行为的模拟，与 SPH 有较好的兼容性。SPH-DEM 流固耦合技术在桥梁水毁失效实时推演分析中具有良好的应用前景。然而该算法模型比尺尚未能达到足尺，现阶段亦少见考虑桥墩局部冲刷的数值计算，基于 SPH-DEM 算法的原比尺桥梁水毁推演预测技术仍需克服众多卡点技术。

从整体上看，现阶段桥梁水毁的跨场耦合分析研究仍处于发展阶段，多数研究单向集中以单个物理场的精细化分析，跨场耦合效应在各自算法中做了不同程度的简化处理，相关研究仍需进一步投入。本书所叙述的跨场耦合推演技术，为相关研究指明了新的研究方向，然而在跨场的流-固耦合作用交互以及桩-土响应处理仍较为粗糙；SPH-DEM 耦合算法是未来研究的新方向，可实现同一计算域下的考虑水文效应的结构响应实时分析，然而其仍处于起步阶段，相关研究较少，仍需要克服算力与模型比尺的限制。